No.

Date

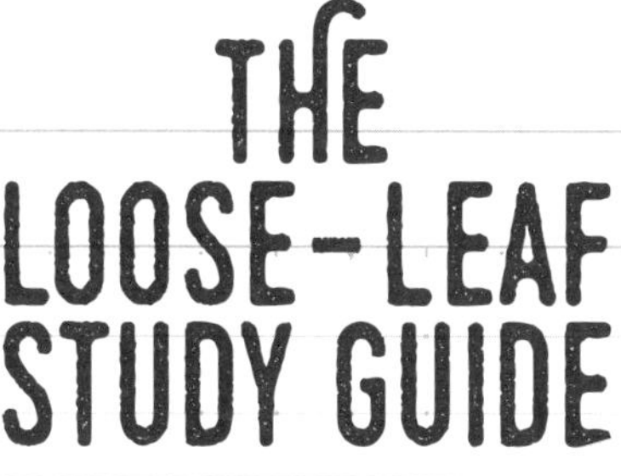

ADVANCE
WORLD HIST

FOR HS STUDE

★★★

ルーズリーフ参考書
高校 世界史探究

世界史探究の要点を
まとめて整理するルーズリーフ

Gakken

A LOOSE-LEAF COLLECTION FOR A COMPLETE REVIEW OF ADVANCED WORLD HISTORY

本書の使い方 HOW TO USE THIS BOOK

ルーズリーフ参考書は，すべてのページを自由に入れ替えて使うことができます。
勉強したい範囲だけを取り出したり，自分の教科書や授業の順番に入れ替えたり……。
自分の使っているルーズリーフと組み合わせるのもおすすめです。
あなたがいちばん使いやすいカタチにカスタマイズしましょう。

各単元の重要なところが，
一枚にぎゅっとまとまっています。

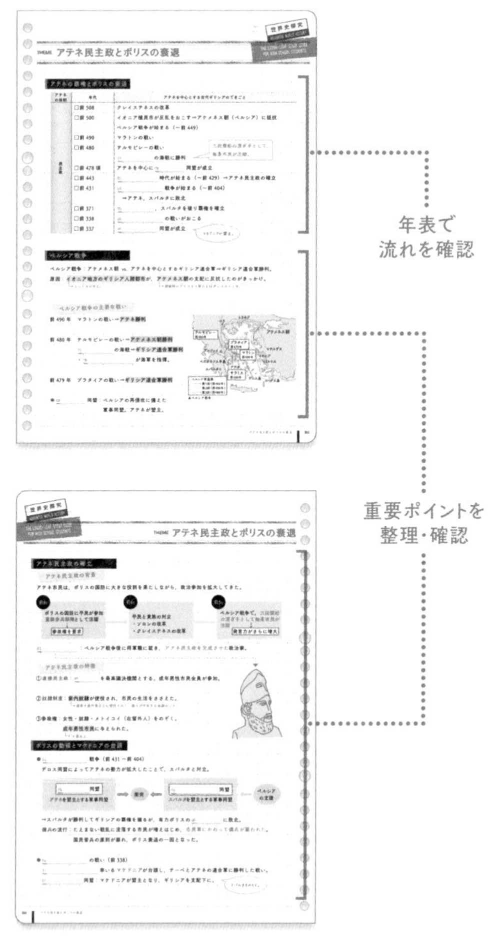

STEP 1 空欄に用語を書き込む

まずは年表を完成させて世界史の流れを
ざっくりとつかみましょう。
次に，それぞれの出来事の背景や経過など，
重要ポイントを穴埋めして確認しましょう。

➡あっという間に要点まとめが完成！
　＊解答は巻末にあります。

STEP 2 何度も読み返して覚える

苦手な部分をノートやバインダーにはさんで
おけば，すぐに要点を確認できます。

赤やオレンジのペンで書き込めば，
赤フィルターをつかって
繰りかえし復習できます。

ルーズリーフのはがし方 HOW TO DETACH A SHEET

注意
ATTENTION

01 最初にリボンを取りはずしてください。
（カバーをはずしてシールをはがすか，はさみで切ってください）

02 はがしたいページをよく開いた状態で，
一枚ずつ端からゆっくりはがしてください。

力を入れて勢いよくひっぱったり，
一度にたくさんのページをはがしたりすると，
穴がちぎれてしまうおそれがあります。

01

02

THE LOOSE-LEAF STUDY GUIDE

ADVANCED WORLD HISTORY

FOR HS STUDENTS

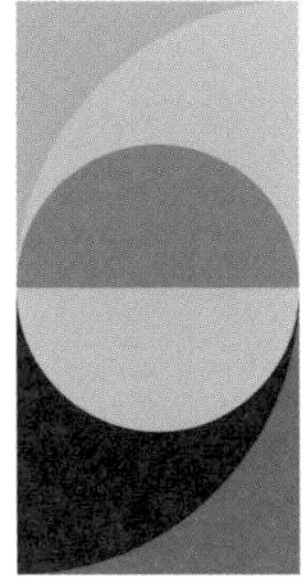

ルーズリーフ参考書
高校 世界史探究

CONTENTS

THE LOOSE-LEAF STUDY GUIDE

ADVANCED WORLD HISTORY

FOR HS STUDENTS

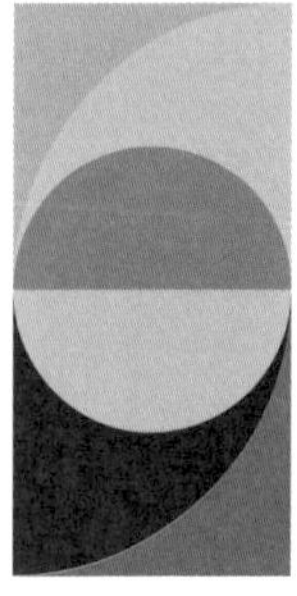

ルーズリーフ参考書
高校 世界史探究

CONTENTS

協力　コクヨ株式会社
編集協力　赤堀大輔（株式会社オルタナプロ），稲葉友子，林良育，高木直子
カバー・本文デザイン　LYCANTHROPE Design Lab.［武本勝利，峠之内綾］
イラスト　斉藤明子
DTP・図版　(株)四国写研

時 間 割

学校の時間割や塾の予定などを書き込みましょう。

	月	火	水	木	金	土
登校前						
1						
2						
3						
4						
5						
6						
放課後 夕食前						
放課後 夕食後						

年間予定表

定期テストや学校行事などのほか、個人的な予定も書き込んでみましょう。

4月	
5月	
6月	
7月	
8月	
9月	
10月	
11月	
12月	
1月	
2月	
3月	

1年間の目標

主に勉強に関する目標を立てましょう。

＼いつでもチェック！ 重要シート／

前2～前1世紀の世界地図

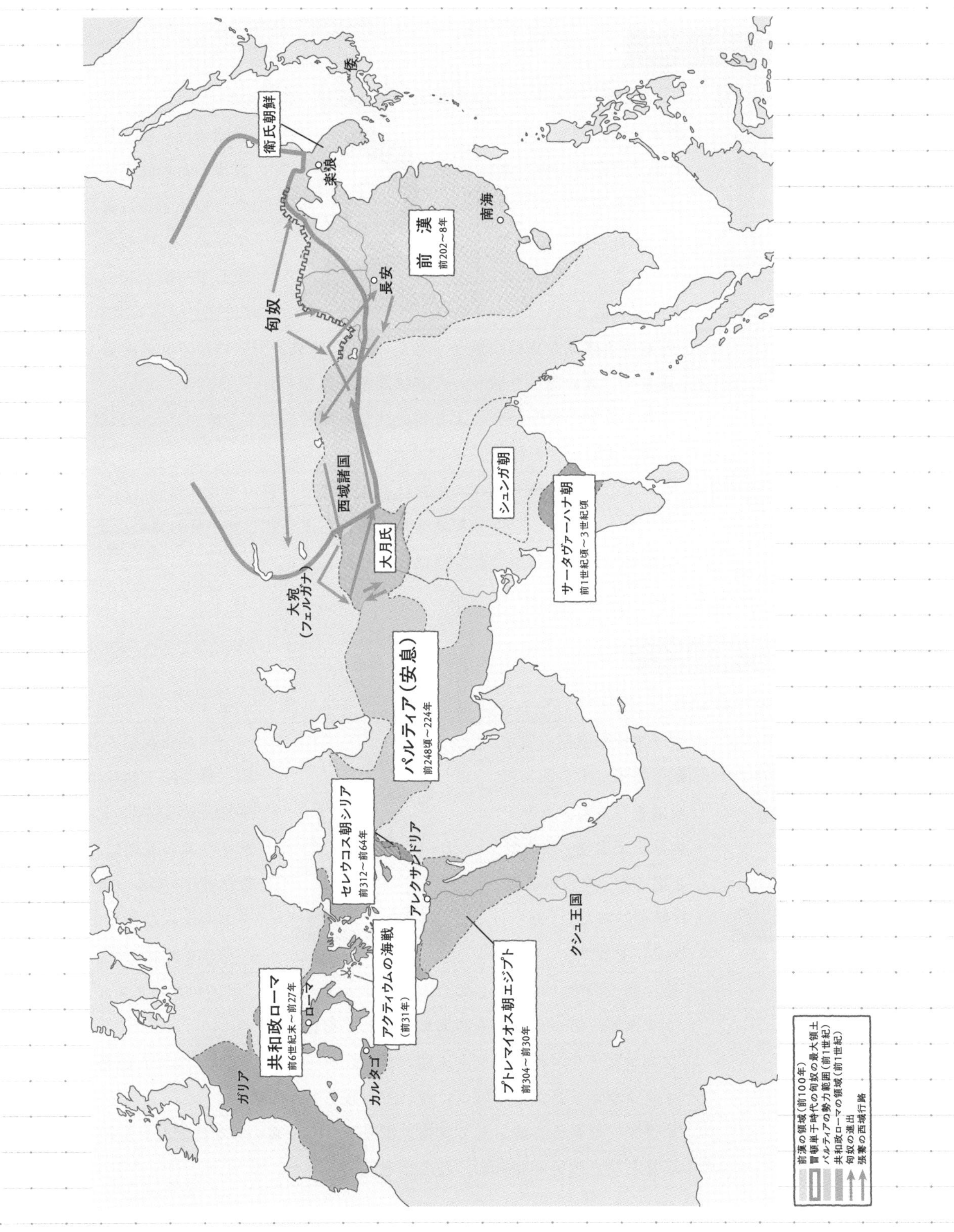

CHECK

No.

Date

＼いつでもチェック！重要シート／

覚えておきたい世界史の人物

前２世紀の重要人物

武帝（前 156 ～前 87）

前漢の最盛期を現出した第７代皇帝。中央集権体制を確立した一方で，あいついで外征や土木事業を展開したことで財政難を招いた。

司馬遷（前 145 頃～前 86 頃）

前漢の歴史家。匈奴に投降した李陵を弁護したため武帝から宮刑に処される。その後，復職して中国最初の通史『史記』を著した。

冒頓単于 （？～前 174）	匈奴の全盛期を築いた単于（君主の意）。中央アジアのオアシス地域を服属させ，漢の高祖を破り，大遊牧国家を建設した。
張騫 （？～前 114）	漢代の人物。武帝の命により匈奴挟撃の同盟を結ぶため大月氏に派遣されたが，失敗におわった。
グラックス兄弟 （兄：前 162 ～前 132 弟：前 153 ～前 121）	ローマの人物。兄ティベリウスは前 133 年に，弟ガイウスは前 123 年に護民官となった。兄弟は農地改革を断行しようとしたが反対派のため失敗に終わり，兄は殺害され，弟は自殺した。

前１世紀の重要人物

カエサル（前 100 ～前 44）

ローマ共和政期の政治家・将軍。第１回三頭政治を行った。ガリア地方を平定後，独裁権を握るが，共和主義者に暗殺された。『ガリア戦記』を著す。

オクタウィアヌス（前 63 ～後 14）

ローマ共和政期の政治家。第２回三頭政治に参加。前 31 年のアクティウムの海戦に勝利後，前 27 年からアウグストゥスの称号を得て帝政を開始した。

アントニウス （前 83 ～前 30）	第２回三頭政治に参加したローマの軍人・政治家。オクタウィアヌスと対立するが，アクティウムの海戦に敗れて自殺。
クレオパトラ （前 69 ～前 30）	プトレマイオス朝エジプト末期の女王。ローマのアントニウスと結婚後，オクタウィアヌスとの戦いに敗れて自殺した。
王莽 （前 45 ～後 23）	前漢末，皇帝の外戚として実権を握り，帝位を奪い新を建国した。周代を理想とする政治を強行し，社会に混乱を招いた。

\いつでもチェック！ 重要シート/

3～4世紀の世界地図

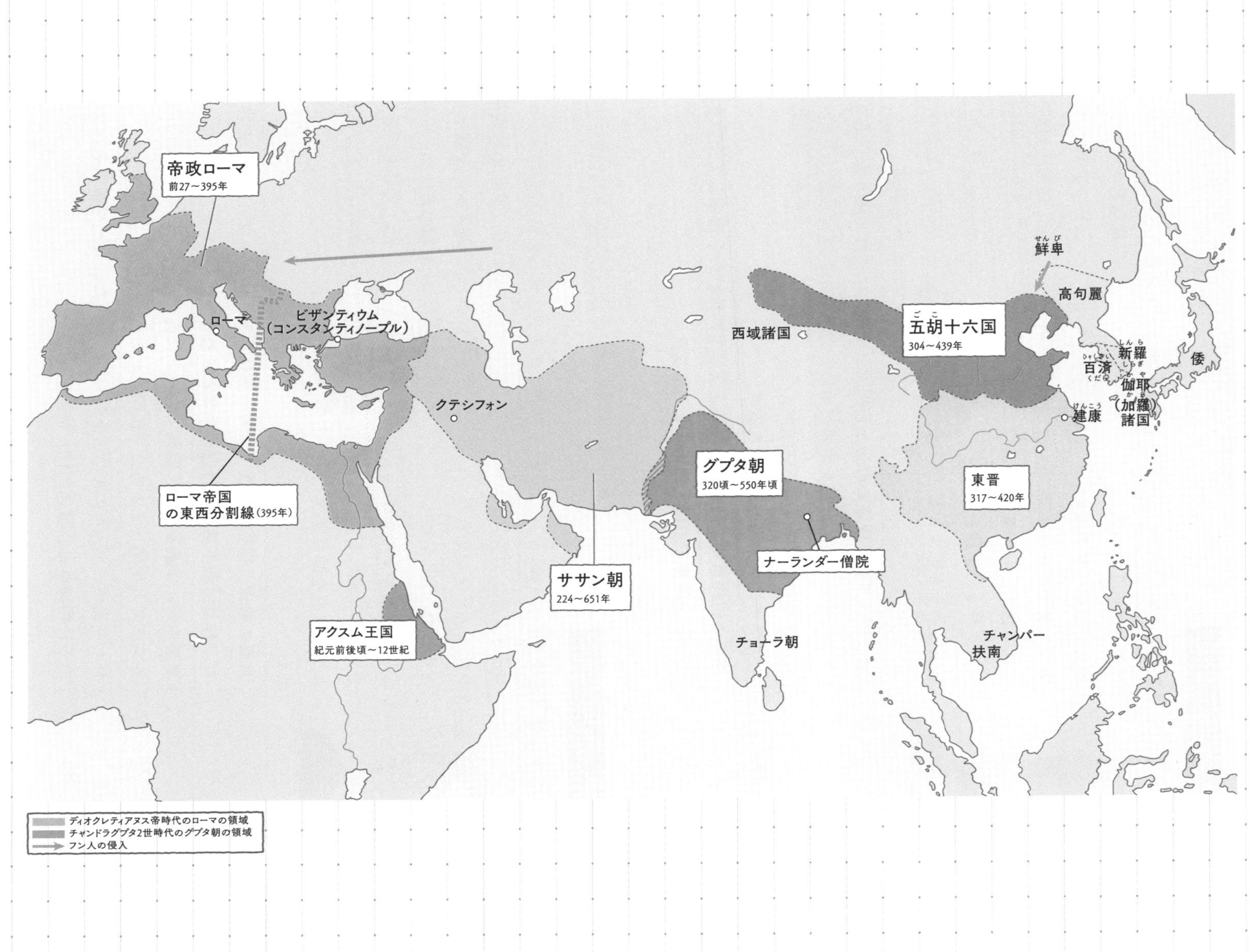

覚えておきたい世界史の人物

3世紀の重要人物

シャープール1世（在位241頃～272頃）

ササン朝第2代の王。西方ではローマ帝国を破って皇帝ウァレリアヌスを捕虜とし，東方ではクシャーナ朝を破って領土を拡大した。

ディオクレティアヌス帝（在位284～305）

専制君主政（ドミナトゥス）を始めたローマ皇帝。四帝分治制（テトラルキア）を実施してローマ帝国を四分した。キリスト教徒への大迫害を実施。

曹丕（そうひ） （187～226）	魏の初代皇帝。後漢の献帝から禅譲（ぜんじょう）（平和的に王権を譲り受けること）を受けて帝位に就く。都を洛陽に定め，九品中正（きゅうひんちゅうせい）を施行した。
カラカラ帝 （在位198～217）	ローマ皇帝。アントニヌス勅令で帝国内のすべての自由民にローマ市民権を与えた。大浴場の建設でも有名。
司馬炎（しばえん）（武帝） （236～290）	西晋の初代皇帝。魏帝から禅譲を受けて即位。呉を滅ぼして中国を統一したほか，律令や占田・課田法を制定した。

4世紀の重要人物

コンスタンティヌス帝（在位306～337）

ローマ皇帝。コンスタンティノープルを首都と定めた。313年にミラノ勅令でキリスト教を公認し，325年にはニケーア公会議を主宰した。

チャンドラグプタ2世（在位376頃～414頃）

グプタ朝の最盛期の王。北インドを統一し，王朝の最大領土を達成した。文芸を奨励し，経済的にも繁栄させた。

王羲之（おうぎし） （307頃～365頃）	東晋の書家。楷書・行書・草書の書体を完成し，後世「書聖」と称せられた。作品「蘭亭序」は行書の手本とされた。
法顕（ほっけん） （337頃～422頃）	東晋の僧。仏典を求めて陸路でインドに向かい，海路で帰国した。帰国後，インドでの見聞をまとめた『仏国記』を著した。
テオドシウス帝 （在位379～395）	ローマ皇帝。392年にキリスト教を国教とした。ローマ帝国を自身の2人の子に相続させ，彼の死後，帝国は二分された。

8世紀の世界地図

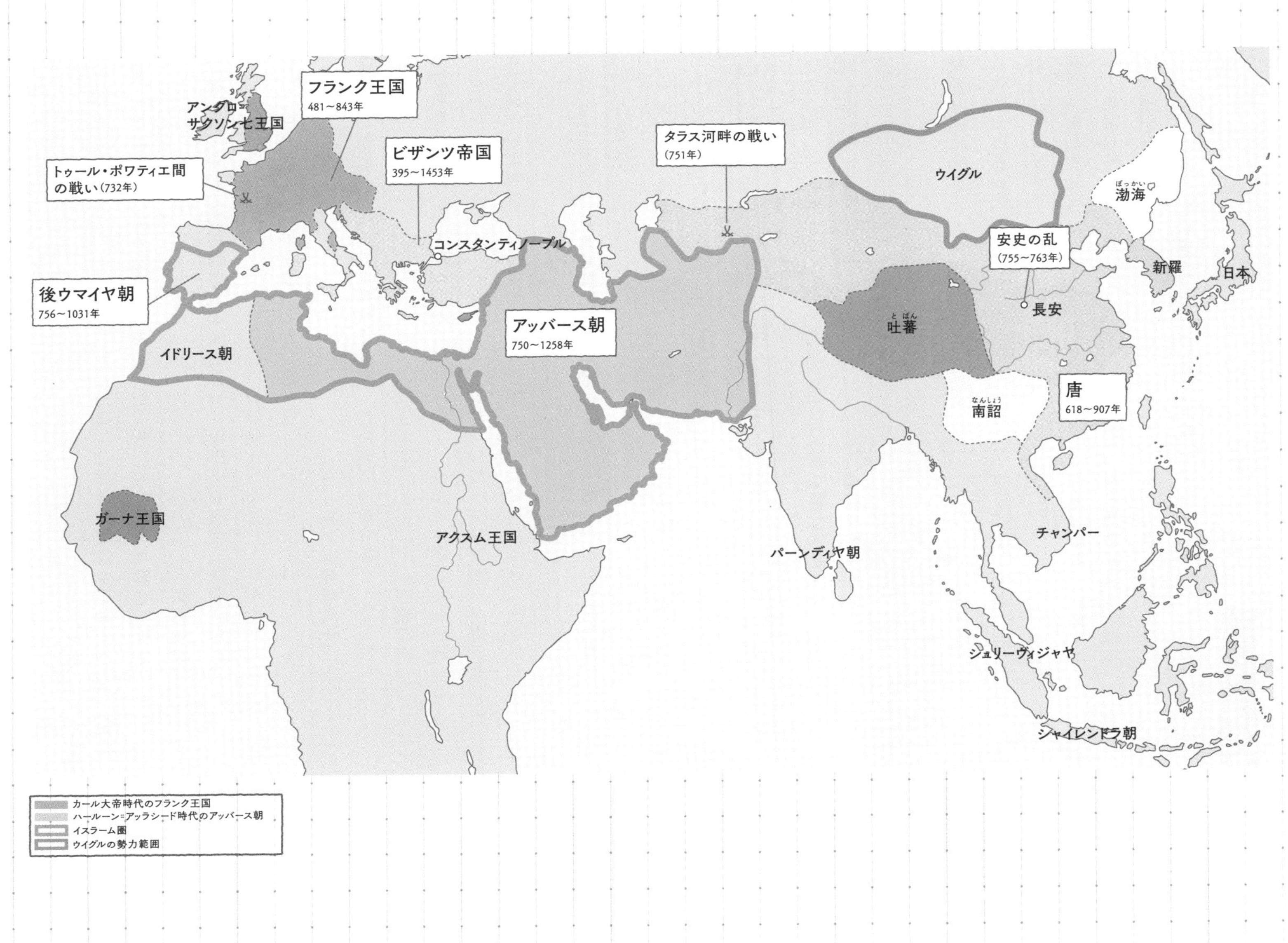
アングロ=サクソン七王国
フランク王国
481～843年
トゥール・ポワティエ間の戦い（732年）
ビザンツ帝国
395～1453年
コンスタンティノープル
後ウマイヤ朝
756～1031年
イドリース朝
アッバース朝
750～1258年
タラス河畔の戦い
（751年）
ウイグル
渤海
安史の乱
（755～763年）
新羅
日本
長安
吐蕃
南詔
唐
618～907年
ガーナ王国
アクスム王国
パーンディヤ朝
チャンパー
シュリーヴィジャヤ
シャイレンドラ朝
カール大帝時代のフランク王国
ハールーン=アッラシード時代のアッバース朝
イスラーム圏
ウイグルの勢力範囲

覚えておきたい世界史の人物

8世紀の重要人物

玄宗（685～762）

唐の第6代皇帝。治世の前半には律令体制を立て直し，政治に安定をもたらした（「開元の治」）。後半は楊貴妃の一族を重用し，安史の乱を招いた。

カール=マルテル（688頃～741）

フランク王国メロヴィング朝の宮宰。トゥール・ポワティエ間の戦いでイスラーム軍の侵入を阻止し，カロリング朝成立の基礎を築いた。

カール大帝（シャルルマーニュ）（742～814）

フランク王国最盛期の国王。異民族を打倒して版図を拡大。800年に教皇レオ3世からローマ皇帝の冠を授けられ，西ローマ帝国を復活させた。

ハールーン=アッラシード（763/766～809）

アッバース朝の第5代カリフ。彼の時代に王朝は全盛期を迎え，イスラーム文化の黄金時代を築いた。『千夜一夜物語』の登場人物としてしられる。

李白（701～762）	唐中期を代表する詩人。安史の乱で一時流罪とされた。自由奔放な詩風で，「詩仙」と称された。酒を愛したことでもしられる。
安禄山（705～757）	ソグド（突厥）人の節度使。玄宗に重用されたが，楊貴妃の一族の宰相と対立して安史の乱を起こした。
杜甫（712～770）	唐中期を代表する詩人。一生涯流浪の生活を送った。写実的で力強い詩風を特徴とし，「詩聖」と称された。
マンスール（713頃～775）	アッバース朝の第2代カリフ。新都バグダードを造営。行政機構を整備して中央集権化に努めた。
ピピン（714～768）	フランク王国のカロリング朝を開いた。王権承認の返礼として，ラヴェンナ地方をローマ教皇に寄進した（「ピピンの寄進」）。
楊炎（727～781）	唐の政治家。徳宗の宰相として起用され，財政再建のため，780年に両税法を実施した。
アルクイン（735頃～804）	イギリス出身の神学者。カール大帝の宮廷に招かれ，カロリング=ルネサンスの中心的役割をはたした。

いつでもチェック！ 重要シート

13世紀の世界地図

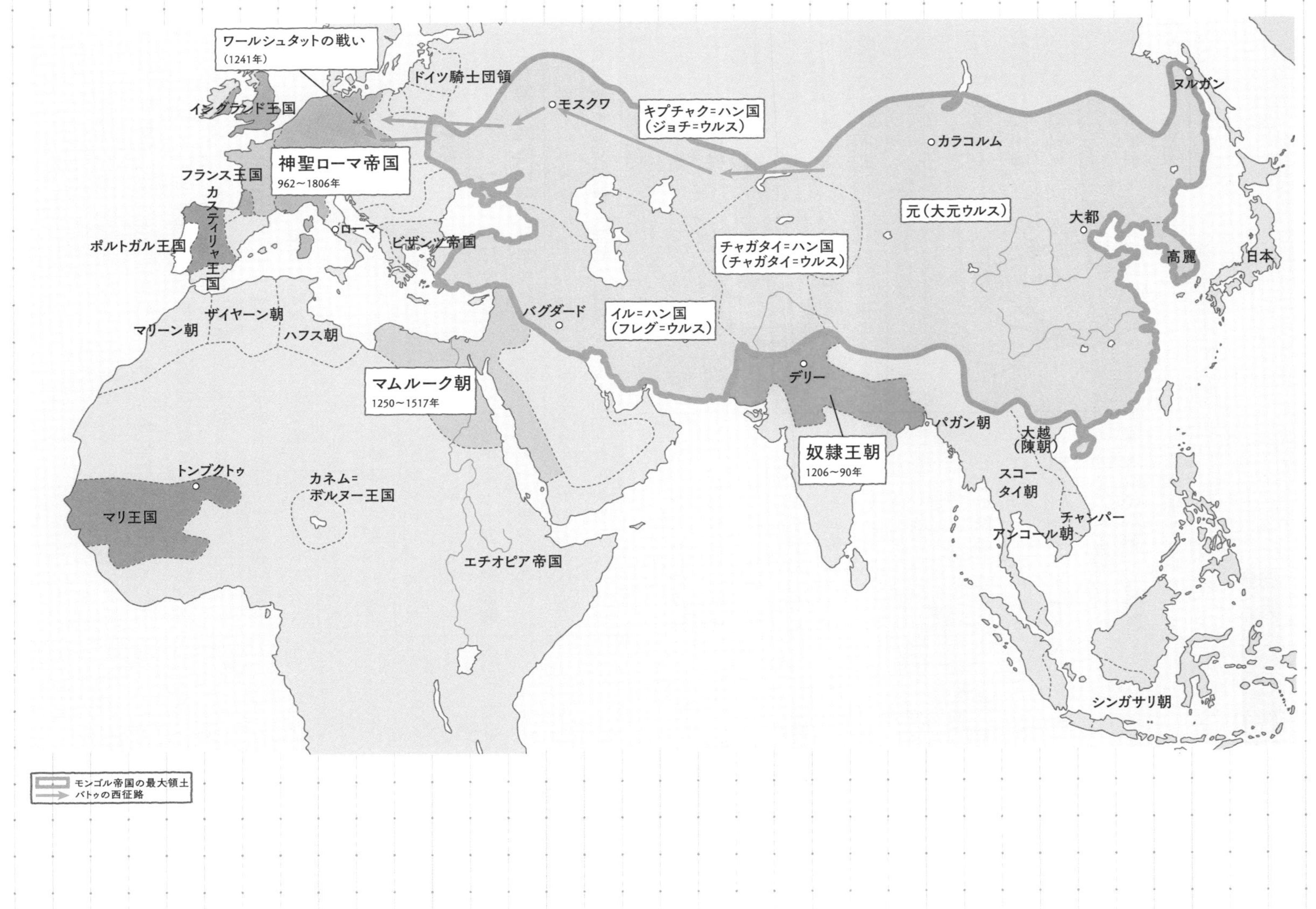

\いつでもチェック！重要シート/

覚えておきたい世界史の人物

13世紀の重要人物

インノケンティウス3世（1160頃～1216）

ローマ教会の最盛期の教皇。イギリス王ジョンらを破門し，フランス王フィリップ2世を臣従させた。このほか，第4回十字軍を提唱した。

チンギス=カン（ハン）（1162頃～1227）

大モンゴル国の建国者。全モンゴル部族を統一し，1206年にクリルタイで推されてカンとなった。西夏(せいか)討伐の途上，病没した。

ジョン王（1167～1216）

イギリスのプランタジネット朝第3代の王。教皇から破門されるなど，失政を重ねたことを貴族に非難され，大憲章（マグナ=カルタ）を承認させられた。

クビライ（1215～1294）

モンゴル帝国第5代ハン。即位後，大都に遷都し，国号を中国風の元（大元）と改めた。南宋を滅ぼして中国を統一。日本や東南アジアへ遠征軍を派遣した。

バトゥ (1207～1255)	オゴデイの命を受け，ヨーロッパ遠征（西征）を行う。引き返す途中，南ロシアにとどまりキプチャク=ハン国（ジョチ=ウルス）を建国した。
シモン=ド=モンフォール (1208頃～1265)	フランス出身のイギリス貴族。ヘンリ3世に対して反乱を起こし，貴族・聖職者・騎士・都市の代表による議会を招集した。
フレグ (1218～1265)	モンケの命を受け，西アジア遠征を行いアッバース朝を滅ぼした。その後タブリーズを首都にイル=ハン国（フレグ=ウルス）を建国した。
トマス=アクィナス (1225頃～1274)	代表的なスコラ学者。キリスト教神学にアリストテレス哲学を取り入れスコラ学を大成。『神学大全』を著した。
モンテ=コルヴィノ (1247～1328)	フランチェスコ派の修道士。ローマ教皇の命で大都に至り，キリスト教の布教活動を行った。大都の初代大司教に任じられた。
マルコ=ポーロ (1254～1324)	ヴェネツィア生まれの商人。陸路で元を訪れ，クビライにつかえた。帰国後『世界の記述』(『東方見聞録』)を口述筆記させた。
フィリップ4世 (1268～1314)	フランス王。ローマ教皇との争いを理由に全国三部会を開き，ボニファティウス8世を捕らえ，教皇庁をアヴィニョンに移した。

15世紀の世界地図

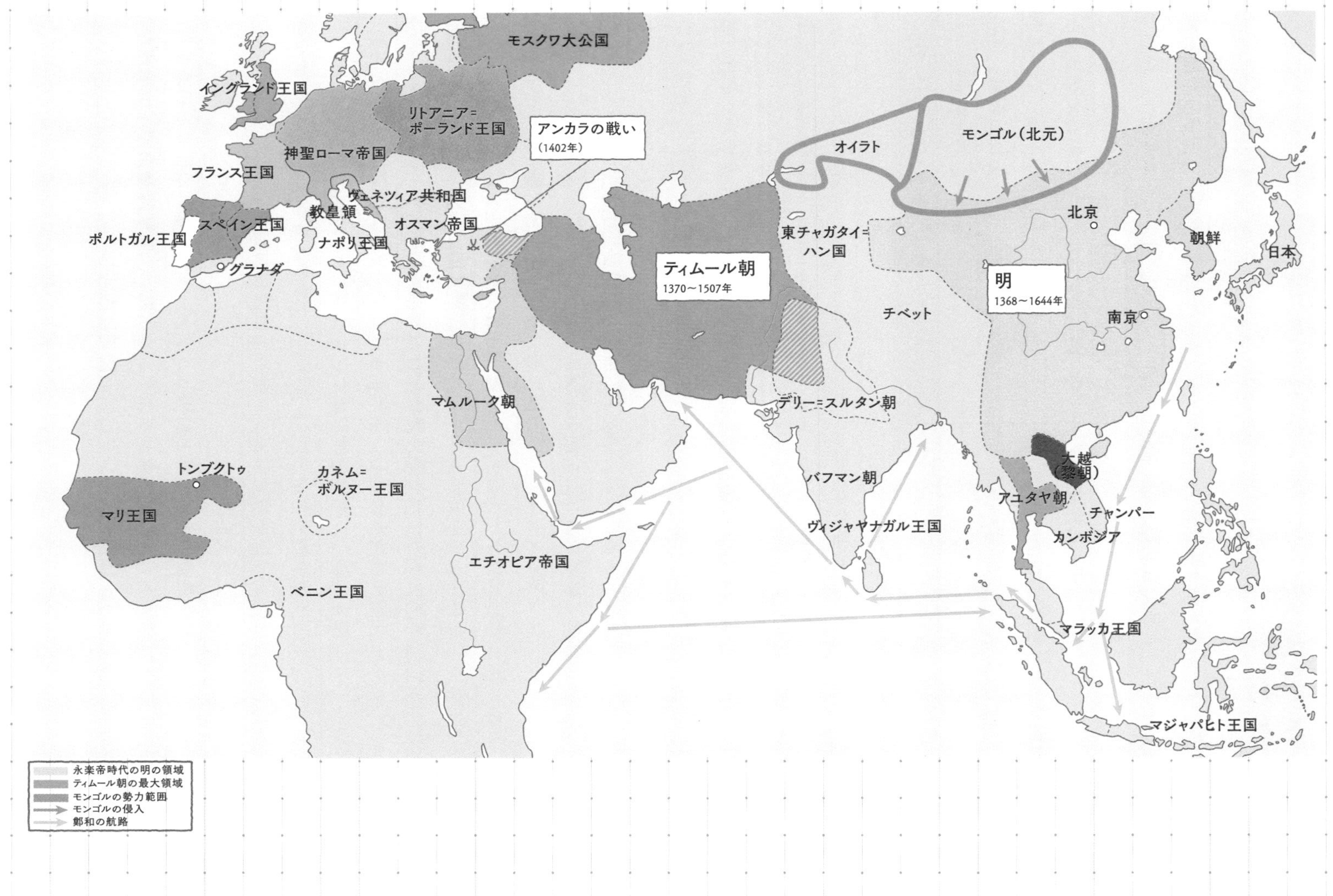
モスクワ大公国
イングランド王国
リトアニア＝ポーランド王国
アンカラの戦い
(1402年)
神聖ローマ帝国
フランス王国
ヴェネツィア共和国
教皇領
オスマン帝国
スペイン王国
ポルトガル王国
ナポリ王国
グラナダ
オイラト
モンゴル(北元)
北京
東チャガタイ＝ハン国
朝鮮
日本
ティムール朝
1370～1507年
明
1368～1644年
チベット
南京
マムルーク朝
デリー＝スルタン朝
トンブクトゥ
カネム＝ボルヌー王国
マリ王国
バフマン朝
大越(黎朝)
アユタヤ朝
チャンパー
ヴィジャヤナガル王国
カンボジア
エチオピア帝国
ベニン王国
マラッカ王国
マジャパヒト王国
永楽帝時代の明の領域
ティムール朝の最大領域
モンゴルの勢力範囲
モンゴルの侵入
鄭和の航路

＼いつでもチェック！ 重要シート／

覚えておきたい世界史の人物

15世紀の重要人物

永楽帝（1360 ～ 1424）

明の第３代皇帝。靖難の役により即位し，南京から北京へ都を遷した。積極的に外征を繰り返したほか，鄭和に命じて南海諸国へ遠征を行わせた。

メフメト２世（1432 ～ 1481）

オスマン帝国の第７代スルタン。1453年コンスタンティノープルを占拠してビザンツ帝国を滅ぼした。領土の拡大につとめ，「征服王」と呼ばれた。

コロンブス（1451 ～ 1506）

スペイン女王イサベルの援助を受けた航海で，大西洋を横断し，バハマ諸島のサンサルバドル島に到達。以後３回の航海を行ったが，晩年は不遇であった。

レオナルド＝ダ＝ヴィンチ（1452 ～ 1519）

イタリア＝ルネサンス期の「万能の天才」。絵画・彫刻・建築・哲学・科学など諸分野で活躍。画家としては「最後の晩餐」「モナ＝リザ」などの傑作を生んだ。

エセン （？～ 1454）	オイラトの指導者。中央アジアから中国東北地方まで勢力を拡大。土木の変で明軍を破り，正統帝を捕虜とした。
フス （1370 頃～ 1415）	ベーメン（ボヘミア）の神学者。ウィクリフの影響を受けて教会を批判。コンスタンツ公会議で異端認定されて火刑に処された。
鄭和 （1371 ～ 1434 頃）	永楽帝につかえたムスリムの宦官。計７回にわたって東南アジア，インド，東アフリカに至る海外遠征を行った。
グーテンベルク （1400 頃～ 1468）	活版印刷術を改良し，実用化させたドイツ人。金属活字をつかった印刷技術を開発し，聖書や贖宥状などを印刷した。
ジャンヌ＝ダルク （1412 ～ 1431）	百年戦争のさなか，神のお告げからフランス軍を率いてイギリス軍と戦い，オルレアンを解放した。フランスの国民的英雄。
イヴァン３世 （1440 ～ 1505）	モスクワ大公国の君主。キプチャク＝ハン国からの独立を達成。ビザンツ帝国最後の皇帝の姪と結婚し，ツァーリ（皇帝）の称号を初めて用いた。
ヴァスコ＝ダ＝ガマ （1469 頃～ 1524）	ポルトガルの航海者。リスボンを出航し，喜望峰経由でインド西岸のカリカットに到達。インド航路の開拓に成功した。

19世紀後半の世界地図

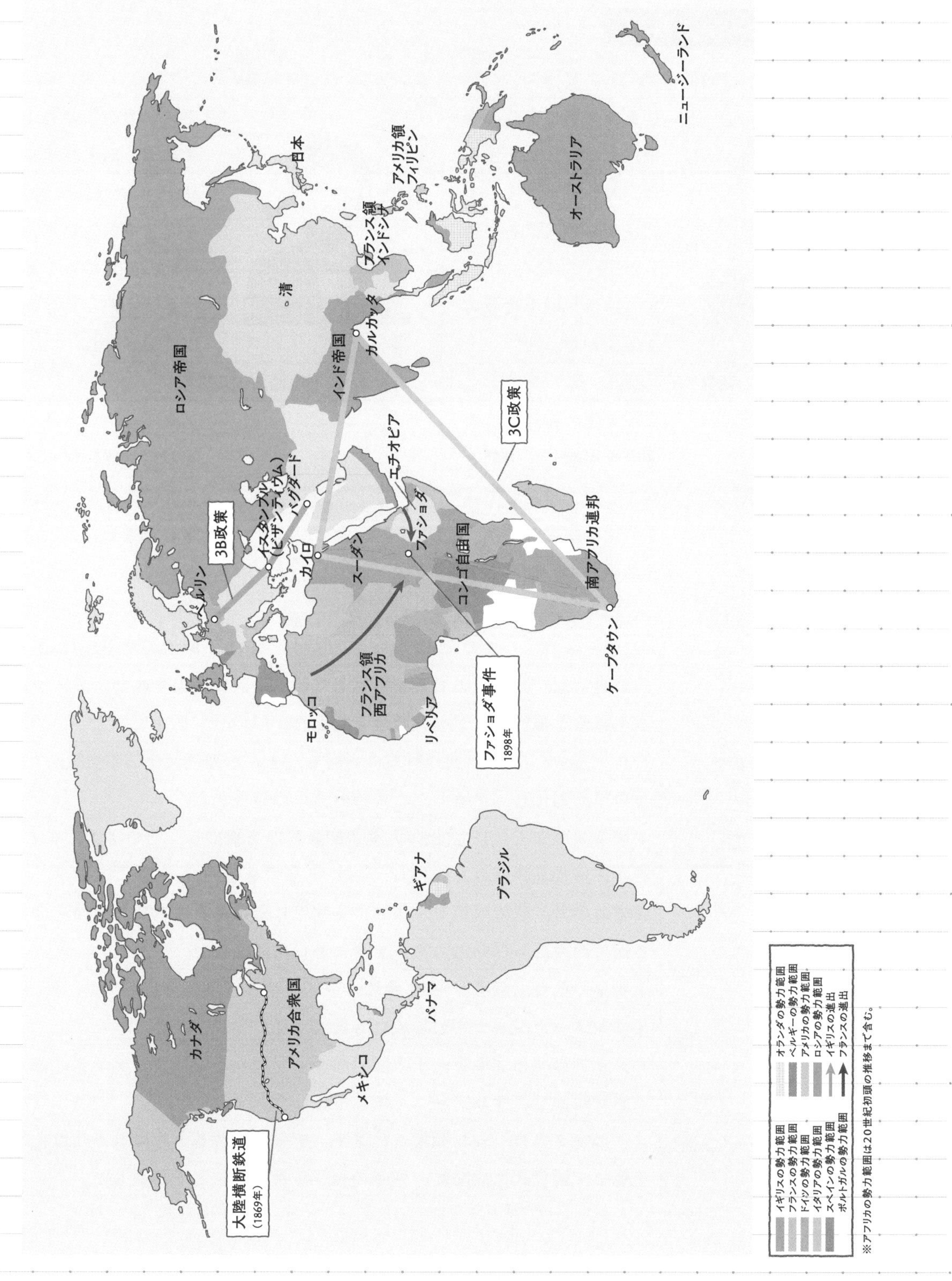

覚えておきたい世界史の人物

19～20世紀の重要人物

ナポレオン３世（1808 ～ 1873）

フランス第二帝政の皇帝。ナポレオン１世の甥。対外戦争によって国民からの人気を維持したが，ドイツ=フランス（独仏）戦争に敗れて退位した。

リンカン（1809 ～ 1865）

アメリカ合衆国第16代大統領。南北戦争中の1863年に奴隷解放宣言を発して内外の支持を得た。南北戦争を勝利に導いたが，終結直後に暗殺された。

洪秀全（1813 ～ 1864）

太平天国の指導者。上帝会を組織して清朝と対立した。挙兵して太平天国を樹立し，天王を名乗った。都としていた南京陥落前に病死。

ビスマルク（1815 ～ 1898）

プロイセン・ドイツ帝国の政治家。プロイセン首相として「鉄血政策」を推進。帝国宰相としては，ベルリン会議を主催するなど国際政治で活躍した。

林則徐 （1785 ～ 1850）	清の政治家。アヘンの厳禁を主張して欽差大臣に任命された。アヘンの没収・廃棄を強行してアヘン戦争を招いた。
アレクサンドル２世 （1818 ～ 1881）	ロシア皇帝。1861年農奴解放令を発し，上からの近代化改革を進めた。その後反動化し，ナロードニキの一派に暗殺された。
ヴィクトリア女王 （1819 ～ 1901）	イギリスの女王。19世紀の大英帝国最盛期を現出し，その治世はヴィクトリア時代と呼ばれた。1877年インド皇帝を兼任。
康有為 （1858 ～ 1927）	清末の学者。政治改革を主張し，光緒帝に登用されて戊戌の変法を開始するが，西太后ら保守派のクーデタにあい失敗した。
マルクス （1818 ～ 1883）	ドイツの社会主義者。1848年にエンゲルスと『共産党宣言』を発表。第１インターナショナルの結成にも関わった。
ガリバルディ （1807 ～ 1882）	イタリアの共和主義者。千人隊（赤シャツ隊）を率いてシチリア・南イタリアを解放し，サルデーニャ王に献上した。
チュラロンコン（ラーマ5世） （1853 ～ 1910）	タイのラタナコーシン朝第５代国王。チャクリ改革と呼ばれる西欧化改革を進めて近代化に成功し，列強の植民地となることを回避した。

THEME 人類の誕生

先史時代年表

地質年代		人類の進化	文化	
新第三紀	鮮新世	□約700万年前		獲得経済
		猿人　サヘラントロプス	・簡単な打製石器（01　　　　）	
		アウストラロピテクス	の使用	
第四紀	更新世	□約240万年前		
		原人　ホモ=ハビリス	・改良された打製石器の使用	
		ジャワ原人｝ホモ=エレクトゥス	・火の使用	
		北京原人		
		□約60万年前		
		旧人　ネアンデルタール人	・死者の埋葬	
			・剥片石器の使用 └石塊から剝がれた石片を使用した。	
		□約20万年前		
		新人　クロマニョン人｝現生人類（ホモ=サピエンス）	・02　　　　の使用	
		周口店上洞人	・洞穴絵画を残した	
		□約9000年前　農耕・牧畜の始まり		
	完新世	人類の分化と拡散	・03　　　　の使用	生産経済
			・04　　　　農業の開始	
			・都市の誕生	

人類の進化

文字が発明されてからは，「歴史時代」と呼ばれるよ。

05　　　　…文字による歴史が残されていない時代のこと。

人類は，猿人➡原人➡旧人➡新人の順序で進化。直立二足歩行を行い，道具を使用した。

● 06　　　　：約700万年前に出現

アウストラロピテクスなど

01　　　　：こぶし大の石を打ち欠いただけの原始的な打製石器。

● 07　　　　：約240万年前～約20万年前

ジャワ原人，北京原人など

08　　　　：石塊を利用した打製石器。

火を使用した。

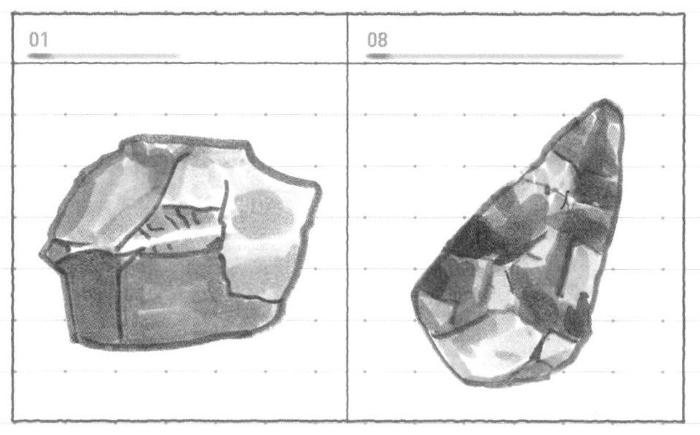

● 09 ＿＿＿＿＿＿：約60万年前～3万年前
ネアンデルタール人など
死者を埋葬するなどの精神文化を発達させた。

● 10 ＿＿＿＿＿＿：約20万年前～
クロマニョン人，周口店上洞人
└現生人類の直接の祖先にあたる。

02 ＿＿＿＿＿＿：動物の骨や角からつくられた道具。
洞穴絵画：洞穴内に描かれた絵画。→

(写真:ロイター/アフロ)

フランスの 11 ＿＿＿＿＿＿ で発見された洞穴絵画。クロマニョン人が描いた。他に，スペインのアルタミラ遺跡なども有名。

現生人類の広がり

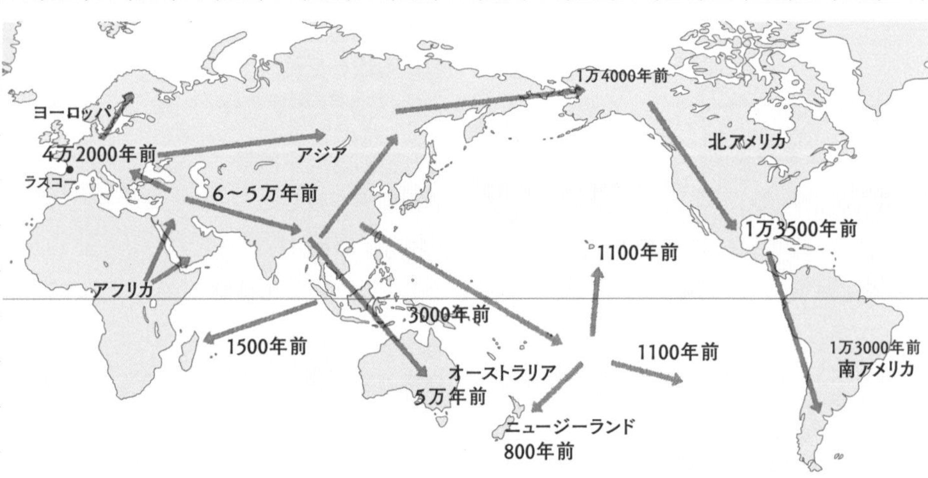

農耕と牧畜の始まり

農耕・牧畜：約9000年前の西アジアで麦の栽培やヤギなどの飼育が始まる。
新人は自然環境の変化にも適応できるようになった。

12 ＿＿＿＿＿＿ 経済 狩猟・採集を中心とした生活	食料生産革命 →	13 ＿＿＿＿＿＿ 経済 農耕・牧畜を中心とした生活

03 ＿＿＿＿＿＿：石斧・石臼などの表面をみがいた石器。
04 ＿＿＿＿＿＿ 農業：農耕に必要な水を人工的に供給する農業 ➡ 都市国家の成立。

食料生産が安定し定住が可能になったよ!

THEME オリエントの文明

メソポタミア年表

年代	メソポタミアのできごと
□前 30 c 頃	メソポタミア南部に 01 の都市国家が成立
□前 24 c 頃	02 がシュメール人の都市国家を征服
□前 18 c 頃	バビロン第 1 王朝の 03 ，全メソポタミアを統一
□前 17 c 半ば頃	アナトリア高原に 04 の国家が成立
□前 16 c 頃	カッシート人が南メソポタミアに侵入 └ バビロン第 1 王朝滅亡後のバビロニアを支配した。 北メソポタミアに，ミタンニ王国が成立 └ シリアを領有。前 15 世紀頃最盛期。

メソポタミアの統一と周辺地域

メソポタミア：ティグリス川・ユーフラテス川流域を中心とした地方。

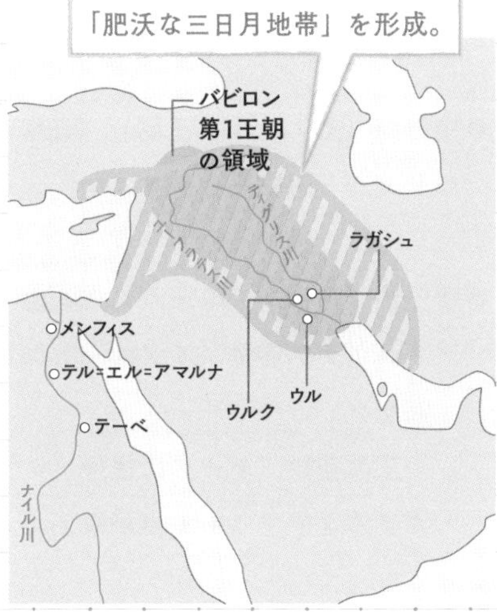

● 01 の都市国家

王を中心とする階級社会を形成。

神権政治による統治。
└ 神の権威をかりて行われる政治。

ウル・ウルク・ラガシュなどが代表的都市国家。

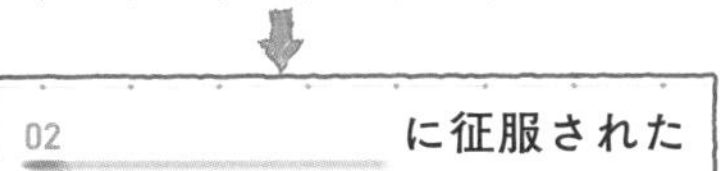

● バビロン第 1 王朝

03 のときに全メソポタミアを統一。

ハンムラビ法典を発布。
└「目には目を，歯には歯を」の復讐法の原則に基づいた刑法など。

● 04 …早くから鉄製の武器を使用して，軍事的な強国となった。

メソポタミアの文化

- 05 ：粘土板にとがった金属などで刻むため，字形が楔形をした文字。
- 六十進法：シュメール人が発明した記数法。
- 06 の使用：月の満ち欠けの周期を基準とする暦。閏月(うるうづき)を設けた太陰太陽暦も発達。

THEME オリエントの文明

エジプト年表

年代	エジプトのできごと
□前 3000 頃	ナイル川流域に統一王国が成立
□前 27 c	古王国が成立（第 3 ～ 6 王朝）
□前 21 c	中王国が成立（第 11 ～ 12 王朝） └末期に，遊牧民のヒクソスの侵入を受けた。
□前 16 c	新王国が成立（第 18 ～ 20 王朝）
□前 14 c	アメンホテプ 4 世（イクナートン）が，アマルナ改革を実施

ファラオと呼ばれる王が統治したよ！

エジプトの諸王朝

ナイル川流域に発達：「エジプトはナイルのたまもの」（ギリシアの歴史家ヘロドトスの言葉）

●古王国（第 3 ～ 6 王朝） 都 07 ＿＿＿＿

・ピラミッドの建造が盛ん。

クフ王のものが最大！

●中王国（第 11 ～ 12 王朝） 都 08 ＿＿＿＿

シリアから遊牧民ヒクソスが侵入した。

●新王国（第 18 ～ 20 王朝） 都 08 ＿＿＿＿

アメンホテプ 4 世（イクナートン）：第 18 王朝の王。

・都を 09 ＿＿＿＿ へうつした。

➡王の死後，テーベに復帰。

・写実的なアマルナ美術が栄えた。アトン信仰の強制。

エジプトの宗教

古王国…太陽神ラーを中心とする多神教

王権を司るホルス神，冥界神オシリス，etc.

⬇

新王国…アモン=ラー信仰が盛んに

└テーベの守護神アモンと太陽神ラーの信仰が結びついた。

アメンホテプ 4 世の時代

➡唯一神アトンの信仰を強制

エジプトの文化

・「10 ＿＿＿＿」：死者の来世の幸福を祈った絵文書。ミイラとともに埋葬。

・11 ＿＿＿＿（ヒエログリフ），12 ＿＿＿＿（デモティック）。

└碑文や石棺などに刻まれた。 └パピルスと呼ばれる紙に書かれた。

・13 ＿＿＿＿ の使用：太陽の運行を基準とした暦。

└のちにローマで採用され，ユリウス暦となった。

THEME

東地中海の諸民族

オリエント統一の年表

年代	オリエントのできごと
□前 1500 頃	ヘブライ人の移住➡パレスチナ・エジプトへ
□前 13 c 頃	01 ＿＿＿＿ の「出エジプト」
□前 11 c 頃	ヘブライ人の統一王国がパレスチナに成立
□前 586	02 ＿＿＿＿ 王国が滅亡➡ユダヤ人のバビロン捕囚（前 586 ～前 538）

新王国の圧政に苦しむヘブライ人を率いてパレスチナへ脱出したよ。

約50年後に解放されたよ。

地中海東岸の交易

地中海東岸では，前 1500 年頃から陸海の交易が活発化。

● 03 ＿＿＿＿ 人：内陸都市を結ぶ中継貿易，拠点ダマスクス。
└ アラム語・・・国際商業語として広まり，多くの文字の源流となった。

● 04 ＿＿＿＿ 人：地中海交易，拠点シドン，ティルスなど。
└ フェニキア文字・・・アルファベットの起源となった。

ユダヤ教の成立

ヘブライ人（ユダヤ人）：前 1500 年頃にパレスチナに定住し，
一部はエジプトに移住。

「出エジプト」：01 ＿＿＿＿ に率いられてエジプトを脱出。

⬇

●ヘブライ人の統一王国：パレスチナに建国。ダヴィデ王とソロモン王のとき最盛期。

南の 02 ＿＿＿＿ 王国と北の 05 ＿＿＿＿ 王国に分裂。
└ 前 722 年に滅亡。

⬇

02 ＿＿＿＿ 王国は前 586 年，新バビロニアに征服され，住民の多くはバビロンにつれ去られた（バビロン捕囚）。

約 50 年後に，バビロンから解放されたユダヤ人は，帰国後にユダヤ教を確立。

ユダヤ教：唯一神ヤハウェを信仰するユダヤ人の宗教。教典は『旧約聖書』。

- 06 ＿＿＿＿ ：神によってユダヤ人は選ばれ，特別な恩恵を与えられているとする思想。
- 救世主（07 ＿＿＿＿ ）の出現を待望。

THEME エーゲ文明

ポリスの成立とそのあゆみ

年代	ギリシアのできごと
□前 3000 頃	エーゲ文明が誕生する（青銅器文明）
□前 2000 頃	01 ＿＿＿＿ 文明がおこる
□前 1600 頃	02 ＿＿＿＿ 文明がおこる
□前 1200 頃	外部勢力が侵入する
	02 ＿＿＿＿ 文明が滅びる
□前 12 c ～	約 400 年間の暗黒時代（初期鉄器時代）

ギリシア神話に登場するクレタ島の王の名にちなんで，ミノア文明とも呼ばれる。

ギリシアの古典文明

エーゲ文明…前 3000 ～前 1200 頃，エーゲ海を中心に成立した青銅器文明。

①01 ＿＿＿＿ 文明（前 2000 頃～前 1400 頃）

中心地：クレタ島（クノッソス）

特徴：写実的で，明るく開放的な文明。

文字：線文字Ａ（未解読）

発掘者：03 ＿＿＿＿

②02 ＿＿＿＿ 文明（前 1600 頃～前 1200 頃）

中心地：ミケーネ，ティリンス

特徴：巨石でできた建造物，戦闘的な傾向。

文字：線文字Ｂ

イギリス人のヴェントリスらが解読。

発掘者：04 ＿＿＿＿

気候変動，海の民の襲撃などが原因で滅亡したとされる。

└ 前 13 c 頃，東地中海一帯に侵入した系統不明の民族。

約 400 年間つづく混乱期に突入➡暗黒時代（初期鉄器時代）

▲エーゲ文明の分布

THEME オリエントの再統一とアフリカの文明

古代オリエント統一の流れ

年代	アッシリア王国のできごと
□前２千年紀初め	北メソポタミアに 01 ＿＿＿＿ 王国がおこる
□前 15 c	ミタンニ王国に服属
□前７ｃ前半	01 ＿＿＿＿ 王国が全オリエントを統一
□前 612	４王国に分裂
	➡ 02 ＿＿＿＿ ・メディア・エジプト・ 03 ＿＿＿＿

古代オリエントの統一とイランの王朝

前７世紀前半に，01 ＿＿＿＿ 王国が全オリエントを統一して専制国家を建設。

➡重税と圧政で反乱をまねき，前 612 年に崩壊。

02 ＿＿＿＿ ・メディア・エジプト・ 03 ＿＿＿＿ の４王国に分裂。

└● 最古の金属貨幣を鋳造。（02）

└● ユダ王国の住人をバビロンに連行した（バビロン捕囚）。（03）

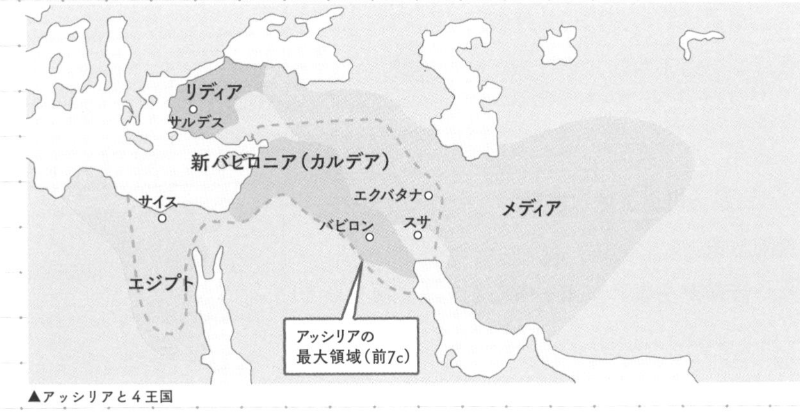

▲アッシリアと４王国

アフリカの文明

●クシュ王国（前 920 頃〜後 350 頃）

前８ｃに新王国滅亡後のエジプトに進出。

➡ 01 ＿＿＿＿ 王国に撃退される。

⇣

04 ＿＿＿＿ に遷都。

・メロエ文字を使用。（未解読）

⇣

４世紀，エチオピアのアクスム王国に滅ぼされた。

年代	クシュ王国のできごと
□前８ｃ	エジプトに進出
□前 670 頃	都を 04 ＿＿＿＿ にうつす
□４ｃ	アクスム王国に滅ぼされる

THEME 南アジアの文明

古代インドのあゆみ

年代	古代インドのできごと
□前 2600 頃	01 ＿＿＿＿ 文明がおこる
□前 1500 頃	アーリヤ人がパンジャーブ地方に進入
□前 1000 頃	アーリヤ人はガンジス川上流域へ

カイバル峠
パンジャーブ地方
インダス川
ハラッパー
モエンジョ=ダーロ
ガンジス川
インダス文明

インドの古代文明

● 01 ＿＿＿＿ 文明：前 2600 年頃おこった青銅器文明。

代表的遺跡：インダス川中流域のハラッパー，

インダス川下流域の 02 ＿＿＿＿

➡計画的につくられたレンガ造りの都市。

インダス文字が刻まれた印章，彩文土器などが見つかる。

インダス文字の記された石製の印章が出土。

●アーリヤ人の社会：前 1500 年頃，パンジャーブ地方に進入。

・自然神を崇拝し，祭式中心の部族的な社会。

・ヴェーダ：古代インドの宗教的知識をまとめた文献。

└最古のヴェーダが『リグ=ヴェーダ』である。

●前 1000 年頃，ガンジス川上流域へ移動。

・定住の農耕社会を形成。

・生産に関与しない階層が生まれ，王を中心とする階層社会を形成。

03 ＿＿＿＿ …… 司祭

04 ＿＿＿＿ …… 武士

05 ＿＿＿＿ …… 農民・牧畜民・商人

06 ＿＿＿＿ …… 隷属民（れいぞくみん）

・ヴァルナ制：バラモンを頂点とする身分的上下観念。

└ヴァルナ最上位に位置するバラモン教の司祭。

・ジャーティ（カースト）集団：特定の信仰や職業，血縁などで結びついた集団のこと。

ヴァルナ制とさまざまジャーティが結びついて成立した社会制度➡ 07 ＿＿＿＿ 制度。

THEME 中国の文明

古代中国のあゆみ

時代・王朝		年代	古代中国のできごと
新石器時代		□前5千年紀	黄河流域で01　　　文化がおこる
		□前3千年紀	黄河流域で02　　　文化がおこる
殷		□前16c頃	殷(いん)が成立
周		□前11c頃	殷を倒して，周が華北を支配
	春秋	□前770	03　　　に遷都して東周となり，春秋時代が始まる
		□前551頃	孔子(こうし)，魯(ろ)国に生まれる
			➡この頃，諸子百家の思想が発達
	戦国	□前403	戦国時代が始まる
		□前221	秦が中国を統一する

諸子百家のなかでも，孔子を祖とする儒家が漢代以降に中心となった。

中華文明と初期王朝

前6000年頃までに雑穀や稲を中心とする農耕が始まり，前5千年紀には村落が生まれた。

01　　　文化：黄河中流域で発達。彩文土器（彩陶(さいとう)）が特色。
└赤・白・黒などの顔料で文様をつけた素焼きの土器。

02　　　文化：黄河中・下流域で発達。黒色磨研土器（黒陶(こくとう)）が特色。
└高温で焼成したうす手の黒色土器。

初期王朝の形成

●殷（前16c頃〜前11c頃）：現在確認できる最古の中国王朝。

・王による神権政治。

・04　　　（河南省安陽市）の発掘によって発見。

・05　　　を刻んだ大量の亀甲・獣骨が出土。
└現在の漢字のもとになった。

(写真:GRANGER.COM/アフロ)

●周（前11c頃〜前256）：前11世紀頃に殷を滅ぼす。

・都 06　　　（現在の西安(せいあん)付近）➡03　　　（現在の洛陽）。

・封建制を採用し，諸侯に領地（07　　　）と人民を与えた。

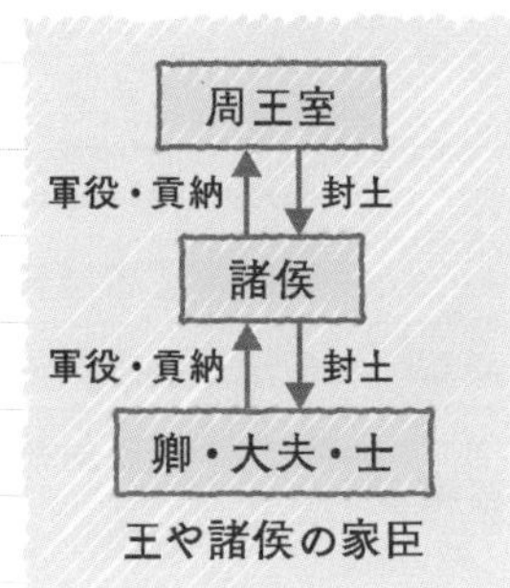

封建：周の統治体制。一族・功臣らに領地を与えて世襲の諸侯とし，軍役(ぐんえき)と貢納(こうのう)の義務を課した。血縁に基づく制度。

⬇

宗法(そうほう)を定めて，親族関係の秩序を定めた。

春秋・戦国時代

周の遷都から秦の中国統一までの約550年間のうち，前半を春秋時代，後半を戦国時代と呼ぶ。

春秋時代（前770～前403）

周の東遷：周辺民族の侵入を理由に，鎬京から洛邑へと遷都。

・周の支配力は衰えたが，権威は存続。

・08 ＿＿＿＿＿＿ の使用や牛耕が始まり，農業生産力が高まる。
 └ 鋤（すき）や鍬（くわ）など。

覇者：春秋時代の有力諸侯。会盟をとおして他の諸侯を支配。
 └ 諸侯の同盟会議。

09 ＿＿＿＿＿＿
・斉の桓公　・呉王夫差
・晋の文公　・越王勾践
・楚の荘王
（秦の穆公や宋の襄公をかわりに入れる説もあり）

戦国時代（前403～前221）

周の諸侯が支配する範囲を「中国」とみなす考え方が生まれたよ。

前403年に韓・魏・趙が諸侯に➡戦国時代の始まり。

・周の権威が消失。実力本位の時代に。

・諸侯は王を称し，富国強兵策を実施。

・商工業が発展し，青銅の貨幣を使用。
 └ 刀の形をした刀銭，農具の形をした布銭，円形の円銭など。

10 ＿＿＿＿＿＿：戦国時代でとくに有力な7国のこと。

➡秦・魏・韓・趙・燕・斉・楚の7国

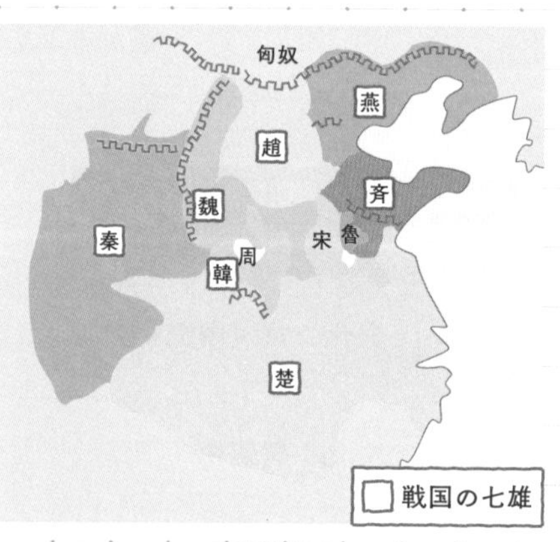

諸子百家の思想

人々は社会の新しい秩序のありかたを求めたよ！

春秋・戦国時代には，諸子百家と総称される多様な思想や学派が生まれた。

学派	人物	内容
儒家	孔子	周代の徳による統治が政治の基本であると考えた。
	孟子	人の本性を善とする「11 ＿＿＿＿」，徳によって統治する「王道政治」を説いた。
	荀子	人の本性を悪とする「12 ＿＿＿＿」を唱えた。
道家	老子	天の道に従い，あるがままの状態に生きる「13 ＿＿＿＿」を唱えた。
	荘子	自然の変化に応じ，本性に逆らわない生き方を説いた。
法家	商鞅	秦において，法によって人民を統治する法治主義を実践した。
	韓非	著書『韓非子』において，法家思想を集大成した。
墨家	墨子	無差別の愛「14 ＿＿＿＿」，戦争を否定する「非攻」などを唱えた。
縦横家	蘇秦	秦と対抗する6国が連合する合従策を説いた。
	張儀	6国がそれぞれ秦と同盟を結ぶ連衡策を説いた。

道家の教えは，君主の公平さ
社会の安定につながるとする
老の思想に影響を与えた。

THEME 南北アメリカの文明

アメリカの古代文明

アメリカ大陸では中南米地域（メキシコ～グアテマラ）とアンデス地帯（ペルー～ボリビア）の２カ所に古代文明が発生した。

└• メソアメリカという。

メソアメリカ文明	年代	アンデス文明
メキシコ湾岸でオルメカ文明がおこる	□前1200頃	
01 ＿＿＿＿ 文明がおこる	□前1000頃	チャビン文化が成立
テオティワカン文明がおこる	□前１c	アンデス文明の母体となった文化。
トルテカ文明がおこる	□10c	
アステカ王国がおこる	□14c	
	□15c半ば	インカ帝国がおこる
02 ＿＿＿＿ がアステカ王国を滅ぼす	□1521	
	□1533	03 ＿＿＿＿ がインカ帝国を滅ぼす

南北アメリカ文明

氷期に，モンゴロイド（黄色人種）系が，当時陸続きであったベーリング海峡を渡って定住。この先住民は，のちにスペイン語で「インディオ」と呼ばれた。

北米地域：狩猟と採集の文化。

中南米地域・アンデス地帯：トウモロコシ・ジャガイモなどを主食とする農耕文化。

ヨーロッパに伝わって，広く普及したよ！

メソアメリカ文明

● 01 ＿＿＿＿ 文明（前1000頃～後16c）：ユカタン半島に成立。

・ピラミッド状の神殿を建築。

・マヤ文字を発明し，二十進法で数を表記した。

└• 20を底とする位取りの記数法。

●アステカ王国（14c～1521）：メキシコ南部に成立。

・北方のアステカ人によって建設された。

・都は 04 ＿＿＿＿ 。

・1521年，スペイン人の 02 ＿＿＿＿ に滅ぼされた。

アンデス文明

●インカ帝国（15c半ば～1533）：アンデスの高地に成立。

・都は 05 ＿＿＿＿ 。標高約2400mの山中に皇帝の離宮としてマチュ＝ピチュを建設。

・ 06 ＿＿＿＿ ：インカ帝国で用いられた，縄の色や結び方で情報を伝える方法。

・1533年，スペイン人の 03 ＿＿＿＿ に滅ぼされた。

THEME 中央ユーラシアの遊牧民社会

内陸アジア世界のあゆみ

中国の時代・王朝	年代	中央ユーラシアのできごと
春秋・戦国	□前7c頃	黒海北岸の草原地帯を 01 ＿＿＿＿ が支配
	□前4c頃	モンゴル高原で 02 ＿＿＿＿ が活動を始める
		天山(てんざん)山脈で烏孫が活動を始める
秦	□前209	匈奴の 03 ＿＿＿＿ が即位
漢	□前129	前漢の武帝，匈奴を攻撃
	□前60頃	匈奴の東西分裂
	□後48頃	東匈奴が南北に分裂
	□2c	鮮卑，モンゴル高原を統一

武帝は，張騫(ちょうけん)を大月氏(だいげっし)に派遣して，匈奴を挟撃しようとした。

遊牧民の社会と国家

前9世紀～前8世紀の中央ユーラシアの草原地帯に，騎馬遊牧民が現れた。

騎馬の技術に優れ，軍事力をもった遊牧民。

遊牧国家：騎馬遊牧民が建てた部族連合のこと。

▲スキタイの髪飾り

- 01 ＿＿＿＿ （前7c～前3c頃）
  - 最初の遊牧国家。
  - 金属製の工芸品などを特徴とするスキタイ文化。
- 02 ＿＿＿＿ （前3c後半～前1c頃）
  - 03 ＿＿＿＿ のとき全盛期。
  - 前漢の劉邦（高祖）を破って全盛期を迎えたが，その後，武帝に敗れて分裂した。

統率者のことを単于(ぜんう)というよ！

東西を結ぶ交易路

- 04 ＿＿＿＿ の道
  - 北アジアの草原地帯を東西に走る。
  - 騎馬遊牧民が交易を支配。
- 05 ＿＿＿＿ の道
  - 中央アジアのオアシス都市を結ぶ隊商ルート。

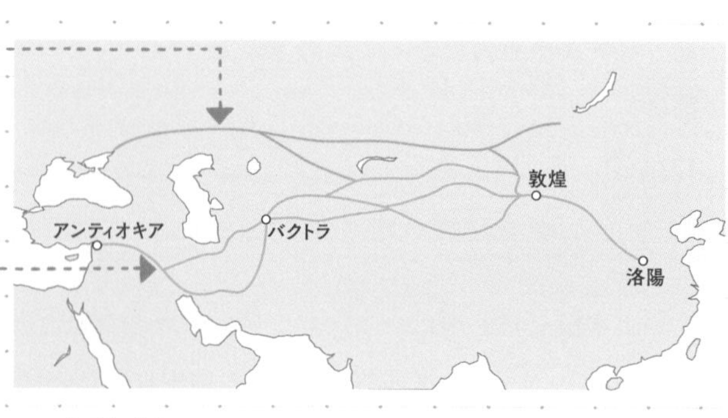

- 2つの道をあわせて一般に 06 ＿＿＿＿ と呼ばれる。

THEME 秦・漢の帝国

秦・漢代の中国

時代・王朝	年代	秦・漢のできごと
春秋・戦国	□前８ｃ頃	秦が成立
	□前４ｃ	秦の孝公(こうこう)，商鞅(しょうおう)を登用して富国強兵を行う
秦	□前 221	秦王の政が中国を統一し 01 ＿＿＿＿ を称した
	□前 209	02 ＿＿＿＿ がおこる
	□前 206	秦が滅亡する
前漢	□前 202	劉邦(りゅうほう)（高祖）が中国を統一し，前漢を建国
	□前 154	03 ＿＿＿＿ がおこる（皇帝の中央集権化政策に対し，諸王がおこした反乱。）
	□前 141	武帝が即位
新	□８	04 ＿＿＿＿ が新を建国
後漢	□ 25	劉秀（光武帝）が後漢(ごかん)を建国
	□ 166	大秦王安敦(たいしんおうあんとん)の使者，日南郡にいたる（大秦王安敦は，ローマ皇帝マルクス=アウレリウス=アントニヌスのことだと言われているよ。）
	□ 184	05 ＿＿＿＿ がおこる
	□ 220	後漢が滅亡する

秦の統一

前 221 年に中国を統一した秦王の政は，01 ＿＿＿＿ を称した。

●統治政策

・06 ＿＿＿＿ ：全国を郡に分け，郡の下に県を置き，中央から派遣した官僚に統治させた。

・長城：戦国時代に建設された長城を修築し，北方騎馬民族の侵入に備えた。

・華南に進出して，南海郡など３郡を置いた。

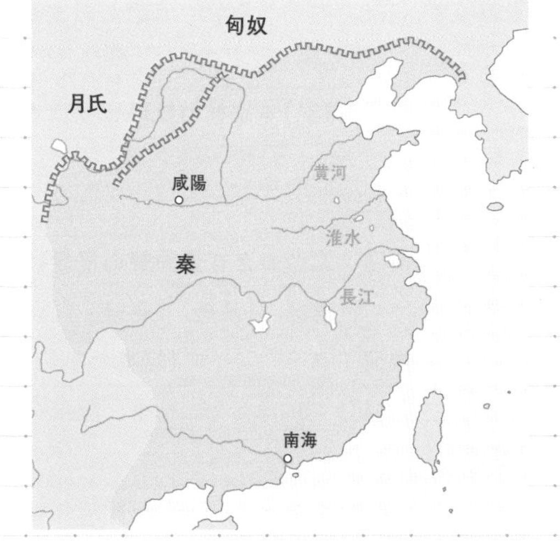

●文化政策

・文字：小篆(しょうてん)に統一。

・思想：法家を重用し，07 ＿＿＿＿ を行った。
└思想統制のため，民間の書物を焼き，儒者を穴に埋めて殺した。

●経済政策

・貨幣：08 ＿＿＿＿ を鋳造し，統一通貨とした。

・度量衡：度（長さ）量（容積）衡（重さ）を統一。

02 ＿＿＿＿ ：始皇帝の死後におきた農民反乱。
└「王侯将相いずくんぞ種（家柄）あらんや」。挙兵の際の陳勝のことば。

THEME 秦・漢の帝国

漢の治世

前漢（前202～後8）

農民出身の劉邦は，楚の武将である項羽を破って中国を統一した。

秦の急激な中央集権化の失敗の反省にたった制度。

●劉邦（高祖）：前漢の初代皇帝。都を 09 ＿＿＿ に置く。

・10 ＿＿＿ ：郡県制と封建制をあわせた地方行政制度。

●武帝：第７代皇帝。前漢の最盛期。

外政 ・衛氏朝鮮を征服し，楽浪など４郡を設置。

・南越国を征服し，南海９郡を設置。

・匈奴対策として 11 ＿＿＿ を大月氏に派遣。

内政 ・董仲舒の提案で儒学の影響力が高まる。

・12 ＿＿＿ ：地方長官が優秀な人材を推薦。

・財政再建策として

①塩・鉄の専売，②均輸・平準

● 04 ＿＿＿ ：皇帝の外戚の地位を利用して帝位を簒奪。新（8～23）を建国。

周王朝を理想とする政治を行うが失敗。➡ 13 ＿＿＿ （18～27）などの反乱がおこり滅亡。

└新の政治に反発しておこった農民反乱。

後漢（25～220）

●劉秀（光武帝）：赤眉の乱に乗じて漢を再興。後漢の初代皇帝。都を 14 ＿＿＿ に置く。

党錮の禁（166，169）：宦官と官僚の対立が深まり，宦官が官僚・学者を弾圧した事件。

└去勢された男性。宮廷ではしばしば大きな権力をふるった。

05 ＿＿＿ （184）：宗教結社の太平道がおこした農民反乱。➡後漢滅亡のきっかけとなる。

└道教の源流となる。

漢代の文化

儒学	前漢：武帝のとき董仲舒の提言により影響力が高まる。 五経（『易経』『書経』『詩経』『礼記』『春秋』）を経典に定める。 後漢：15 ＿＿＿ （経典に字句解釈を加える学問）が発達。
歴史書	『史記』：16 ＿＿＿ 著。紀伝体によって伝説上の時代から武帝までを記述。 └王・皇帝の事績（本紀）や，臣下の伝記（列伝）などから構成される歴史書の書き方。 『漢書』：17 ＿＿＿ 著。紀伝体による前漢の正史。
技術	製紙法：蔡倫が改良し，記録用の素材として普及。

THEME 魏晋南北朝時代・隋

魏晋南北朝・隋代の中国

中国の王朝	年代	魏晋南北朝・隋のできごと
三国時代	□ 220	01 ＿＿＿＿，魏を建国 (三国時代)
	□ 221	02 ＿＿＿＿，蜀を建国 (三国時代)
	□ 222	03 ＿＿＿＿，呉を建国 (三国時代)
	□ 239	邪馬台国の卑弥呼(ひみこ)，魏に朝貢
西晋	□ 280	晋（西晋）が中国を再統一
五胡十六国時代	□ 304	華北で遊牧諸民族の政権が興亡する五胡十六国時代を迎える
	□ 317	江南に東晋が成立
南北朝時代	□ 420	東晋を倒して宋が成立し，南朝が始まる
	□ 439	北魏の太武帝(たいぶてい)，華北を統一し，北朝が始まる
隋	□ 581	北周の外戚 04 ＿＿＿＿（文帝），隋を建国
	□ 589	隋，南朝の 05 ＿＿＿＿ を滅ぼして中国を統一

「親魏倭王」の称号を与えられたことが，『魏志』倭人伝に記されている。

220年から589年までのことを魏晋南北朝時代と呼ぶ。

魏晋南北朝時代

● 三国時代：魏・蜀・呉の三国が分立した。

国名	創始者	都	結末
魏（220 ～ 265）	01 ＿＿＿＿	洛陽	司馬炎(しばえん)が帝位を奪う。
蜀（221 ～ 263）	02 ＿＿＿＿	成都	魏に滅ぼされた。
呉（222 ～ 280）	03 ＿＿＿＿	建業	晋に滅ぼされた。

魏
洛陽
成都
黄河
長江
建業
蜀
呉

▲三国時代の中国

● 晋（西晋）：魏の将軍司馬炎が，魏の皇帝から帝位を奪って建国。

・06 ＿＿＿＿：司馬炎の死後におきた，帝位をめぐる内紛。五胡の侵入を招く。
└ 五胡は匈奴・羯・鮮卑・氐・羌を指す。

➡ 晋の皇族の司馬睿(しばえい)が，江南に逃れて東晋を建国。

● 五胡十六国時代：華北で遊牧諸民族の多くの政権が興亡。

・北魏の太武帝が華北を統一。

➡ 07 ＿＿＿＿ のとき北魏全盛。均田制や三長制を施行。
└ 5家を最小単位として長をおく村落制度。

● 南北朝時代：華北の北魏，江南の宋が併存して始まる。

北朝の流れ　北魏 → 西魏 → 北周 → 隋
　　　　　　　　 → 東魏 → 北斉 → 隋

南朝の流れ　宋 → 08 ＿＿＿＿ → 梁 → 05 ＿＿＿＿ → 隋

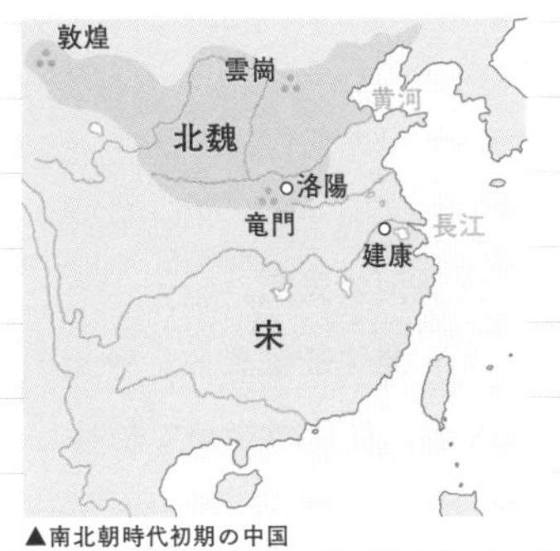

▲南北朝時代初期の中国

THEME 魏晋南北朝時代・隋

魏晋南北朝時代の社会・文化

●貴族中心の社会の形成

・09 ＿＿＿＿：魏で始められた官吏登用制度。地方の中正官が優れた人材を中央に推薦。

➡推薦されるのは有力な豪族の子弟にかぎられ，中央の高級官職を独占。

⬇家柄の序列の固定化

貴族の勢力が強い時代に

●土地制度

10 ＿＿＿＿	魏	国家が耕作者の集団を置いて，官有地を耕作させた。
占田・課田法	晋	身分に応じて土地所有を制限し，兵役などを課した。
11 ＿＿＿＿	北魏	国家が土地の分配・回収を管理し，税収の安定をはかった。

魏晋南北朝時代の文化

貴族中心の趣味的な文化が特徴。　清談：老荘思想に基づく議論が文化人のあいだで流行。

宗教	仏教：仏図澄，鳩摩羅什などの僧が西方から訪れ，仏典を翻訳し布教。 石窟寺院の造営。➡12 ＿＿＿＿・雲崗・竜門（前頁地図参照）。 道教：13 ＿＿＿＿が大成。北魏で国教化。
文学	対句を多用する四六駢儷体を用いた詩が主流となった。 14 ＿＿＿＿：東晋の田園詩人。「帰去来辞」 昭明太子：『文選』の編纂を行った。（南朝の梁の皇太子。）
絵画・書	15 ＿＿＿＿：東晋の画家。「女史箴図」 16 ＿＿＿＿：東晋の書家。格調高い書体を確立し「書聖」と呼ばれる。

隋の統一

● 04 ＿＿＿＿（文帝）：北周の武将。都を大興城（長安）に置いて隋を建国。

・南朝の陳を倒して中国を統一。

・均田制・租調庸制・府兵制を採用。

・九品中正を廃止して，科挙を実施。

（中央集権化の推進）

└科目試験による官吏登用制度。宋代に確立され，20世紀初頭に廃止されるまで続いた。

● 17 ＿＿＿＿

・大運河の完成。

・高句麗遠征に失敗。➡土木事業や遠征で困窮した農民が反乱。

618年，反乱のなかで挙兵した李淵（唐の高祖）によって滅亡。

THEME 唐・五代十国

唐・五代十国時代の中国

中国の王朝	年代	唐・五代十国のできごと
唐	□ 4c半ば	新羅（しんら）がおこる
	□ 6c半ば	突厥（とっけつ）がおこる➡中国の北朝と絹馬（けんば）貿易を行う
	□ 618	01 ＿＿＿ が唐を建国
	□ 7c	ソンツェン=ガンポが吐蕃（とばん）を建国
	□ 629	玄奘（げんじょう），インドへ出発
	□ 663	唐が白村江（はくそんこう/はくすきのえ）の戦いで日本軍を破る
	□ 690	02 ＿＿＿ が即位し，国号を周と称する（～705）
	□ 698	渤海（ぼっかい）がおこる
	□ 8c半ば	雲南で南詔が勢力を広げる
	□ 755	03 ＿＿＿ がおこる（～763）
	□ 780	両税法が施行される
	□ 875	04 ＿＿＿ がおこる（～884）
五代十国	□ 907	朱全忠，唐を滅ぼして後梁を建国

チベット仏教を生み出したよ。

唐は新羅をたすけるため，百済の遺臣・日本の連合軍と戦い，勝利した。

楊炎が実施した税法。農民の土地所有を認め，夏と秋の2回にわたって徴税した。

唐の繁栄

隋末の混乱のなかで自立した 01 ＿＿＿ が，618年に隋を倒し，唐を建国した。都は長安。

●李世民（太宗）：唐の基礎を築き，その治世は「貞観（じょうがん）の治」と呼ばれた。

内政 ・律令国家体制の確立

05 ＿＿＿ ：中書省（ちゅうしょしょう）・門下省（もんかしょう）・尚書省（しょうしょしょう）を設置。

06 ＿＿＿ ：尚書省の下に置かれた行政・執行機関。

07 ＿＿＿ ：官吏を監察するための機関。

・均田制，租調庸制，府兵制を整備。

└農民に兵役を課す制度。没落する農民が増えて，くずれた。

外政 ・東突厥を征服。

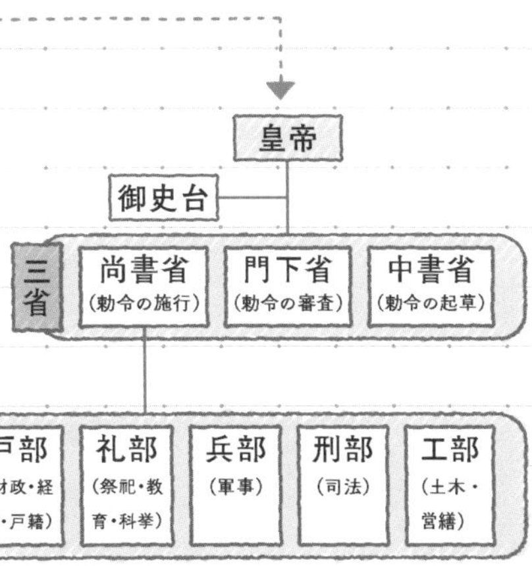

皇帝
御史台
三省：尚書省（勅令の施行）　門下省（勅令の審査）　中書省（勅令の起草）
六部：吏部（官吏の任免）　戸部（財政・経済・戸籍）　礼部（祭祀・教育・科挙）　兵部（軍事）　刑部（司法）　工部（土木・営繕）

●高宗：第3代皇帝

・唐代の最大版図を達成。

・征服地に 08 ＿＿＿ を置き，統治をその土地の有力者に任せる羈縻（きび）政策を行った。

└歴代中国王朝が，周辺民族に対してとった間接統治策。

中国史上，ただ一人の女帝だよ。

● 02 ＿＿＿ ：高宗の皇后。高宗の死後帝位につき，国号を周とした。

貴族よりも科挙官僚を重用。

●玄宗：712年に即位し，政治の立て直しをはかった。その前半の治世は「開元の治」と呼ばれた。

・09 ＿＿＿＿＿：府兵制にかえて採用された傭兵制度。

・10 ＿＿＿＿＿：募兵集団の指揮官として置かれた。

03 ＿＿＿＿＿：玄宗治世の末期におこった反乱。

原因 玄宗の寵愛を受けた楊貴妃一族への反発。

経過 節度使の安禄山・史思明らが挙兵。

➡ウイグルなどの援助で鎮圧。

└ モンゴル高原を支配したトルコ系騎馬遊牧民。

8世紀には，これまで唐をささえてきた支配の原則がくずれ，唐の社会体制が大きく変化。 ➡

⬇

04 ＿＿＿＿＿：塩の密売人の黄巣が反乱をおこす。

└ 塩は専売で唐の財源だった。

⬇

朱全忠が唐を滅ぼし，後梁を建国。➡五代十国の始まり。

└ 黄巣の乱後，節度使となった。

唐の社会体制の変化

均田制（国家が土地を直接支配）	租調庸制（均田制に基づく）
⬇	⬇
荘園制（貴族の大土地所有が進む）	両税制（実際に所有する土地に基づく）
府兵制（農民を徴兵）	羈縻政策
⬇	節度使（節度使の力が増す）
募兵制（傭兵を募集）	藩鎮

唐の社会と文化

●長安の発展

・人口100万人を超える国際都市。➡ソグド人など西域の人々，諸国の使節・留学生・商人などが集まる。

└ ソグディアナのオアシス地域を本拠とするイラン系の人々。

・仏教，道教のほか，景教（ネストリウス派）・祆教（ゾロアスター教）・マニ教の寺院がつくられた。回教（イスラーム教）も広まった。

└ ローマで異端とされたネストリウス派のキリスト教。

唐代の文化

儒教	孔穎達：五経の注釈書『五経正義』を編纂した。
文学	11 ＿＿＿＿＿：「詩仙」と称された。 12 ＿＿＿＿＿：「詩聖」と称された。（中国最高峰の詩人の一人とされる。） 白居易：玄宗と楊貴妃を歌った「長恨歌」で知られる唐後期の詩人。 韓愈：唐宋八大家の一人。古文の復興をめざした。 └ 唐代から宋代にかけての著名な8人の文人。 柳宗元：唐宋八大家の一人。韓愈とともに古文の復興運動を進めた。
絵画・書道	呉道玄：唐中期の画家。立体感をだす画風。 13 ＿＿＿＿＿：唐中期の書家。革新的な書風をおこし，後世に大きな影響を与えた。
工芸	14 ＿＿＿＿＿：人物・動物などをかたどった埋葬用の陶器。

THEME 古代インドの統一国家

古代インドのあゆみ

支配体制	年代	古代インドのできごと
小国分立	□前6c	コーサラ国とマガダ国が強大化
		ジャイナ教，仏教が成立
統一王朝時代	□前317頃	マウリヤ朝が成立
	□前1c	サータヴァーハナ朝が成立
	□1c	クシャーナ朝が成立
	□320頃	グプタ朝が成立
	□606	ヴァルダナ朝が成立
	□8c	北インドで 01 ______ による抗争が始まる

	ジャイナ教	仏教
創始者	02 ______	03 ______
教義	・バラモンの権威を否定 ・徹底した不殺生主義と苦行	・バラモンの権威を否定 ・八正道を実践し，解脱をめざす
支持層	ヴァイシャ	クシャトリヤ，ヴァイシャ

尊称はブッダだよ！

古代インドの統一王朝

マウリヤ朝（前317頃～前180頃）

創始者 チャンドラグプタ王　都 パータリプトラ

04 ______ 王のとき最盛期。

・仏教に帰依し，ダルマに基づく統治をめざした。
 （ダルマ：法，まもるべき社会倫理のこと。）

・第3回仏典結集（けつじゅう）（編纂）を行う。
 └ブッダの弟子が行った教典の編纂事業。

クシャーナ朝（1～3c）

都 プルシャプラ

05 ______ 王のとき最盛期。

・仏教を保護し，第4回仏典結集を行う。

・ローマとの交易が盛ん。

・ガンダーラ美術が発達。
 └ヘレニズム文化の影響を受けて，初めて仏像がつくられる。

●南インドでは，サータヴァーハナ朝（前1～後3c）が成立。

➡デカン高原を中心とした王朝。ローマと交易。

THEME 古代インドの統一国家

グプタ朝（320頃～550頃）

創始者 チャンドラグプタ１世　都 パータリプトラ

06 ＿＿＿＿＿＿＿＿ のとき最盛期。

・サンスクリット語が公用語化された。

・ヒンドゥー教が社会に定着し始める。
　└シヴァ神，ヴィシュヌ神などを主神とする多神教。

サンスクリット語はバラモンのことばだよ。

● グプタ朝の文化

・サンスクリット文学が発達。

➡叙事詩『マハーバーラタ』や『ラーマーヤナ』がまとまる。

➡宮廷詩人の 07 ＿＿＿＿＿＿＿＿ が『シャクンタラー』を著した。

・純インド的なグプタ様式の壁画や彫像。

・ナーランダー僧院が建てられるなど仏教教学が隆盛。

ヴァルダナ朝（606～647）

創始者 ハルシャ王　都 カナウジ

・唐僧の 08 ＿＿＿＿ が訪れ，ナーランダー僧院で仏教を学んだ。
　└帰国後，『大唐西域記』を著す。

・仏教やジャイナ教を攻撃するバクティ運動が激しくなる。

地方王権

北インド

● 01 ＿＿＿＿＿＿＿＿ ：ヴァルダナ朝滅亡後の北インドで小王国を形成した，ヒンドゥー諸勢力の総称。

・分立した小王国が抗争。➡ 01 ＿＿＿＿＿＿＿＿ 時代

・各地でヒンドゥー教寺院が建立される。

南インド

● チョーラ朝（前３c頃～後４c頃，９～13c）

・南インドの代表的な王朝。10～11cが最盛期。

・「海の道」による交易が盛ん。

THEME 東南アジアの文明

東南アジアのあゆみ

中国の王朝	年代	古代東南アジアのできごと
	□前４c	ベトナム北部を中心にドンソン文化が栄える
漢	□１c末	メコン川下流域に 01 ＿＿＿ が成立
	□２c末	ベトナム中部にチャンパーが成立
魏晋南北朝	□６c	カンボジア（真臘（しんろう））が成立
隋	□７c	スマトラ島にシュリーヴィジャヤが成立
唐	□８c	シャイレンドラ朝で 02 ＿＿＿ の建設が始まる
宋	□ 1009	ベトナムに 03 ＿＿＿ 朝が成立
	□ 1044	ビルマ（ミャンマー）に 04 ＿＿＿ 朝が成立
	□ 12 c	カンボジアで 05 ＿＿＿ の建設が始まる
大モンゴル国	□ 1225	ベトナムに 06 ＿＿＿ 朝が成立

港町を中心とした港市国家で，交易をして栄えた。

元軍に攻められ衰退。

元軍を撃退！

東南アジアの諸文明

東南アジアの地理的構成

大陸部：インドシナ半島

諸島部：マレー半島，インドネシア，フィリピンなどを含む島々。

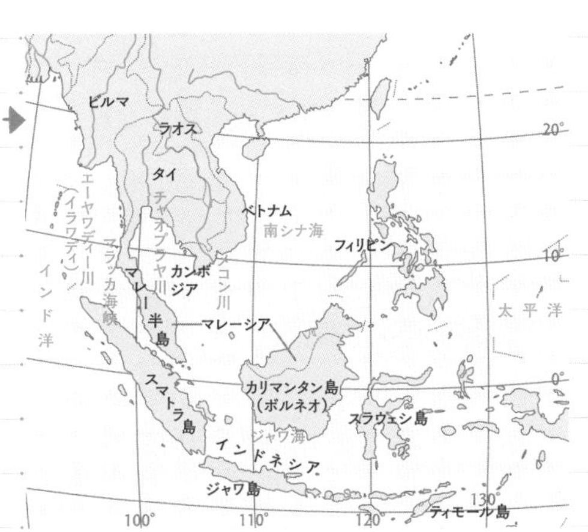

ベトナムの歴史

ドンソン文化：前４～１世紀頃に発展した青銅器文化。

07 ＿＿＿ がつくられた。

└権力の象徴として祭祀に用いられた青銅器。

●チャンパー（林邑（りんゆう））（２c末～17c）：ベトナム中部にチャム人が建国。

・インドの影響を強く受け，４～５世紀に「インド化」。 →
- ・ヒンドゥー教，大乗仏教
- ・王権概念
- ・インド神話　・サンスクリット語
- ・インド式建築様式　etc.

● 03 ＿＿＿ 朝（1009 ～ 1225）：ベトナム北部初の長期王朝。

・のちに大越（ダイベト）と称した。

● 06 ＿＿＿ 朝（1225 ～ 1400）： 03 ＿＿＿ 朝の外戚（皇后や妃の親族。）であった陳氏が建国。

・ 08 ＿＿＿ ：漢字をもとにしてつくられたベトナムの文字。

・中国の元軍の侵攻を３度にわたって撃退。

THEME 東南アジアの文明

カンボジアの歴史

● 01 ______（1ｃ末〜7ｃ）：メコン川下流域に建国された東南アジア最古の国家。

・海上の交易で繁栄。➡港町のオケオ遺跡から，ローマ貨幣やインドの神像が出土。

● カンボジア（真臘）（6〜15ｃ）

：メコン川中流域にクメール人が建国。

・ヒンドゥー教を信仰。

・9世紀にアンコール朝が成立。

➡ 12世紀に 05 ______ を建設。

└● ヒンドゥー寺院として建てられたが，のちに仏教寺院に改修された。

（写真:HEMIS/アフロ）

タイ・ビルマの歴史

● ドヴァーラヴァティー王国（7〜11ｃ頃）：チャオプラヤ川下流域にモン人が建国。

・上座部仏教を信仰。

└● 解脱をめざして，厳しい修行を重視する仏教の一派。

● 04 ______ 朝（1044〜1299）：エーヤワディー（イラワディ）川中流域に建国。

・ビルマ（ミャンマー）人が建てたビルマ初の王朝。

・上座部仏教を信仰。

● スコータイ朝（13〜15ｃ）：タイ北部にタイ人が建てた王朝。

・上座部仏教を信仰。

スマトラ島・ジャワ島の歴史

● シュリーヴィジャヤ（7〜8ｃ）➡三仏斉（さんぶっせい）（10〜14ｃ頃）：スマトラ島のパレンバンを中心に成立。

・大乗仏教を信仰。

・唐僧の 09 ______ がインドへの往復の途中に滞在し，『南海寄帰内法伝』を著した。

└● 海路でインドに向かい，ナーランダー僧院に学んだ。

● シャイレンドラ朝（8〜9ｃ）

：中部ジャワに建国。

・大乗仏教を信仰。

・8〜9世紀に 02 ______ を建設。

└● ピラミッド型で内部空間を持たない石造遺跡。大乗仏教寺院。

（写真:Robert Harding/アフロ）

● マタラム朝（732〜1222）：中部ジャワに成立。

・ヒンドゥー教を信仰。

THEME **イランの諸国家**

古代イランの流れ

年代	イランのできごと
□前７ｃ前半	01 ＿＿＿＿ 王国が全オリエントを統一
□前６ｃ半ば	02 ＿＿＿＿ 朝が成立
□前 334 ～前 324	アレクサンドロス大王の東方遠征
□ 224	03 ＿＿＿＿ 朝が成立
□５ｃ後半	03 ＿＿＿＿ 朝と突厥が手を結び，エフタルを滅ぼす

イラン諸国家の興亡

前６世紀半ばに，イラン人（ペルシア人）がアケメネス朝をおこし，メディアとリディアを征服。

● 02 ＿＿＿＿ 朝（前 550 ～前 330）：アッシリア王国の滅亡後，オリエントを再統一。

第３代 04 ＿＿＿＿ のときに最盛期。

・サトラップによる統治，「王の目」「王の耳」による中央集権化，「王の道」の整備。

└知事として各州を統治。

└監察官としてサトラップを監視。

└国道。都のスサから小アジアのサルデスまでのものが有名。

前 330 年，アレクサンドロス大王に征服されて滅亡。

↓

● 03 ＿＿＿＿ 朝（224 ～ 651）

：パルティアを倒して建国。

・シャープール１世：ローマ軍を撃破。

・05 ＿＿＿＿：最盛期の王。

エフタルを滅ぼす。

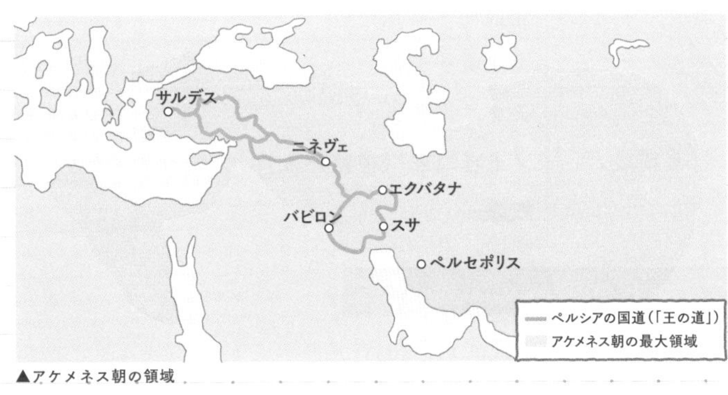

▲アケメネス朝の領域

イランの宗教

・06 ＿＿＿＿ 教（拝火教）：ササン朝の国教。教典：『アヴェスター』。

➡善（光明）の神アフラ=マズダと悪（暗黒）の神アーリマンが対立する善悪二元論，最後の審判。

・07 ＿＿＿＿ 教：３世紀にマニが創始。ササン朝では弾圧された。

THEME ポリスの成立

ポリスの成立

01 ＿＿＿＿ …アクロポリス（城山）を中心に人々が，集住（シノイキスモス）して生まれた都市国家。アテネやスパルタなどが代表。文化的には同一民族としての意識をもつ。

└● デルフォイの神託やオリンピアの祭典などを共有。

▲アテネの市街図

● 02 ＿＿＿＿
古代ギリシア人の自称。
「英雄ヘレンの子孫」の意味。

● 03 ＿＿＿＿
古代ギリシア人が異民族に対して用いた蔑称。
「わけのわからない言葉を話すもの」の意味。

アテネとスパルタの比較

	アテネ	スパルタ
種族	イオニア人	ドーリア人
ポリスの形成	集住（シノイキスモス）	ドーリア人が先住民を征服
外交・軍事	開放的・海軍中心	閉鎖的・陸軍中心
経済	商工業が発達	農業中心
社会構成	アテネ市民 メトイコイ（在留外人） 奴隷	スパルタ市民 04 ＿＿＿＿（周辺民） 05 ＿＿＿＿（ヘロット）

商工業に従事。

農業に従事。

アテネ民主政へのあゆみ

● 06 ＿＿＿＿ の改革（前594）
- 財産額の大小によって市民の参政権を定めた（財産政治）。
- 借金をした市民を奴隷として売ることを禁止（債務奴隷の禁止）。

↓

● 07 ＿＿＿＿ の独裁（前6c半ば）。
- 平民の支持を得て，独裁政治を確立（僭主政治）。

↓

● 08 ＿＿＿＿ の改革（前508）：民主政の基礎を確立。
- 4部族制（血縁）➡ 10部族制（デーモス〈区〉）へ。
- 陶片追放（オストラキスモス）の制度。

└● 僭主の出現を防ぐことが目的。

▲陶器の破片（オストラコン）

THEME アテネ民主政とポリスの衰退

アテネの覇権とポリスの衰退

アテネの体制	年代	アテネを中心とする古代ギリシアのできごと
民主政	□前 508	クレイステネスの改革
	□前 500	イオニア植民市が反乱をおこす➡アケメネス朝（ペルシア）に抵抗
		ペルシア戦争が始まる（～前 449）
	□前 490	マラトンの戦い
	□前 480	テルモピレーの戦い
		01 ＿＿＿＿ の海戦に勝利（三段櫂船の漕ぎ手として，無産市民が活躍。）
	□前 478 頃	アテネを中心に 02 ＿＿＿＿ 同盟が成立
	□前 443	03 ＿＿＿＿ 時代が始まる（～前 429）➡アテネ民主政の確立
	□前 431	04 ＿＿＿＿ 戦争が始まる（～前 404）
		➡アテネ，スパルタに敗北
	□前 371	05 ＿＿＿＿ ，スパルタを破り覇権を確立
	□前 338	06 ＿＿＿＿ の戦いがおこる
	□前 337	07 ＿＿＿＿ 同盟が成立（マケドニアが盟主。）

ペルシア戦争

ペルシア戦争：アケメネス朝 vs. アテネを中心とするギリシア連合軍➡ギリシア連合軍勝利。

原因：**イオニア地方のギリシア人諸都市**が，**アケメネス朝**の支配に反抗したのがきっかけ。

└• ミレトスが中心。

└• 開戦時のアケメネス朝の王はダレイオス１世。

ペルシア戦争の主要な戦い

前 490 年　マラトンの戦い➡**アテネ勝利**

前 480 年　テルモピレーの戦い➡**アケメネス朝勝利**

01 ＿＿＿＿ の海戦➡**ギリシア連合軍勝利**

• 08 ＿＿＿＿ が海軍を指揮。

前 479 年　プラタイアの戦い➡**ギリシア連合軍勝利**

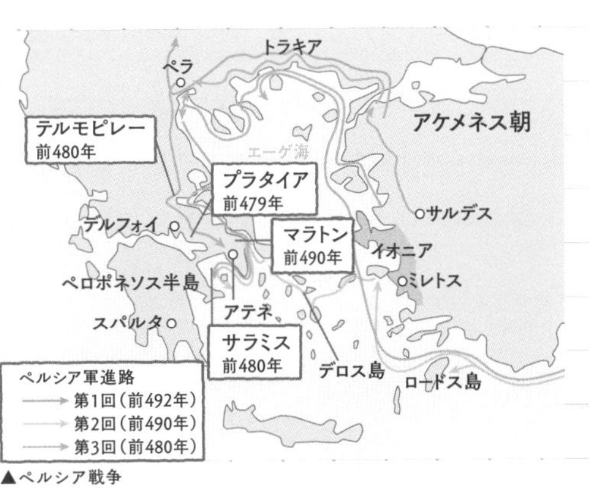

▲ペルシア戦争

● 02 ＿＿＿＿ 同盟：ペルシアの再侵攻に備えた軍事同盟。アテネが盟主。

THEME アテネ民主政とポリスの衰退

アテネ民主政の確立

アテネ民主政の背景

アテネ市民は，ポリスの国防に大きな役割を果たしながら，政治参加を拡大してきた。

前8c
ポリスの国防に平民が参加
重装歩兵部隊として活躍
↓
参政権を要求

前6c
平民と貴族の対立
・ソロンの改革
・クレイステネスの改革

前5c
ペルシア戦争で，三段櫂船の漕ぎ手として無産市民が活躍
↓
発言力がさらに増大

03 ＿＿＿＿＿＿：ペルシア戦争後に将軍職に就き，アテネ民主政を完成させた政治家。

アテネ民主政の特徴

①直接民主政：09 ＿＿＿＿＿＿ を最高議決機関とする。成年男性市民全員が参加。

②奴隷制度：家内奴隷が使役され，市民の生活をささえた。
└家事や農作業などに使役された，個人が所有する奴隷のこと。

③参政権：女性・奴隷・メトイコイ（在留外人）をのぞく。
成年男性市民に与えられた。
└18歳以上。

ポリスの動揺とマケドニアの台頭

● 04 ＿＿＿＿＿＿ 戦争（前431～前404）

デロス同盟によってアテネの勢力が拡大したことで，スパルタと対立。

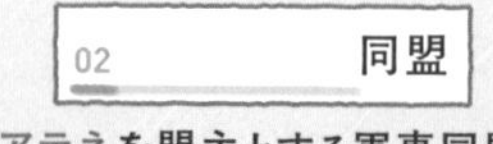

02 ＿＿＿＿＿＿ 同盟
アテネを盟主とする軍事同盟

→ 衝突 ←

10 ＿＿＿＿＿＿ 同盟
スパルタを盟主とする軍事同盟

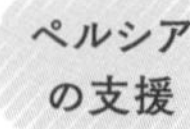

← ペルシアの支援

➡スパルタが勝利してギリシアの覇権を握るが，有力ポリスの 05 ＿＿＿＿＿＿ に敗北。

傭兵の流行：たえまない戦乱に没落する市民が増えはじめ，市民軍にかわって傭兵が雇われた。
国民皆兵の原則が崩れ，ポリス衰退の一因となった。

● 06 ＿＿＿＿＿＿ の戦い（前338）

11 ＿＿＿＿＿＿ 率いるマケドニアが台頭し，テーベとアテネの連合軍に勝利した戦い。

07 ＿＿＿＿＿＿ 同盟：マケドニアが盟主となり，ギリシアを支配下に。

（スパルタをのぞく。）

THEME ギリシアの文化とヘレニズム時代

ギリシアの生活と文化

ギリシアの神話と文学

オリンポス12神を中心とする神話の世界観をもつ。人間中心の合理的な精神が特徴。

- 01　　　　　　：ギリシア最古の詩人。『イリアス』,『オデュッセイア』。
- 02　　　　　　：叙事詩人。『神統記（しんとうき）』,『労働と日々』。

悲劇…アイスキュロス・ソフォクレス・エウリピデス➡「三大悲劇詩人」。

喜劇…03　　　　　　：『女の平和』,『女の議会』。

政治や社会問題を風刺。

哲学・自然科学

●イオニア自然哲学：前6世紀にイオニア地方のミレトスを中心に発達。

タレス	イオニア学派の祖。万物の根源は04　　　　。
ピタゴラス	「ピタゴラスの定理」を見つけた自然哲学者・数学者。万物の根源は05　　　　。
ヘラクレイトス	「万物は流転する」と主張。万物の根源は06　　　　。
デモクリトス	原子論的唯物論を主張。万物の根源は07　　　　（アトム）。

●前5世紀以降，ギリシア文化の中心はアテネへ。

08　　　　　　：代表的なソフィスト。「万物の尺度は人間」と主張。

└ 弁論術を教える職業教師。

↕ 対立

09	ソフィストを批判して，真理の絶対性を主張。哲学（フィロソフィア）を創始。 「無知の知」（みずからの無知を知っているという点で，無自覚な者より優れる）
プラトン	ソクラテスの弟子。永遠不変の実在である10　　　　を主張。
アリストテレス	プラトンの弟子。「万学の祖」と呼ばれ，当時のあらゆる知識を体系化。

美術・建築

- フェイディアス：彫刻家。パルテノン神殿のアテナ女神像。

現存しないよ。

- パルテノン神殿：ギリシア建築を代表する建造物。ドーリア式。

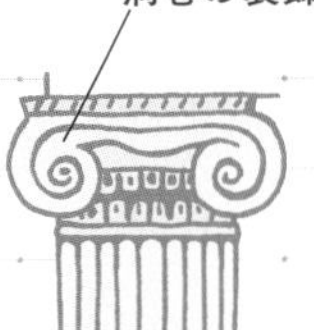

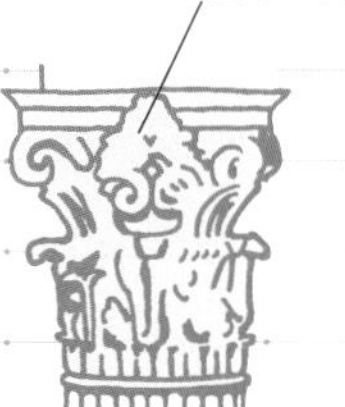

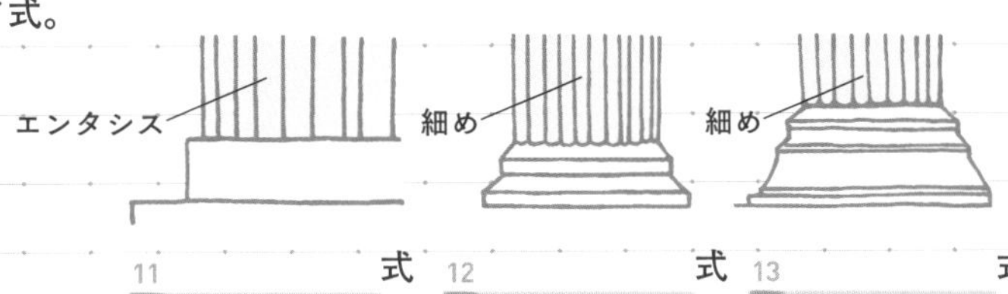

11　　　　式　12　　　　式　13　　　　式

THEME **ギリシアの文化とヘレニズム時代**

アレクサンドロス大王の帝国

マケドニア王のアレクサンドロス大王が，東方遠征を行い大帝国を築いた。

東方遠征：アケメネス朝を滅ぼして，インド西北部まで進出。

└• イッソスの戦いやアルベラの戦いでダレイオス３世を破った。

大王の有力な部下たちのことだよ！

アレクサンドロス大王の死後，遺された土地をめぐってディアドコイ（後継者）が争う。

⬇ 分裂

14 ＿＿＿＿＿朝シリア・15 ＿＿＿＿＿朝エジプト・16 ＿＿＿＿＿朝マケドニア

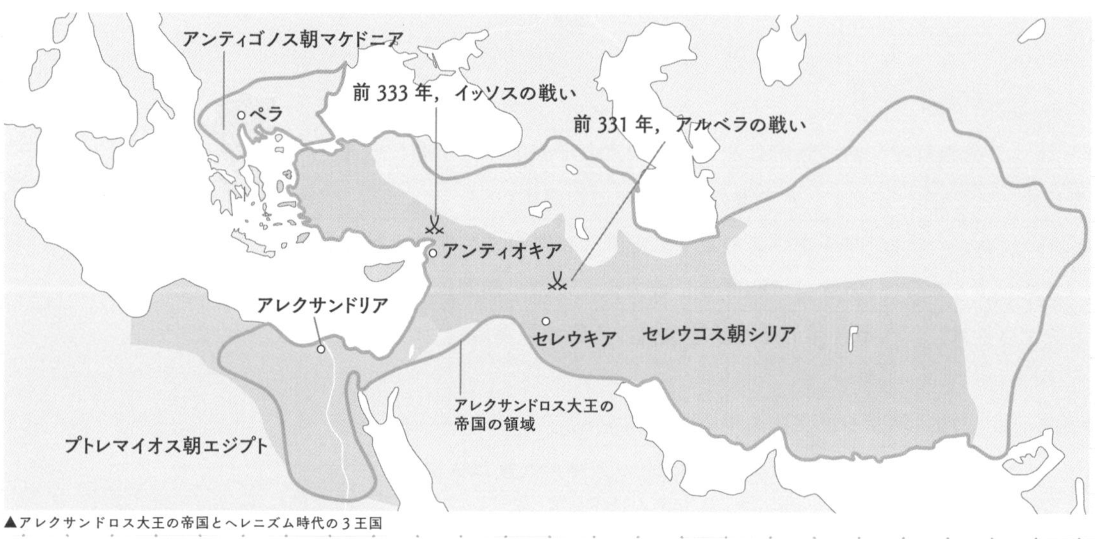

▲アレクサンドロス大王の帝国とヘレニズム時代の３王国

ヘレニズムの文化

東方遠征からプトレマイオス朝エジプトが滅亡するまでの約300年間を，ヘレニズム時代という。

ヘレニズム文化：オリエント的要素とギリシア的要素が融合した文化。

ヘレニズム時代の思想

17 ＿＿＿＿＿派	エピクロス	心の平安による快楽主義を主張。
18 ＿＿＿＿＿派	ゼノン	理性を重視。個人を普遍的な世界の一員とみる。

• 19 ＿＿＿＿＿：国に縛られず，世界を１つの共同体とする考え方

ヘレニズム時代の自然科学

20 ＿＿＿＿＿	平面幾何学（ユークリッド幾何学）を大成。
アルキメデス	浮力の原理（アルキメデスの原理）やてこの原理を発見。
アリスタルコス	地球の自転と公転を主張し，地球と太陽の距離を算出。
エラトステネス	地球を球形と考え，その周囲の長さを測定。ムセイオン館長。

THEME 共和政時代のローマ

ローマ共和政のあゆみ

ローマの体制	年代	共和政期のローマのできごと
王政	□前8c	都市国家ローマが建国される └伝説では前753年に建設されたとされる。
共和政	□前509	エトルリア人の王を追放して，共和政へ移行
	□前367	01 ＿＿＿＿ 制定 ｝平民の権利の拡大
	□前287	02 ＿＿＿＿ 制定 ｝平民の権利の拡大
	□前264	ポエニ戦争が始まる（～前146）
内乱の一世紀	□前133	グラックス兄弟の改革（～前121）
	□前73	スパルタクスの反乱（～前71）
	□前60	第１回三頭政治（～前53）
	□前58	03 ＿＿＿＿，ガリア遠征を行う（～前51）
	□前43	第２回三頭政治（～前36）
	□前31	アクティウムの海戦➡地中海を平定

遠征の記録としてカエサルが著した『ガリア戦記』は，ラテン語文学の傑作とされた。

ローマ共和政

都市国家ローマは，04 ＿＿＿＿ 人の一派によって建設された。前509年にエトルリア人の王の支配から脱し，貴族を中心とする共和政になった。

ローマ共和政のしくみ

- 元老院：貴族による最高の諮問機関。
  └パトリキともいう。
- ┌執政官ともいう。
  コンスル：行政・軍事を担う最高官職。
- 護民官：平民保護のための役職。
  └プレブスともいう。
- ┌ディクタトルともいう。
  独裁官：非常時に全権を委任された臨時職。

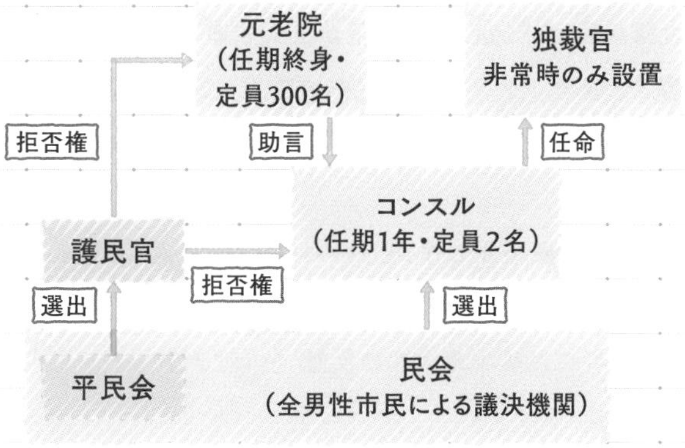

元老院（任期終身・定員300名）
独裁官 非常時のみ設置
拒否権
助言
任命
コンスル（任期1年・定員2名）
護民官
拒否権
選出
選出
平民会
民会（全男性市民による議決機関）

貴族と平民の対立

平民の権利拡大

前5c半ば 05 ＿＿＿＿：慣習法の成文化。貴族による法知識の独占を防ぐ目的。
└慣習のうち，人々に法としての効力を認められているもの。

前367年 01 ＿＿＿＿：コンスル２人のうち１人を平民から選ぶ。

前287年 02 ＿＿＿＿：平民会の決議を元老院の許可なくそのまま国法とする。
└平民のみで構成される民会。

THEME 共和政時代のローマ

地中海の征服

ローマは，前３世紀前半に全イタリア半島を統一し，前２世紀半ばに地中海全体をほぼ支配した。

分割統治：ローマは征服した諸都市と個別に同盟を結ぶことで，ローマへの反抗と都市同士の団結を防ごうとした。

●ポエニ戦争：フェニキア人の植民市カルタゴとの３回にわたる戦い。➡ローマ勝利。

〈第２回〉

・ローマ…指揮官：06

・カルタゴ…指揮官：07

ローマは，カルタゴの将軍07　　に攻め込まれるが，最終的にザマの戦いで勝利。

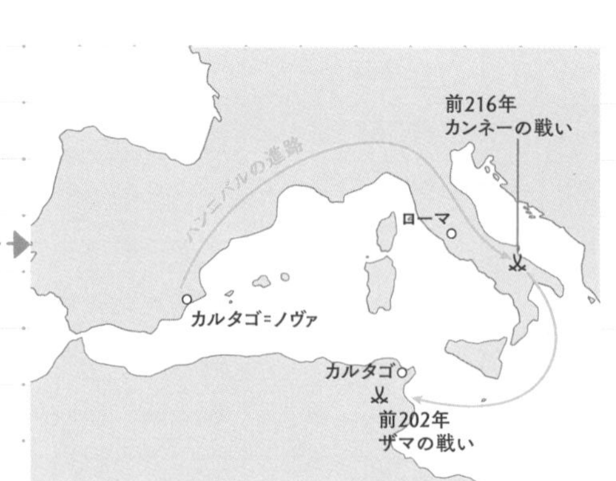

●征服活動による社会の変化

属州：イタリア半島以外のローマの征服地。最初の属州はシチリア。

ラティフンディア：戦争捕虜を使って農業を営む大土地所有制。➡貧富の差が拡大。

内乱の1世紀

「内乱の1世紀」というよ。

没落農民が増加し貧富の差が拡大すると，ローマは１世紀におよぶ内乱の時代を迎えた。

前２c後半　グラックス兄弟の改革：護民官となり土地改革を進めた。反対派により兄は殺され，弟は自殺。

土地を無産市民に分配しようとした。

前88年　閥族派（ばつぞくは）と平民派の対立

派閥	代表的人物	支持層
閥族派	08	元老院
平民派	09	無産市民・騎士

前73年　スパルタクスの反乱（～前71）

└剣闘士（剣奴）たちを率いて反乱をおこした。

前60年　第１回三頭政治：03　・10　・11

└ガリア遠征を成功させ，権力基盤を築いた。

➡カエサルの独裁化。ブルートゥスらの共和主義者に暗殺される。

前43年　第２回三頭政治：12　・13　・14

➡前31年，アクティウムの海戦にオクタウィアヌスが勝利。地中海を平定。

└エジプト女王クレオパトラと結んだアントニウスを，オクタウィアヌスが撃破。

前27年　ローマ帝政が始まる。

THEME

帝政時代のローマ

帝政ローマのあゆみ

ローマの体制		年代	帝政期のローマのできごと
帝政（元首政）	ローマの平和（パクス=ロマーナ）	□前 27	オクタウィアヌスが実権を握る └市民のなかの第一人者（プリンケプス）を自称。
		□ 96	五賢帝時代（～ 180）
		□ 98	01 ＿＿＿＿帝が即位➡帝国の領土が最大になる（ダキア地方を属州化。）
		□ 161	02 ＿＿＿＿帝が即位
		□ 212	帝国内の全自由民に 03 ＿＿＿＿が付与される
		□ 235	軍人皇帝時代（～ 284）
帝政（専制君主政）		□ 284	04 ＿＿＿＿帝が専制君主政を開始
		□ 313	05 ＿＿＿＿勅令を発布➡キリスト教を公認する └帝国を統一することが目的だった。
		□ 325	ニケーア公会議が開催される
		□ 375	ゲルマン人の大移動が始まる
		□ 395	ローマ帝国，東西に分裂
		□ 476	西ローマ帝国が滅亡

北ドイツからバルト海沿岸にかけて住んでいたゲルマン人が，ローマ帝国内に侵入。

帝政ローマ

帝政時代：オクタウィアヌスが 06 ＿＿＿＿（尊厳者（そんげんしゃ））の称号を得た前 27 年から，ローマ帝国が東西に分裂した 395 年までの約 400 年間。

帝政の前期は元首政（げんしゅせい）（プリンキパトゥス），後期は専制君主政（ドミナトゥス）。
└皇帝が多くの権限をもつ，事実上の独裁制。

五賢帝時代（96 ～ 180）

①ネルウァ帝

②01 ＿＿＿＿帝：帝国の領土最大。

③07 ＿＿＿＿帝：ブリタニアに長城建設。

④アントニヌス=ピウス帝

⑤02 ＿＿＿＿帝
：ストア派の学者として有名。
└理性を重視。

⬇

財政の悪化

⬇

カラカラ帝：212 年にローマ帝国内のすべての自由人に 03 ＿＿＿＿を与えた。

税収のアップが目的！

THEME 帝政時代のローマ

3世紀の危機

・帝国の財政難
・経済的な衰退
・異民族の侵入
→ 帝国分裂の危機

└● ゲルマン人やササン朝など。

軍人皇帝の時代（235 ～ 284）

約 50 年間に，26 人の皇帝が即位。

08 ＿＿＿＿＿＿：各地の軍団によって擁立された皇帝。

●所領経営の変化

09 ＿＿＿＿＿＿：貧困のため都市から逃げた下層市民を小作人（コロヌス）として働かせた。

ラティフンディア
・ポエニ戦争（前 264～前 146）以後。
・奴隷（戦争捕虜）を労働力とした大規模な農業経営。

↓

コロナトゥス
・軍人皇帝時代（235～284）以後。
・コロヌスに土地を貸し出し耕作させる。

元首政から専制君主政へ

専制君主政：皇帝の権力が強化されたローマ帝政後半期の政治形態。
元老院などの機関は無視され，皇帝は東方的な専制君主として支配した。

● 04 ＿＿＿＿＿＿ 帝
・専制君主政を始める。
・キリスト教徒の大迫害を行う。
・四帝分治制（テトラルキア）を開始。
└● 帝国を４つに分け，正帝２人と副帝２人で分担して統治する体制。

● 10 ＿＿＿＿＿＿ 帝
・05 ＿＿＿＿＿＿ 勅令でキリスト教公認。
・ニケーア公会議を開催。
・11 ＿＿＿＿＿＿ に遷都。
└● ビザンティウムから改称した。

● 12 ＿＿＿＿＿＿ 帝
・キリスト教を国教にする。
・没後，ローマ帝国が東西に分裂。

東ローマ帝国（ビザンツ帝国）➡ 1453 年まで存続。
西ローマ帝国➡ 476 年にゲルマン人傭兵隊長 13 ＿＿＿＿＿＿ によって滅亡。

元首政と専制君主政の比較

	元首政	専制君主政
確立者	オクタウィアヌス	ディオクレティアヌス
政治	①共和政尊重 ②元老院と共同統治 ③事実上の独裁	①共和政廃止 ②元老院無視 ③東方的な君主政
軍隊	ローマ市民 （重装歩兵）	属州や異民族から 集めた傭兵

THEME ローマ文化

ローマの文化

ローマ文化の特徴

文学・哲学・美術などはギリシア文化の模倣におわる。➡土木・建築・法律で優れていた。

01 ＿＿＿＿＿：ローマ帝国の公用語。カトリック教会の公用語でもあったため，ヨーロッパ全域で広く使われた。

「パンと見世物」：無産市民に提供された娯楽。

ローマの実用的文化

●土木・建築技術

・パンテオン（万神殿(ばんしんでん)）：さまざまな神を祀る神殿。

・公共浴場：各地に建設。カラカラ浴場など。

・02 ＿＿＿＿＿：ローマ最古の軍道。

(写真:New Picture Library/アフロ)

・03 ＿＿＿＿＿：剣闘士の試合などを開催。

●法律

世界市民主義やストア派の考え方。

ローマ法は，ヘレニズム思想の影響を受けて，より普遍的な万民法へと発展した。

ローマ法：ローマ市民のみに適用される。
万民法：すべての人民に適用される。

『ローマ法大全』：6世紀に04 ＿＿＿＿＿大帝が編纂させた，ローマ法の集大成。

ローマの精神的文化

●文学・歴史

ウェルギリウス	詩人。ローマ建国までの叙事詩『05 ＿＿＿＿＿』を著す。
カエサル	『06 ＿＿＿＿＿』はゲルマン研究の重要な史料。
タキトゥス	『07 ＿＿＿＿＿』は，移動前のゲルマン人社会を記した重要な史料。
プルタルコス	『08 ＿＿＿＿＿』でギリシア・ローマの英雄を記述。
ストラボン	『地理誌』でイベリア半島からインドまでの地理をまとめた。

●哲学

セネカ	ストア派哲学者。ネロ帝の師だが，政治に関与し自殺。
マルクス=アウレリウス=アントニヌス	ストア派の学者として知られる五賢帝最後の皇帝。『09 ＿＿＿＿＿』を著した。

キリスト教の成立

年代	キリスト教の成立と発展
□前７頃／前４頃	イエス誕生
□ 30 頃	イエスの処刑（総督ピラトに捕らえられ，十字架にかけられて処刑された。）
□ 64	ネロ帝による最初の迫害
□ 2 c末	『新約聖書』のおもな部分が完成
□ 303	ディオクレティアヌス帝による最大の迫害
□ 313	01 ＿＿＿＿ 勅令の発布
□ 325	02 ＿＿＿＿ 公会議が開催される
□ 392	テオドシウス帝がキリスト教を国教とし，他の宗教を禁止
□ 431	03 ＿＿＿＿ 公会議が開催される

（64〜303）➡ 迫害を逃れるため，地下墓地（カタコンベ）に隠れて礼拝を続けた。

キリスト教の国教化

イエス：キリスト教の祖となったユダヤ人。神の絶対愛を説く。

ユダヤ教の 04 ＿＿＿＿ を批判し，ローマへの反逆の罪を問われて処刑される。

└● ユダヤ教のなかでも，モーセの律法を厳しく守ろうとする一派。

⬇

死後，弟子たちの間でイエスが復活したとする信仰が生まれる。

└● 使徒と呼ばれた。ペテロやパウロらが伝道活動を行った。

⬇

キリスト教の誕生…教典：『旧約聖書』・『新約聖書』

● 01 ＿＿＿＿ 勅令
- コンスタンティヌス帝が発令。
- キリスト教を公認した。

● 02 ＿＿＿＿ 公会議
- アタナシウス派を正統教義とした。
- アリウス派を異端に認定した。

● 03 ＿＿＿＿ 公会議
- ネストリウス派を異端に認定した。

アタナシウス派（正統とされた）	神・イエス・聖霊を同質とみなす 05 ＿＿＿＿ を確立。
アリウス派（異端とされた）	イエスの人間性を強調。➡ゲルマン人に広まる。
ネストリウス派（異端とされた）	イエスの人間性を主張し，聖母マリアを人間とした。➡ 06 ＿＿＿＿ として唐に伝わる。（└● ネストリウス派の中国・唐代の呼称。）

教父と呼ばれるキリスト教思想家が，正統教義の確立につとめる。

07 ＿＿＿＿ ：最大の教父。『告白録』や『神の国』（『神国論』）を著した。

THEME イスラーム世界の成立

イスラーム世界分裂までの流れ

	年代	イスラーム世界のできごと
	□ 610 頃	01 ＿＿＿＿ が神の啓示を受けて，イスラーム教創始
	□ 622	01 ＿＿＿＿ がメッカからメディナに移住（ヒジュラ）
	□ 630	01 ＿＿＿＿，メッカを占領
正統カリフ時代	□ 642	アラブ=ムスリム軍がニハーヴァンドの戦いでササン朝を破る
正統カリフ時代	□ 661	第４代カリフのアリー，暗殺される
ウマイヤ朝		02 ＿＿＿＿，ウマイヤ朝を建国
ウマイヤ朝	□ 732	トゥール・ポワティエ間の戦いがおこる
ウマイヤ朝	□ 750	ウマイヤ朝を滅ぼし，アッバース朝が成立
アッバース朝	□ 751	中国から製紙法が伝わる
アッバース朝	□ 756	イベリア半島に後（こう）ウマイヤ朝成立
アッバース朝	□ 909	チュニジアにファーティマ朝成立
アッバース朝	□ 946	03 ＿＿＿＿ 朝，バグダードに入城

ここでイスラーム教が2派に分かれたよ。

アッバース朝と唐のあいだでタラス河畔の戦いがおこり，中国の戦争捕虜から伝わったとされる。

ムハンマドとイスラーム世界の成立

(写真:Abaca/アフロ)

▲カーバ神殿

01 ＿＿＿＿：クライシュ族の商人。

・アッラーの言葉を預けられた預言者。

・厳格な一神教であるイスラーム教を創始。

622 年 04 ＿＿＿＿ に移住：ヒジュラ（聖遷（せいせん））

⇒ムスリムの共同体（ウンマ）の形成。

630 年 メッカを征服。

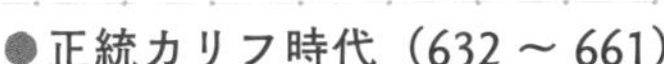
●正統カリフ時代（632～661）

・アブー=バクルからアリーまでの４人のカリフを指導者とした時代。

・大規模な征服活動（ジハード）。

●ウマイヤ朝（661～750） 都 05 ＿＿＿＿

・正統カリフのアリーが暗殺されると，シリア総督の 02 ＿＿＿＿ が建国。

└ 正統カリフを自称した。

・732 年，フランク王国に侵入したが，トゥール・ポワティエ間の戦いに敗れた。

・土地税（ハラージュ）と人頭税（ジズヤ）を徴収。

└ 征服地の非イスラーム教徒に課され，イスラーム教に改宗しても徴収は続けられた。

イスラーム教のまとめ

・アッラーを信仰する厳格な一神教。

・アラビア語で記された『06 ＿＿＿＿』を聖典とする。

・ムスリムの信仰と行為の内容をまとめた六信五行を遵守。

THEME イスラーム世界の成立

アッバース朝の形成

● アッバース朝（750～1258） 都 07 

ムハンマドの親族であるアッバース家がウマイヤ朝を倒して成立。

- 円形の城壁をもつ 07 ＿＿＿＿ を建設。
- イスラーム法（シャリーア）に基づいた政治。
- イスラーム教に改宗すれば，ジズヤは課されなかった。
- アラブ人でも土地を所有すれば，ハラージュが課された。

▲アッバース朝の最大領域

● 08 ＿＿＿＿：アッバース朝最盛期のカリフ。

スンナ派とシーア派

09 ＿＿＿＿ 派	：イスラーム教徒の９割を占める多数派。ムアーウィヤとウマイヤ朝を認める。
10 ＿＿＿＿ 派	：第４代正統カリフのアリーと彼の子孫のみを，イスラーム共同体の指導者と考える一派。

イスラーム帝国の分裂

● 後ウマイヤ朝（756～1031） 都 11 ＿＿＿＿

イベリア半島に逃れたウマイヤ朝の一族が建国。

- アブド=アッラフマーン３世のときカリフを宣言。

● ファーティマ朝（909～1171） 都 12 ＿＿＿＿

チュニジアにおこり，エジプトを征服。

- シーア派の王朝。建国の当初からカリフの称号を用いた。

▲10世紀のイスラーム世界

↓

> 10世紀には，アッバース朝・後ウマイヤ朝・ファーティマ朝の３人のカリフがならびたつ分裂状態になった。

● 03 ＿＿＿＿ 朝（932～1062）

- シーア派の軍事政権。946年にバグダードに入城。
- アッバース朝のカリフから大アミール（軍司令官〈アミール〉たちの第一人者）の地位を与えられた。
  - └ これ以後，政治的権限を失った。

THEME **イスラーム文化**

イスラーム文化と社会

イスラーム文化：イスラーム教を核とし，各地域の文化と融合した新しい文化。

・イラン=イスラーム文化…セルジューク朝，イル=ハン国などで展開。

・トルコ=イスラーム文化…ティムール朝，オスマン帝国で展開。

・インド=イスラーム文化…デリー=スルタン朝，ムガル帝国で展開。

●イスラーム社会の都市

01 ＿＿＿＿＿＿：イスラーム教の礼拝施設。

学院（02 ＿＿＿＿＿＿）：イスラーム諸学の研究施設。

ウラマーを養成。

└イスラーム法に通じた知識人。

市場（スーク，バザール）：生産と流通の場。

└スークはアラビア語，バザールはペルシア語。

（以上）ワクフによって建設される。

イスラーム社会における寄付制度

●神秘主義（スーフィズム）：修行を通じて，神との一体感を得ることを求めた運動。

修行する人々は03 ＿＿＿＿＿＿ と呼ばれた。

●製紙法の伝来：04 ＿＿＿＿＿＿ で唐軍の捕虜より伝わったとされる。

バグダードやカイロなどで生産。13 世紀頃ヨーロッパへ。

固有の学問

固有の学問：『コーラン（クルアーン）』に基づいたイスラームの諸学問の総称。

固有の学問		
	神学	『コーラン』の解釈から発達。 ・ガザーリー：スンナ派の神学と神秘主義を融合。
	法学	『コーラン』の注釈より発達。
	歴史学	ムハンマドの伝記研究より発達。 ・タバリー：ハディースを収集。年代記『預言者たちと諸王の歴史』を編纂。 （ハディース：ムハンマドの言行についての伝承。） ・05 ＿＿＿＿＿＿：『世界史序説』 ・06 ＿＿＿＿＿＿：『集史』。イル=ハン国の宰相。

第7代君主ガザン=ハンに仕えたよ。

THEME イスラーム文化

外来の学問

外来の学問：非アラブ地域から入ってきた諸学問の総称。

外来の学問		
	哲学	ギリシア哲学（アリストテレスの解釈）を研究した。 ➡バグダードの「知恵の館」（バイト=アルヒクマ）でアラビア語に翻訳された。 ・07 ＿＿＿＿（アヴェロエス）：アリストテレスの著作に注釈。
	数学	インドから，ゼロの概念やインド数字（アラビア数字として完成）が伝来。 ・フワーリズミー：代数学を発展させた。
	医学	ギリシアやインドの医学が伝わる。 ・08 ＿＿＿＿（アヴィケンナ）：『医学典範』 ➡ヨーロッパの医学に大きな影響を与える。
	地理学	征服地の統治，通商活動などのために発達。 ・09 ＿＿＿＿：『旅行記』（『三大陸周遊記』）

文学

・『10 ＿＿＿＿』➡アラビア語で書かれた説話集。

・ウマル=ハイヤーム：『11 ＿＿＿＿』➡無常観を優美に表現。

・フィルドゥシー：『シャー=ナーメ』（『王の書』）

ペルシア文学の最高傑作。

建築と美術

●モスク建築

12 ＿＿＿＿

（写真:ZUMAPRESS/アフロ）

●13 ＿＿＿＿

・唐草文やアラビア文字を図案化した装飾文様。

●14 ＿＿＿＿

・精密な技法で描かれた写本の挿し絵や絵画。

（写真:GRANGER.COM/アフロ）

THEME ゲルマン人の大移動

西ヨーロッパ世界成立の流れ①

年代	ゲルマン人の大移動に関するできごと
□前6ｃ頃	ヨーロッパにケルト人が定住
□4ｃ後半	01＿＿＿＿人，黒海北岸の東ゴート人を服属
□375	ゲルマン人の大移動が始まる
□451	01＿＿＿＿人，カタラウヌムの戦いに敗れる
□476	西ローマ帝国がゲルマン人傭兵隊長02＿＿＿＿に滅ぼされる
□568	北イタリアにランゴバルド王国が成立➡民族大移動の終息

ゲルマン人の大移動

4世紀後半，東方からアジア系の01＿＿＿＿人が侵入し，東ゴート人を征服すると，375年に西ゴート人がドナウ川を渡ってローマ帝国領内に移住した。

➡ゲルマン人の各部族が大移動を始め，ヨーロッパ各地に建国。

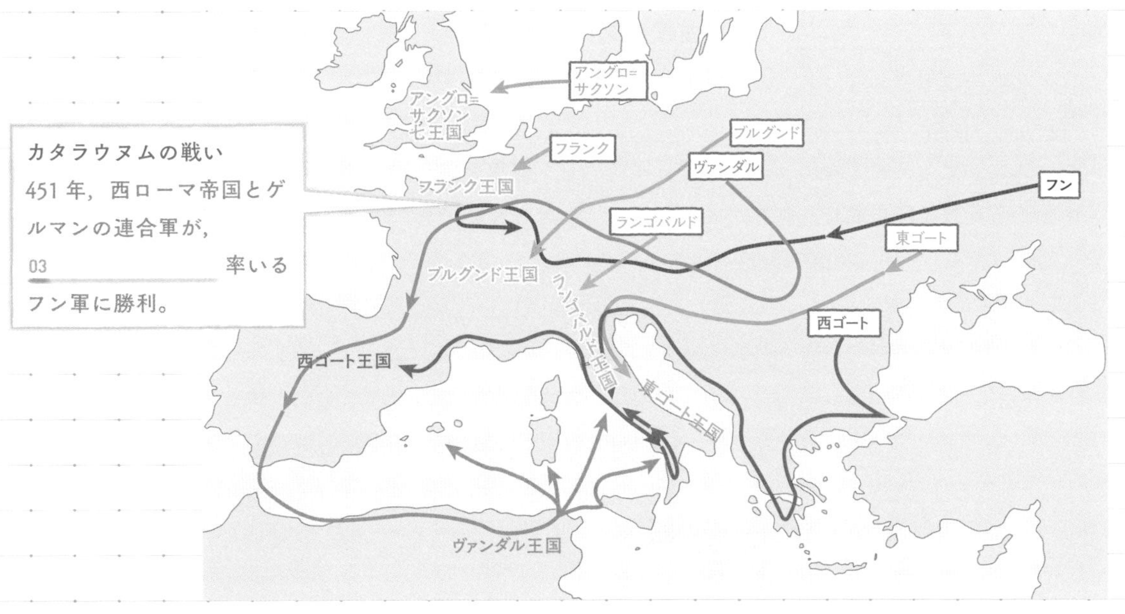

ゲルマン人の社会

数十の小部族に分かれ，貴族・平民などの身分差が見られた。

・04＿＿＿＿：成年男性自由人による全体集会。

・紀元前後頃の様子について，古代ローマの書物『ガリア戦記』や『ゲルマニア』に記述された。
　└ カエサル著。　└ タキトゥス著。

THEME ビザンツ帝国

東ヨーロッパ世界成立の流れ①

年代	ビザンツ帝国のできごと
□ 330	ローマ帝国，ビザンティウムへ遷都➡ 01 ________ に改称
□ 395	ローマ帝国，ビザンツ帝国と西ローマ帝国に分裂
□ 527	02 ________ が即位
□ 534	ヴァンダル王国を征服
□ 555	東ゴート王国を征服

西ローマ帝国は，476年にゲルマン人の傭兵隊長オドアケルに滅ぼされた。

ビザンツ帝国の繁栄

ビザンツ帝国（395～1453）：東ローマ帝国の別称。

・ギリシア正教とギリシア古典文化にもとづく独自の文化を形成。

・01 ________（旧名ビザンティウム）はヨーロッパ世界最大の貿易都市として繁栄。

・皇帝が政治と宗教の最高権力者。

● 02 ________：最盛期の皇帝。

・ヴァンダル王国や東ゴート王国を征服して，地中海全域を支配。

・『03 ________』を編纂。

・コンスタンティノープルに 04 ________ 聖堂を建立。

・中国から養蚕（ようさん）技術を取り入れて，05 ________ 産業を育成。

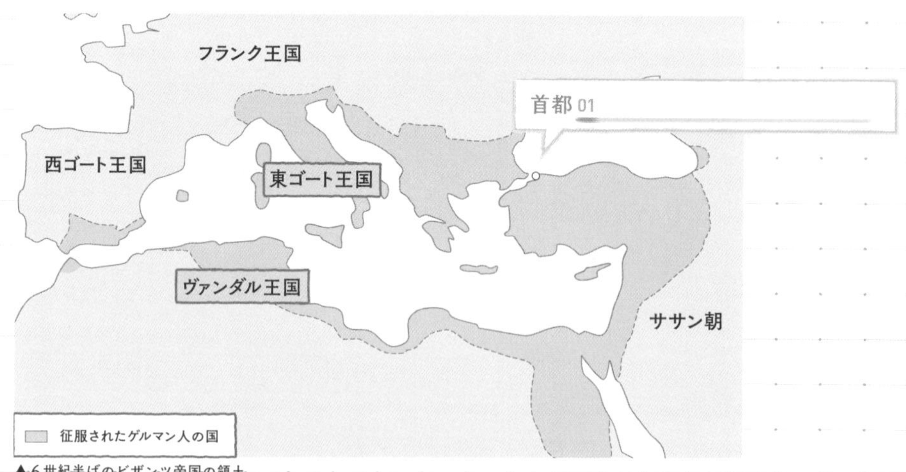

▲6世紀半ばのビザンツ帝国の領土

THEME フランク王国の台頭と分裂

西ヨーロッパ世界成立の流れ②

フランク王国	年代	フランク王国のできごと
メロヴィング朝	□ 481	クローヴィス，メロヴィング朝を開く
	□ 496	クローヴィス，01 ＿＿＿＿ 派に改宗
	□ 732	02 ＿＿＿＿ がおこる
カロリング朝	□ 756	ピピンの寄進が行われる
	□ 800	カールの戴冠
	□ 843	ヴェルダン条約が締結される
	□ 870	メルセン条約が締結される
	□ 962	オットーの戴冠➡神聖ローマ帝国成立

これにより，西ヨーロッパ世界が，政治的・文化的・宗教的にビザンツ皇帝の影響から独立。

フランク王国の台頭

メロヴィング朝（481 ～ 751）

●クローヴィス：481 年にメロヴィング朝を開く。その後，全フランク人を統一。

・クローヴィスの改宗：ゲルマン人の多くは 03 ＿＿＿＿ 派のキリスト教を信仰していたが，クローヴィスは 01 ＿＿＿＿ 派に改宗。

└ 正統派キリスト教。これによって，フランク王国はローマ教会との結びつきを強めた。

732 年 02 ＿＿＿＿

ピレネー山脈を越えて侵入してきたイスラーム軍を，メロヴィング朝の宮宰 04 ＿＿＿＿ が撃退。

└ 国王の代理として実権を握る宮廷の最高職。

カロリング朝（751 ～ 987）

カール=マルテルの子ピピンが，ローマ教皇の承認を得て建国。

●ピピン：カロリング朝の開祖。

・ピピンの寄進：王権承認の返礼として，05 ＿＿＿＿ 地方を教皇に献上。➡教皇領の形成。

└ アドリア海に面した北イタリアの要地。

●カール大帝（シャルルマーニュ）：フランク王国最盛期の王。

・北ドイツのザクセン人，東方から侵入したアヴァール人を撃退。

・全国を州にわけ，州の長官として伯を任命した。

カールの戴冠：教皇 06 ＿＿＿＿ が，ローマ皇帝の帝冠をカールに与えた。

ローマ教会を保護してもらうかわりに，フランク王国を西ローマ帝国に見立てて帝冠を授けたよ。

●カロリング=ルネサンス：カール大帝の宮廷を中心とした古典文化の復興運動。

07 ＿＿＿＿：カール大帝の宮廷に招かれて，カロリング=ルネサンスの中心的役割を果たす。

└ イギリス出身の神学者。

THEME フランク王国の台頭と分裂

フランク王国の分裂

カール大帝の死後，ヴェルダン条約とメルセン条約により，東フランク王国（ドイツ），西フランク王国（フランス），イタリアの3つに分裂した。

- 東フランク王国➡神聖ローマ帝国
  - 08 ＿＿＿＿＿＿が帝冠を得る。
- 西フランク王国➡カペー朝
  - 09 ＿＿＿＿＿＿が開祖。
- イタリア：都市国家が独立。

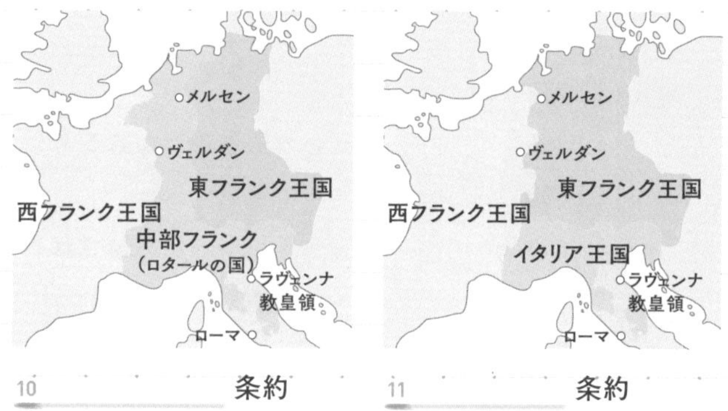

10 ＿＿＿＿＿＿条約　　11 ＿＿＿＿＿＿条約

教皇権の確立

年代	ローマ＝カトリック教会のできごと
□ 529	12 ＿＿＿＿＿＿，モンテ＝カシノに修道院を開く
□ 6ｃ末	教皇 13 ＿＿＿＿＿＿，ゲルマン人へ布教
□ 726	ビザンツ皇帝 14 ＿＿＿＿＿＿と，聖像禁止令で対立
□ 756	ピピンから寄進を受ける➡教皇領の始まり

ローマ＝カトリック教会の成長

ローマ帝国時代に国教となったキリスト教は，その後の西ヨーロッパ世界の形成に重要な役割を果たした。五本山のうち，ローマ教会とコンスタンティノープル教会が有力。
└ ローマ・コンスタンティノープル・アンティオキア・イェルサレム・アレクサンドリアの5教会。

13 ＿＿＿＿＿＿：6世紀末～7世紀初頭の教皇。
・聖像を使ってゲルマン人へ布教を行う。

⇩

ビザンツ皇帝 14 ＿＿＿＿＿＿が聖像禁止令を発布。

⇩

ローマ教会とビザンツ皇帝の関係が悪化。

▲モンテ＝カシノの修道院　（提供:Bridgeman Images/アフロ）

修道院の建設

修道院：修道士・修道女が世俗を離れて修行する宗教的な共同体。6世紀以降，西欧世界に広がる。

12 ＿＿＿＿＿＿：イタリアのモンテ＝カシノに修道院運動の中心となる修道院を創建。
└「祈り，働け」をモットーとした。

THEME ヨーロッパ封建社会の成立

西ヨーロッパ世界成立の流れ③

年代	外部勢力の侵入についてのできごと
□ 878	イングランドのアルフレッド大王，ノルマン人を撃退
□ 9 c	01＿＿＿＿ 国成立
	キエフ公国成立
□ 911	北フランスにノルマンディー公国成立
□ 962	オットー１世の戴冠
□ 1016	デーン人の王 02＿＿＿＿ ，イングランドを征服 └デンマーク地方のノルマン人の呼称。
□ 1066	イングランドにノルマン朝成立
□ 1130	南イタリアに 03＿＿＿＿ 王国成立
□ 1154	イングランドにプランタジネット朝成立

ウィリアムによるイングランド征服は，ノルマン＝コンクェストと呼ばれる。

外部勢力の侵入

8～10 世紀のあいだ，西ヨーロッパは，たえず外部勢力の侵入にみまわれていた。

- マジャール人…ハンガリー人。オットー１世に敗れた後，パンノニアに定住。
  └現在のハンガリー。
- イスラーム…南イタリアや南フランスにたびたび侵入。
- ノルマン人…ヴァイキング。ゲルマン人の一派（北ゲルマン）。
  └スカンディナヴィア半島やユトランド半島を原住地とする。

ノルマン人の勢力拡大

●イングランドへの侵入

- 878 年，アルフレッド大王は侵入したデーン人を撃退。
  （アルフレッド大王：アングロ＝サクソン王国の王。）
- 1016 年，デーン人の 02＿＿＿＿ が征服。

●北フランスへの侵入

- 911 年，ロロがノルマンディー公に封じられる。
- 1066 年，04＿＿＿＿ が，イングランドを征服，ノルマン朝を建国。

●南イタリアとシチリア島への侵入

- 03＿＿＿＿ 王国を建国。

●ロシアへの侵入

- 9 世紀，リューリクを首領とする一派（ルーシ）が 01＿＿＿＿ 国とキエフ公国を建国。

ドニエプル川に沿って建国されたよ。

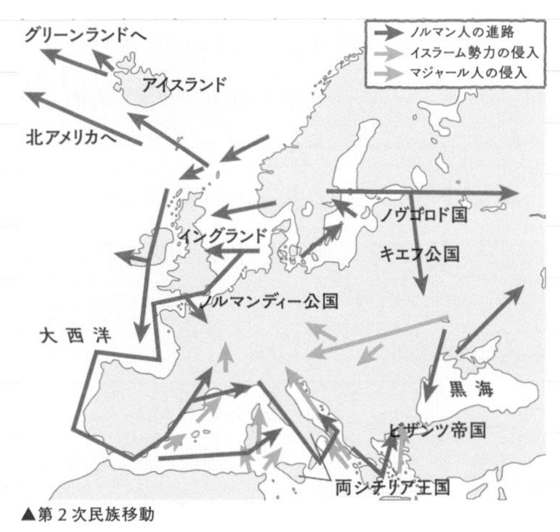

▲第２次民族移動

THEME ヨーロッパ封建社会の成立

封建社会の成立

封建社会の特質

封建社会：中世の西ヨーロッパに特有の社会構造。封建的主従関係と荘園の上に成り立つ社会。

●封建的主従関係：封土（領地）を仲立ちとして，主君と家臣とのあいだで結ばれた契約関係。一人で複数の主君をもつこともできた。

・ローマやゲルマンの恩貸地（おんたいち）制度と従士制が起源。

・06 ＿＿＿＿…自分の土地を有力者に献上し，奉仕や労働と引き換えに，あらためて有力者からその土地を貸与される制度。

・07 ＿＿＿＿…貴族や自由民の子弟が，ほかの有力者の従者となる慣習。

●05 ＿＿＿＿：領主（領地の所有者）が支配する農場。

➡領主直営地，農民保有地，共同利用地からなる。

└荘園の中で，領主が直接経営した土地のこと。

自給自足的な現物経済によって成り立つ。

荘園領主と農奴（農民）

領主：領地を所有し農民を支配した。
国王・諸侯・騎士など。

農奴：農民。移動の自由がなく，各種の税を領主におさめる義務を負った。

・結婚税：農民の結婚時に課された。
・死亡税：相続者の農民に課された。
・08 ＿＿＿＿：領主直営地で強制的な労働が課された。
・09 ＿＿＿＿：自分の保有地から生産物を地代としておさめた。
・パン焼きかまどや水車の使用料をおさめた。

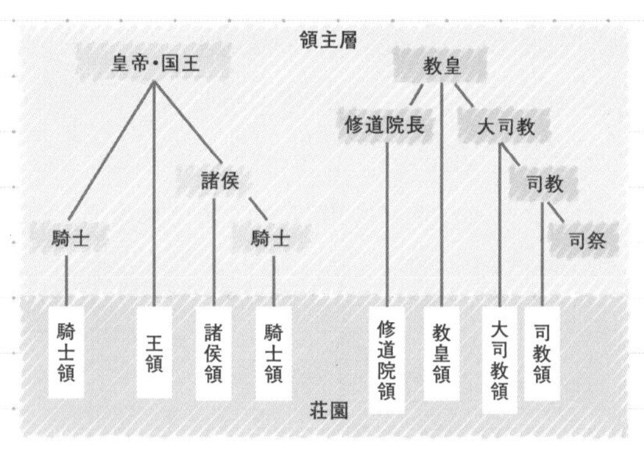

●領主の権利

・10 ＿＿＿＿：領主が領民に対してもっていた裁判権。
・11 ＿＿＿＿：領主に対する国王による課税の免除（不輸），荘園に対する国王の介入の禁止（不入）を認めた。

THEME イスラーム世界の拡大

インド・東南アジア・アフリカのイスラーム化

インド	東南アジア	アフリカ
		□前920頃　クシュ王国成立
		□紀元前後　アクスム王国成立
	□8c頃　ムスリム商人が進出	□7c頃　05 ______ 王国成立
□977　01 ______ 朝成立		
□1148頃　02 ______ 朝成立		
□1206　奴隷王朝成立		□1240　06 ______ 王国成立
↕ デリー=スルタン朝	□1293　03 ______ 王国成立	
	□14c末　04 ______ 王国成立	□1464　ソンガイ王国成立
□1526　ロディー朝滅亡		□15c　モノモタパ王国成立

インドのイスラーム化

10世紀末，中央アジアのイスラーム王朝が北インドへ侵攻開始。

● 01 ______ 朝（977～1187）
　アフガニスタンを拠点とするトルコ系の王朝。

● 02 ______ 朝（1148頃～1215）
　ガズナ朝から独立したイラン系の王朝。

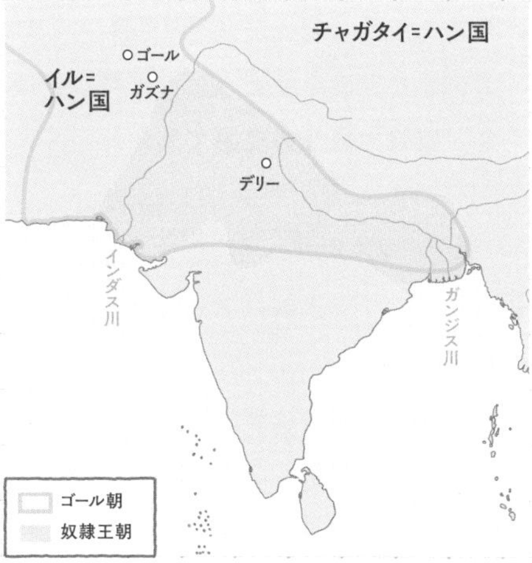

▲ 12～13世紀のインド

デリー=スルタン朝（1206 ～ 1526）

奴隷王朝に始まる，デリーを本拠地としたイスラームの5王朝をまとめてデリー=スルタン朝と呼ぶ。

奴隷王朝（1206～90）➡ハルジー朝（1290～1320）
➡トゥグルク朝（1320～1414）➡サイイド朝（1414～51）
➡ロディー朝（1451～1526）

●奴隷王朝
・奴隷出身の将軍 07 ______ が建国。

●インド=イスラーム文化の誕生
　ヒンドゥー文化の影響を受けて生まれたイスラーム文化。
　➡ウルドゥー語，ラージプート絵画 →16世紀以降盛んになった宗教的・庶民的画風の絵画。
　　└→主にムスリムが使用し，アラビア文字で書かれる。

THEME イスラーム世界の拡大

東南アジアのイスラーム化

ムスリム商人の進出

8世紀頃，ムスリム商人が東南アジアに進出。

一方，中国商人も 08 ________ で交易に参加。

└• 10世紀頃中国で建造された木造帆船。

⇩

東南アジアで交易が盛んに

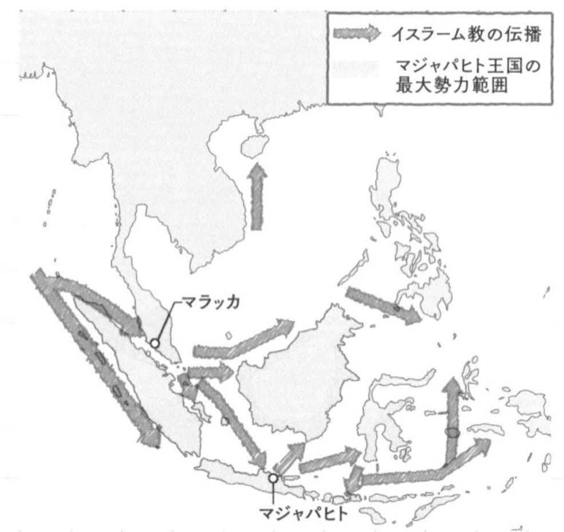

▲東南アジアへのイスラーム教の拡大

● 03 ________ 王国（1293～1520頃）

中国の元を撃退後のジャワ島に成立。

・ヒンドゥー王朝。

・イスラーム勢力の拡大にともない衰退。

● 04 ________ 王国（14c末～1511）

・マレー半島の南西部に位置する港市国家。

・15世紀半ばにイスラーム教に改宗し，東南アジアのイスラーム化の拠点となった。

アフリカのイスラーム化

アクスム王国（紀元前後～12c）

・エチオピア高原を拠点に，一時はアラビア半島南部も支配。

・金，奴隷，象牙の交易で繁栄。

西アフリカのイスラーム化

● 05 ________ 王国（7c頃～13c半ば頃）：ムスリム商人と交易。

・ムラービト朝の攻撃で衰退し，この地域がイスラーム化。

● 06 ________ 王国（1240～1473）：「黄金の国」として知られる。

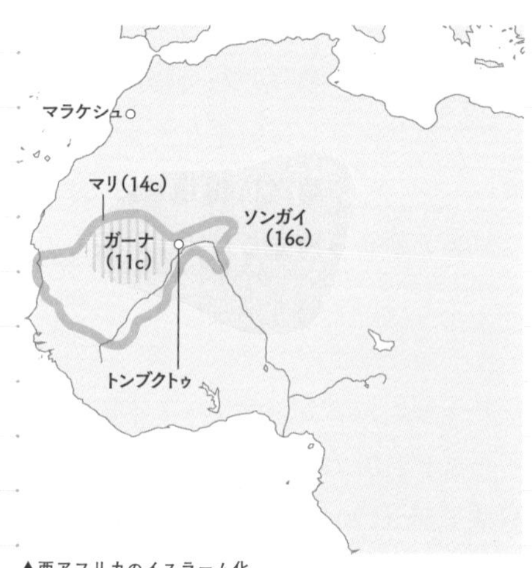

▲西アフリカのイスラーム化

● ソンガイ王国（1464～1591）

09 ________ ：ニジェール川流域の交易都市。イスラーム文化の中心地。

アフリカ東岸のイスラーム化

モガデシュ・マリンディ・キルワなどの海港都市にムスリム商人が住みつき，インド洋交易の拠点に。

10 ________ 語を共通語とする文化圏が発達。

└• アフリカ東岸の現地語に，アラビア語を取り込んでうまれた東アフリカの共通語。

● モノモタパ王国（15～17c）：ザンベジ川南方に成立。インド洋交易によって栄えた。

THEME イスラーム世界の発展

イスラーム世界分裂後の流れ

年代	イスラーム世界のできごと
□ 10 c 半ば	中央アジアにカラハン朝成立
□ 1038	中央アジアに 01 ＿＿＿＿＿＿ 朝成立
□ 1056	マグリブにムラービト朝成立 └チュニジア・アルジェリア・モロッコなどの北アフリカ西部をさす。
□ 1099	第1回十字軍がおこり（1096），イェルサレム王国成立
□ 1130	マグリブにムワッヒド朝成立
□ 1169	エジプトにアイユーブ朝成立
□ 1187	アイユーブ朝の 02 ＿＿＿＿＿＿，イェルサレム奪回
□ 1250	エジプトにマムルーク朝成立
□ 1258	アッバース朝，モンゴルの侵入で滅亡➡ 03 ＿＿＿＿＿＿ 国(フレグ=ウルス)建国
□ 1492	04 ＿＿＿＿＿＿ が陥落し，ナスル朝滅亡

十字軍によってパレスチナに建国されたキリスト教国。

ビザンツ皇帝がローマ教皇に救援を求めて，十字軍の遠征が始まったよ。

東方のイスラーム世界

● 01 ＿＿＿＿＿＿ 朝（1038～1194）

・トゥグリル=ベクが建国

➡ 1055 年，ブワイフ朝を追放してバグダードに入城。

アッバース朝カリフから 05 ＿＿＿＿＿＿ の称号を得る。

・アナトリアに進出してビザンツ帝国を圧迫し，十字軍のきっかけとなった。

・06 ＿＿＿＿＿＿ を採用し，強力な軍隊を整えた。

└トルコ人などの白人奴隷兵。アッバース朝で導入されて以降，イスラーム世界で一般化し，軍事的・政治的に大きな力をもった。

・宰相ニザーム=アルムルクがイスラーム諸学を振興。

> **カリフ**
> ・ブワイフ朝の侵入以後，いっさいの政治的権限を失う。
> ・宗教的権威のみ維持。
>
> 任命 ↓ ↑ 保護
>
> 05 ＿＿＿＿＿＿
> 軍事・行政における事実上の支配者。

● 03 ＿＿＿＿＿＿ 国（フレグ=ウルス）（1258～1353）

・フレグが率いるモンゴル軍が，アッバース朝を滅ぼして建国。

・07 ＿＿＿＿＿＿ のとき全盛期。

➡イスラーム教を国教化。

イスラーム文化を保護。

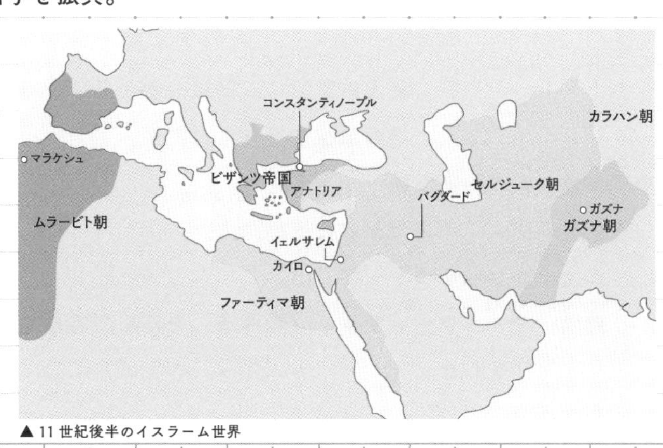

▲ 11 世紀後半のイスラーム世界

THEME イスラーム世界の発展

エジプト・西方のイスラーム世界

エジプトの王朝

●アイユーブ朝（1169～1250） 都 08

クルド系軍人の 02 がファーティマ朝を倒して建国した。

・スンナ派の信仰を回復した。

・1187年に聖地イェルサレムを奪回。➡これに対し第3回十字軍がおこされたが，撃退した。

神聖ローマ皇帝，フランス王，イギリス王が参加したよ。

●マムルーク朝（1250～1517） 都 08

アイユーブ朝のマムルークの有力者が，スルタンの地位を継承して建国。

西方イスラーム世界の王朝

●ムラービト朝（1056～1147）➡ムワッヒド朝（1130～1269） 都 マラケシュ

両王朝ともマグリブとイベリア半島を支配した。

・先住民の 09 人が建国。

└モロッコ・アルジェリアの先住民。7世紀にイスラーム教に改宗。

●ナスル朝（1232～1492） 都 04

イベリア半島を本拠地とする最後のイスラーム王朝。

・国土回復運動（レコンキスタ）を展開するスペイン王国によって，1492年に滅亡。

・10 宮殿：グラナダに建設されたスペイン=イスラーム建築の代表的宮殿。

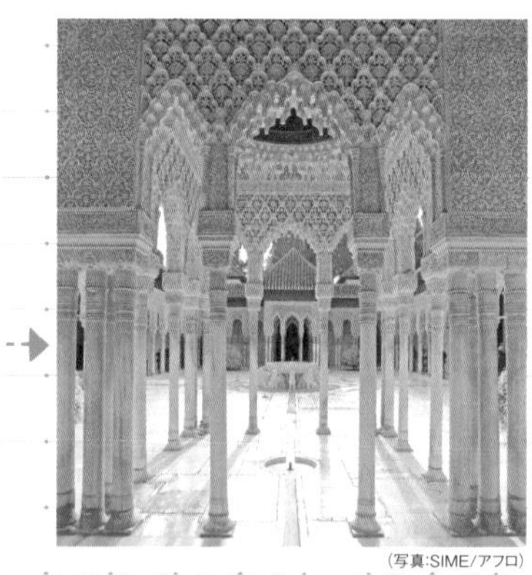
（写真:SIME/アフロ）

イスラームの国家と経済

●イスラーム世界の俸給

・11 ：現金で支払われた初期イスラーム時代の俸給制。

・12 制：軍人や官僚に，俸給のかわりに分与地の徴税権を与えた制度。

●イスラームの商業活動

└アイユーブ朝，マムルーク朝が保護したムスリム商人をカーリミー商人という。

ムスリム商人：イスラーム教徒の商人。

海上…ダウ船をつかって進出。

内陸…キャラヴァンサライ（隊商宿）を結んで各地を往来した。

THEME 教会の権威の拡大

ローマ=カトリック教会の発展

年代	ローマ=カトリック教会のできごと
□ 800	ローマ教皇レオ3世，カール大帝に戴冠
□ 962	ローマ教皇ヨハネス12世，オットー1世に戴冠
□ 1073	グレゴリウス7世の改革始まる➡叙任権闘争の始まり
□ 1077	01 ＿＿＿＿＿＿ がおこる
□ 1122	ヴォルムス協約で叙任権闘争が終結
□ 1198	02 ＿＿＿＿＿＿ が就任し，教皇権の絶頂期を迎える └• イギリス王ジョンをはじめ，諸君主を破門し，臣従させた。

封建社会における教会組織

教皇を頂点とするピラミッド型の階層制組織。

教皇・大司教・修道院長・司教・司祭
→ 封建領主でもあった

・03 ＿＿＿＿＿＿：農民が教会に収穫の約10%をおさめた。

教皇
大司教
・
修道院長
（大司教区に置かれた）
司教
（司教区に置かれた）
司祭
（直接信徒と交わる）

教皇権の絶頂期

教会の改革運動

世俗権力➡影響を受けた教会が世俗化：聖職売買や聖職者の妻帯などが横行。
└• 皇帝や国王など。　└• 教会の聖職位や財産を売買すること。

⬇

10世紀，フランスの 04 ＿＿＿＿＿＿ 修道院を中心に改革運動がおこる。

➡教皇グレゴリウス7世が改革を後押し。

・聖職売買や聖職者の妻帯の禁止。

・聖職者を任命する権利（05 ＿＿＿＿＿＿）を世俗権力から奪回しようとした。

叙任権闘争

教皇グレゴリウス7世の改革に，ドイツ国王（のちの神聖ローマ皇帝ハインリヒ4世）が反発。

⬇ 聖職叙任権をめぐって教皇と神聖ローマ皇帝が対立。

叙任権闘争に発展…グレゴリウス7世がハインリヒ4世を破門。
└• キリスト教会から追放すること。

⬇

01 ＿＿＿＿＿＿：ハインリヒ4世がグレゴリウス7世に許しをこい，破門を回避した事件。

ローマ教会は叙任権闘争に勝利し，02 ＿＿＿＿＿＿ のとき教皇権は頂点に達した。

THEME 十字軍・商業・中世都市

十字軍の流れ

年代	十字軍のできごと
□ 1071	セルジューク朝が，聖地イェルサレムを占領し，アナトリアにも進出
□ 1095	ビザンツ皇帝，ローマ教皇に救援要請を送る
	ローマ教皇 01 ＿＿＿＿＿＿，クレルモン宗教会議を開催
□ 1096	第１回十字軍（～1099）
□ 1147	第２回十字軍（～1149）
□ 1189	第３回十字軍（～1192）
□ 1190	宗教騎士団の 02 ＿＿＿＿＿＿ が成立
□ 1202	第４回十字軍（～1204）
□ 1228	第５回十字軍（～1229）
□ 1248	第６回十字軍（～1254）
□ 1270	第７回十字軍
□ 1291	アッコンが陥落し，03 ＿＿＿＿＿＿ 王国が滅亡

・英王リチャード１世，仏王フィリップ２世，神聖ローマ皇帝フリードリヒ１世が参加。

・ローマ教皇インノケンティウス３世が主導。
・ヴェネツィア商人が攻撃先を誘導。

十字軍

セルジューク朝がアナトリアに進出したため，ビザンツ皇帝はローマ教皇へ救援を要請。
教皇 01 ＿＿＿＿＿＿ がクレルモン宗教会議を招集。➡十字軍を結成し聖地回復をめざす。

●第１回十字軍（1096～99）
・聖地イェルサレムを占領し，03 ＿＿＿＿＿＿ 王国を建国。

●第３回十字軍（1189～92）
・04 ＿＿＿＿＿＿ 朝のサラディンに退けられ，休戦協定を結んだ。

●第４回十字軍（1202～04）
・ヴェネツィア商人の意向により，コンスタンティノープルを占領。
➡ 05 ＿＿＿＿＿＿ 帝国を建国。

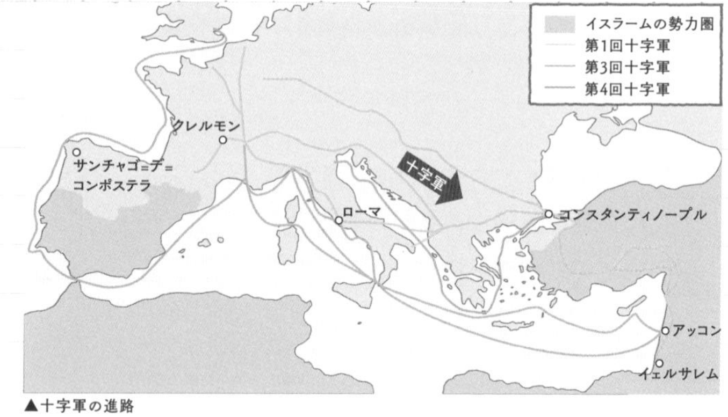

▲十字軍の進路

宗教騎士団の結成

・聖地巡礼の保護が宗教騎士団のおもな役割。
　└とくにイェルサレム・ローマ・サンチャゴ=デ=コンポステラは三大巡礼地として信徒を集めた。

・東方植民の中心となった 02 ＿＿＿＿＿＿ のほか，テンプル騎士団，ヨハネ騎士団など。
　└12～14ｃに行われた，エルベ川以東へのドイツ人による大規模な植民活動。

THEME 十字軍・商業・中世都市

商業の発展

11～12 世紀，十字軍の影響で交通が発達し，毛織物工業の発展にともなって遠隔地貿易が盛んに。

● 06 ＿＿＿＿ 商業圏

・東方貿易（レヴァント貿易）によって香辛料・絹織物などの奢侈品（しゃしひん）を取引。

● 07 ＿＿＿＿ 商業圏

・海産物・木材・穀物などの生活必需品を取引。

● フランドル地方

・毛織物生産で繁栄。

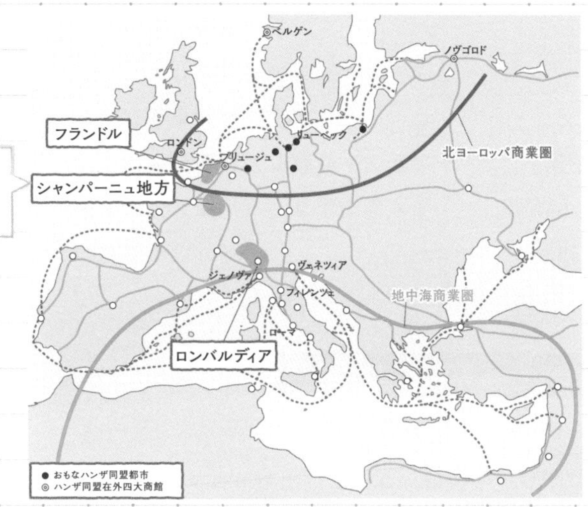

中世都市の自治

貨幣経済の普及や遠隔地商業の隆盛を背景に，中世都市が生まれた。

10 世紀以前からの都市		中世都市の成立
・司教座のある都市 ・ローマ時代の都市	➡ 自治権獲得	・教会，市庁舎，定期市，城壁，城塞

・イタリア：領主である司教権力を倒して自治都市（コムーネ）となった。

・ドイツ：皇帝から特許状を得て自治権を獲得し，自由都市（帝国都市）となった。

➡「都市の空気は（人を）自由にする」

└● 荘園から逃れた農奴は，都市で 1 年と 1 日居住すれば，自由な身分になることができた。

08 ＿＿＿＿ 同盟：神聖ローマ皇帝の介入に対抗して生まれた北イタリアの都市同盟。

09 ＿＿＿＿ 同盟：リューベックを盟主とする，北ドイツ諸都市の同盟。

└● 北ドイツの港湾都市。

● ギルドの成立…自治都市の自治運営の基礎となった組織をギルドという。

10 ＿＿＿＿ ギルド：大商人を中心とした同業組合➡市政を独占。

↕ 対立（ツンフト闘争）

11 ＿＿＿＿ ギルド：手工業者などの職種別の同業組合➡市政への参加を要求。

└● 同職ギルドをツンフトともいう。

● 富豪の出現：アウクスブルクのフッガー家，フィレンツェのメディチ家など。

THEME ビザンツ帝国とスラヴ人の自立

東ヨーロッパ世界成立の流れ②

年代	ビザンツ帝国のできごと
□ 7c	01 ＿＿＿＿ 制を採用 ギリシア語を公用語化
□ 726	02 ＿＿＿＿ が発布される
□ 1054	キリスト教教会の東西分裂➡ギリシア正教会の成立
□ 1204	第4回十字軍，コンスタンティノープルを占領➡ 03 ＿＿＿＿ 帝国成立
□ 1453	04 ＿＿＿＿ 帝国の攻撃でビザンツ帝国滅亡

西ヨーロッパ世界が成立する一方，東ヨーロッパ世界も独自の文化を発展させた。

ビザンツ帝国の社会と文化

ビザンツ帝国の社会

初期ビザンツ帝国は，ローマ時代のコロヌスをつかった大土地所有制度をしいていた。

⬇ 外部勢力の侵入に対応するため7世紀以降に変化

- 01 ＿＿＿＿ 制：帝国をいくつかの軍管区に分割し，担当する司令官が統治する制度。
- 屯田兵制：軍管区の農民に土地を保有させて，兵役義務を課した。

⬇ しかし，11世紀には再び貴族の土地所有が拡大

05 ＿＿＿＿ 制：軍役奉仕と引き換えに貴族に土地を与える制度。

● ローマ教会の分裂

726年，皇帝レオン3世が 02 ＿＿＿＿ を発布。
➡布教に聖像を必要とするローマ教会が反発。
└ゲルマン人への布教に聖像を利用した。

⇨

1054年，ローマ教会が東西に分裂。
- ローマ＝カトリック教会：ローマ教皇が首長
- ギリシア正教会：ビザンツ皇帝が首長

ビザンツ帝国の文化

ギリシア古典文化とギリシア正教の融合を特徴とする文化。
- 公用語はギリシア語（7世紀以降）。
- ビザンツ様式の建築：ドームと 06 ＿＿＿＿ 。
  └ハギア＝ソフィア聖堂やサン＝ヴィターレ聖堂など。
  └ガラス・石・貝殻などで装飾して作成された絵画。

▲ハギア＝ソフィア聖堂　（写真:HEMIS/アフロ）

ユスティニアヌス大帝の死後，しだいに支配圏は縮小傾向に。

領土縮小
- 7世紀　ササン朝やアラブ軍の侵入。ブルガール人が北方にブルガリア帝国を建国。
- 13世紀前半　第4回十字軍に首都を奪われる。➡ 03 ＿＿＿＿ 帝国建設。
- 1453年　04 ＿＿＿＿ 帝国に滅ぼされる。

THEME ビザンツ帝国とスラヴ人の自立

東ヨーロッパ世界成立の流れ③

年代	スラヴ人と周辺諸民族のできごと
□7 c	ブルガール人がブルガリア帝国を建国
□9 c	ノルマン人がノヴゴロド国とキエフ公国を建国
□10 c	07 ＿＿＿＿人がベーメン（ボヘミア）王国を統一
□10 c 末	キエフ公国の 08 ＿＿＿＿，ギリシア正教に改宗
	09 ＿＿＿＿人がハンガリー王国を建国
□13 c	南ロシアにキプチャク=ハン国（ジョチ=ウルス）が成立
□14 c 後半	ヤゲウォ（ヤゲロー）朝リトアニア=ポーランド王国が成立
□1480	モスクワ大公国，モンゴルの支配から独立

スラヴ人と周辺民族

東スラヴ・南スラヴはビザンツ文化とギリシア正教，西スラヴは西欧文化とローマ=カトリックの影響を受けた。

●東スラヴ人（ロシア人・ウクライナ人など）

・キエフ公国（9～13 c）：08 ＿＿＿＿ のとき最盛期。

➡ギリシア正教に改宗して国教とした。

1243 年，モンゴル人バトゥがキプチャク=ハン国を建設。南ロシアはモンゴルの支配下に。

・モスクワ大公国：10 ＿＿＿＿ のとき東北ロシアを統一，モンゴルの支配から脱した。

└はじめてツァーリ（皇帝）の称号を用いた。

➡イヴァン４世のときに中央集権化が進む。

●南スラヴ人（セルビア人・クロアティア人・スロヴェニア人）

セルビア人は 11 ＿＿＿＿ に改宗，

クロアティア人・スロヴェニア人は 12 ＿＿＿＿ を受容した。

・14 世紀以降，南スラヴ人の大半はオスマン帝国の支配下に。

●西スラヴ人（ポーランド人・チェック人など）

西ヨーロッパの影響を受けてローマ=カトリックに改宗。

・09 ＿＿＿＿ 人がパンノニアにハンガリー王国を建国。➡ 16 世紀にオスマン帝国の支配下に。

THEME **ヨーロッパ封建社会の動揺**

14～15世紀のヨーロッパ

年代	ローマ=カトリック教会のできごと
□ 1303	アナーニ事件がおこる
□ 1309	「教皇のバビロン捕囚」が始まる（～1377）
□ 1358	ジャックリーの乱がおこる
□ 1378	教会大分裂（大シスマ）がおこる（～1417）
□ 1381	ワット=タイラーの乱がおこる
□ 1414	コンスタンツ公会議開催（～1418）

14世紀の黒死病の流行やあいつぐ戦乱のため，人口激減。➡農奴制の廃止を求め，イギリスやフランスで大規模な農民反乱がおこった。

封建社会の衰退

14世紀以降，西ヨーロッパの封建社会の衰退があきらかになり始めた。

● 01 ＿＿＿＿ 経済の普及：荘園では賦役をやめて，貨幣や生産物で地代をおさめることが増加。
➡農民が経済的な力をつけた。

●黒死病（ペスト）の流行：ヨーロッパの人口が大きく減少。
➡労働力の確保のため，農民の地位が向上。

教皇権の衰退

十字軍の失敗以降，教皇の権威にかげりが見え始めた。一方で，王権は伸長。

1303年　アナーニ事件：教皇 02 ＿＿＿＿＿＿＿＿ は，聖職者への課税をめぐりイギリス・フランス国王と争ったが，フランス国王 03 ＿＿＿＿＿＿＿＿ に捕らえられ，憤死した。

⇣

1309年　「教皇のバビロン捕囚」：フィリップ4世が南フランスのアヴィニョンに教皇庁を移設。以後，約70年間フランスの支配下に置かれた（～1377）。

⇣

1378～1417年　教会大分裂（大シスマ）：ローマとアヴィニョンに，2人の教皇が並立。
➡教会への批判が高まる。イギリスの 04 ＿＿＿＿＿＿＿＿，ベーメンの 05 ＿＿＿＿＿＿ 。
（04：聖書こそ最高の権威と主張。）（05：破門されながらも教会を批判。）

⇣

1414～18年　コンスタンツ公会議：ローマ教会の混乱を収束させることが目的。
・教会大分裂（大シスマ）の終結。
・フスの処刑➡フス戦争（1419～36）に発展。

THEME ヨーロッパ封建社会の動揺

百年戦争までの流れ

年代	イギリスのできごと	年代	フランスのできごと
□ 1215	06 ＿＿＿＿ 発布		
□ 1265	07 ＿＿＿＿ が反乱をおこし議会を開く	□ 1302	10 ＿＿＿＿ を招集
		□ 1303	アナーニ事件おこる
□ 1295	08 ＿＿＿＿ を招集		
□ 1339	百年戦争が始まる（～ 1453）	□ 1339	百年戦争が始まる
□ 1455	09 ＿＿＿＿ 戦争がおこる	□ 1429	11 ＿＿＿＿，オルレアンを解放
□ 1485	テューダー朝成立		

イギリス・フランス

●イギリス…イギリス封建社会の特徴：最初から王権が強い。➡しだいに議会が台頭。

06 ＿＿＿＿：国王と貴族の関係を定めた憲章。イギリス立憲政治の基礎。

⬇ ジョン王の失政が続いたため，貴族が王に認めさせた。

07 ＿＿＿＿ の議会：イギリス議会の起源。

⬇

08 ＿＿＿＿：エドワード１世が招集した身分制議会。上院と下院に分かれた。

（上院）高位聖職者と大貴族で構成。
（下院）都市の市民や地方のジェントリ（郷紳）で構成。

地主化した騎士や富裕な平民のことだよ！

●フランス…カペー朝：成立当初は王権が弱い。➡しだいに中央集権化。

ルイ９世：南フランスのアルビジョワ派（カタリ派）を制圧。

フィリップ４世：アナーニ事件をおこす際に，10 ＿＿＿＿ を招集，その支持を得る。

（10）聖職者・貴族・平民で構成した議会。

百年戦争

原因 フランスのカペー朝断絶の際，イギリス国王エドワード３世が王位継承権を主張。

経過 エドワード黒太子の活躍などでイギリス軍が優勢だったが，シャルル７世の時代に 11 ＿＿＿＿ があらわれ，フランス軍を勝利に導いた。

戦後 イギリスでランカスター家・ヨーク家による王位継承の内乱（09 ＿＿＿＿ 戦争）がおこる。➡テューダー朝成立。

（テューダー朝）ヘンリ７世が開いた。

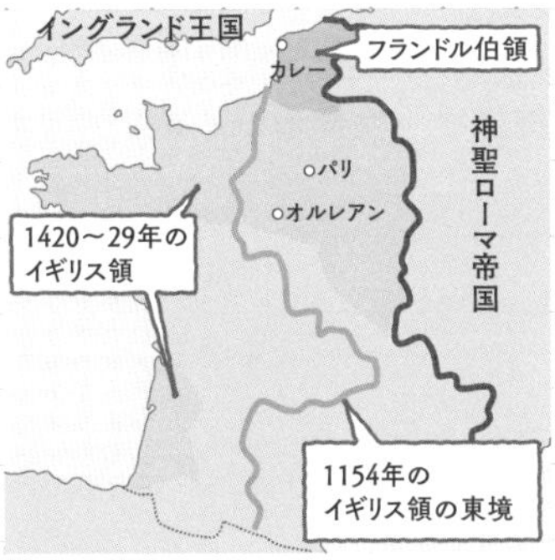

▲百年戦争時のフランスとイギリスの領土

THEME ヨーロッパ封建社会の動揺

スペイン・ポルトガル

▲ 1300 年頃のイベリア半島

●国土回復運動（レコンキスタ）

８世紀に後ウマイヤ朝が成立して以来，キリスト教徒によるイベリア半島奪回のための戦いが続いた。

カスティリャ・アラゴン・ポルトガルの３王国が運動の中心。

スペイン(イスパニア)王国：カスティリャ王女 12 ＿＿＿＿＿＿ と
アラゴン王子 13 ＿＿＿＿＿＿ が
結婚し，両王国が統合されて成立。

1492 年，ナスル朝の拠点グラナダを陥落させて国土回復運動を完遂。

ドイツ・イタリア・北欧

ドイツ

神聖ローマ帝国（962～1806）

・大諸侯の力が強く，皇帝の権力は不安定だった。

・ 14 ＿＿＿＿＿＿ 政策：歴代の神聖ローマ皇帝によるイタリアへの介入政策。

➡皇帝不在の「大空位時代」を招いた。

・ 15 ＿＿＿＿＿＿ ：1356 年に皇帝カール４世が発布。皇帝の選出権を七選帝侯に与えることを認めた。

・15 世紀前半以降，神聖ローマ皇帝は 16 ＿＿＿＿＿＿ 家から選出された。

イタリア

北部では多くの都市国家が分立。南部では両シチリア王国がシチリア王国とナポリ王国に分裂。

神聖ローマ皇帝のイタリア政策に直面し，２つの党派が対立。

党派名	内容	支持層
17 ＿＿＿＿＿＿（ゲルフ）	ローマ教皇支持派	都市の商人に支持者が多い。
18 ＿＿＿＿＿＿（ギベリン）	神聖ローマ皇帝支持派	農村領主などの貴族に支持者が多い。

北欧

19 ＿＿＿＿＿＿ 同盟：デンマーク・スウェーデン・ノルウェーの３国による同君連合。

・デンマークの摂政マルグレーテが主導した。

２つ以上の国が，一人の君主をいただいて連合すること。

THEME 中世ヨーロッパ文化

西ヨーロッパの中世文化

神学・スコラ学

中世ヨーロッパの学問は，キリスト教の管理下にあった。

・01 ＿＿＿＿ を最高の学問とし，その下に哲学・自然科学などが位置づけられた。

・学者・知識人は聖職者や修道士であり，学問のための共通語として 02 ＿＿＿＿ を用いた。

●スコラ学の発達

スコラ学：教会の権威の理論的確立のため，古代の哲学を利用して，キリスト教神学を体系化しようとした学問。

普遍論争

03 ＿＿＿＿ 論	普遍的なものは現実に存在するとする立場。	アンセルムス
04 ＿＿＿＿ 論	普遍的なものは思考の中にしかないとする立場。	アベラール， ウィリアム=オブ=オッカム

● 12 世紀ルネサンス

12 世紀頃，ビザンツ帝国やイスラーム圏に伝わっていたギリシアの古典やアラビアの知識が，ラテン語に翻訳されて西ヨーロッパに広まった。それによって生じた西欧文化の復興運動のこと。翻訳はイベリア半島のトレドやシチリア島のパレルモで行われた。

・05 ＿＿＿＿ ：中世最大のスコラ学者。『神学大全』。

➡アリストテレス哲学の影響を受け，スコラ学を大成。

・06 ＿＿＿＿ ：イスラーム科学の影響を受け，実験と観察を重視。

大学

・12 世紀頃から発達。自治権をもつ。

・おもに神学・法学・医学の 3 学部がある。

ボローニャ大学……………… 07 ＿＿＿＿

パリ大学……………………… 08 ＿＿＿＿

サレルノ大学………………… 09 ＿＿＿＿

オクスフォード大学…………神学

ケンブリッジ大学……………神学

プラハ大学……カール 4 世の発議で設立

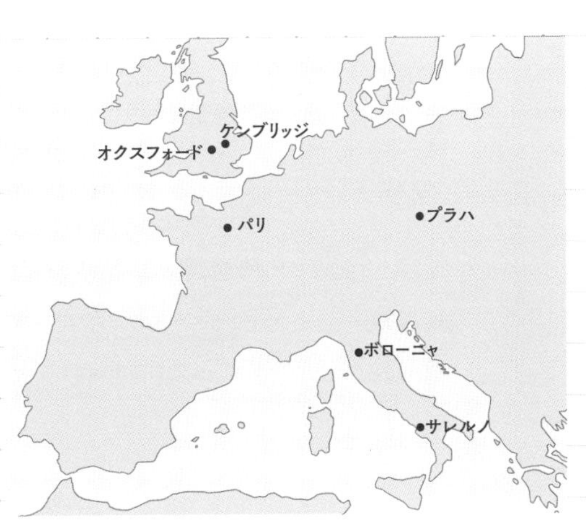

THEME 中世ヨーロッパ文化

建築

中世初期はビザンツ様式の模倣だったが，技術の進歩とともに新しい様式の教会建築が生み出された。

建築様式		
	ビザンツ様式 （4～15 c）	円屋根（ドーム）とモザイク壁画に特色。東欧に多い。 例：ハギア=ソフィア聖堂，サン=ヴィターレ聖堂
	ロマネスク様式 （11～12 c）	ローマ風の半円形アーチ。厚い石壁に小さな窓，重厚さが特色。南欧に多い。 例：ピサ大聖堂，シュパイアー大聖堂
	ゴシック様式 （12～15 c）	尖頭アーチを使用した高い天井と尖塔。大きな窓とステンドグラスが特色。西・北欧に多い。 例：ケルン大聖堂，シャルトル大聖堂，ランス大聖堂

● 10 ＿＿＿＿ 大聖堂

（写真:アフロ）

● 11 ＿＿＿＿ 大聖堂

（写真:AGE FOTOSTOCK/アフロ）

（写真:増見芳隆/アフロ）

文学

騎士道は騎士の行動規範。信仰や忠誠を重んじた。

中世文学では，口語（俗語）で表現された騎士道物語が主流となった。

└● 書き言葉である文語に対する用語で，話し言葉のこと。

文学		
	騎士道物語	・『12 ＿＿＿＿』仏：カール大帝時代の騎士ローランのイスラーム討伐を題材とした作品。 ・『13 ＿＿＿＿』英：イギリスのケルトの伝説的英雄アーサーと円卓の騎士の物語。 ・吟遊詩人が各地の宮廷を遍歴して騎士の恋愛を歌った。
	民族的叙事詩	・『14 ＿＿＿＿』独：英雄ジークフリートの戦いと愛の物語。 ・『エッダ』（北欧）：神オーディンや戦士を主人公とした神話。

THEME 中国北方諸民族と宋

宋代の中国

中国の王朝	年代	宋代のできごと
五代十国	□ 916	契丹(きったん)の耶律阿保機(やりつあぼき)（太祖），キタイ（遼）を建国
北宋	□ 960	01 ＿＿＿＿，宋（北宋）を建国
	□ 1004	キタイと 02 ＿＿＿＿ を結ぶ
	□ 1044	西夏と慶暦(けいれき)の和約を結ぶ
	□ 1069	王安石(おうあんせき)の新法が始まる
	□ 1086	旧法党の司馬光が宰相となる➡新法党と旧法党の対立
	□ 1115	女真の 03 ＿＿＿＿，金を建国
	□ 1126	04 ＿＿＿＿ がおこる（～1127）➡北宋が滅亡
南宋	□ 1127	高宗，江南に南宋を建国
	□ 1142	紹興(しょうこう)の和議を結び，南宋は金に臣下の礼をとる
	□ 1276	元に敗れ，南宋が滅亡

宋とキタイの和議。内容は，宋を兄，キタイを弟とし，宋がキタイに対して毎年絹と銀をおくることを定めた。

東アジアの諸勢力

中国東方

● 高麗(こうらい)（918～1392） 都 05 ＿＿＿＿
- 仏教が盛んになり，高麗版大蔵経がつくられた。
- 独特な色合いの高麗青磁がつくられた。

中国北方

● キタイ（遼）：耶律阿保機（太祖）が建国。
- 華北の政変に介入し，06 ＿＿＿＿ を得る。
- 宋と 02 ＿＿＿＿ を結ぶ。
- 部族制と州県制に基づいた二重統治体制。
  - 支配する民のうち，狩猟民・遊牧民を部族制，農耕民を州県制によって統治した。

● 西夏：李元昊(りげんこう)が建国。

▲ 11 世紀後半の東アジア

● 金：女真（ジュシェン）の 03 ＿＿＿＿ が建国。
- 猛安(もうあん)・謀克(ぼうこく)と呼ばれる部族制に基づく軍事・社会制度を整備。
- 金がキタイを滅ぼすと，中央アジアに逃れたキタイの皇族耶律大石(やりつたいせき)はカラキタイ（西遼）を建国した。

● 使用された文字

キタイ（遼）	07 ＿＿＿＿ 文字
西夏	08 ＿＿＿＿ 文字
金	09 ＿＿＿＿ 文字

THEME 中国北方諸民族と宋

宋の統治

北宋（960 ～ 1127）

後周の将軍であった 01 ＿＿＿＿ が建国。都 開封

・武断政治の風潮をあらため，文人官僚が政治を行う文治主義を採用した。

・科挙を整備➡ 10 ＿＿＿＿ の実施。
　└皇帝みずからが試験官となって最終試験を行った。

官僚の維持費や防衛費が増大➡国家財政の窮乏を招く。

●王安石の改革

・宰相の王安石が主導した新法を中心とした政治改革。
　（新法：経済の立て直しをはかる富国強兵策。）

新法	富国策	青苗法
		均輸法
		市易法
		募役法
	強兵策	保甲法
		保馬法

・王安石の引退後，新法党と旧法党の対立を招く。
　└旧法党：司馬光を中心に，新法に反対した。

1126～27 年　金の攻撃で開封が陥落して，北宋は滅亡（04 ＿＿＿＿）。

南宋（1127 ～ 1276）

皇族の高宗が江南に逃れて南宋を建国。都 臨安

・金に対して，和平派の 11 ＿＿＿＿ らと主戦派の 12 ＿＿＿＿ らが対立。

和平派が勝利をおさめ，金と和議を結んだよ！

宋の社会と文化

●都市内で商業活動が活発に行われた。城外に草市・交通の要所に鎮などの商業の中心地が発達。

・同業組合：13 ＿＿＿＿（商人），14 ＿＿＿＿（手工業者）　・紙幣：交子（北宋）・会子（南宋）

・江南の開発が進み，長江下流域が穀倉地帯に。「蘇湖（江浙）熟すれば天下足る」といわれた。
　└日照りに強い占城稲が導入された。

●士大夫（知識層）を中心とした，理知的な精神性を重視した文化が発達。

儒学	宋学：経典を読み込み，宇宙の正しい本質（理）に至ろうとする新しい儒学。 ・北宋…周敦頤：宋学の祖。 ・南宋…朱熹（朱子）：朱子学を大成。大義名分論を主張。四書を重視。（四書：『論語』『大学』『中庸』『孟子』。）
歴史学	司馬光：編年体の歴史書『15 ＿＿＿＿』 └編年体：年代記として年月を追ってできごとを著す編纂形式。
文芸	雑劇：北宋で成立した歌劇。 詞：西域の音楽に刺激され生まれた楽曲の歌詞。宋詞とも。
絵画・工芸	絵画 { 16 ＿＿＿＿：写実や装飾性を重んずる画風。徽宗「桃鳩図」。 　　 { 17 ＿＿＿＿：士大夫や文人が描いた。 工芸…宋磁：アジア各地に普及した宋代の磁器。青磁・白磁。

THEME モンゴル帝国・元

大モンゴル国と元代の中国

	年代	モンゴル帝国・元のできごと
大モンゴル国	□ 1206	01 ＿＿＿＿，モンゴル高原を統一
	□ 1241	02 ＿＿＿＿，ワールシュタットの戦いで独・ポーランド連合軍を破る
	□ 1253	03 ＿＿＿＿，西アジア遠征を開始（～1258）
	□ 1254	クビライ，大理を滅ぼして，チベットを服属させる
	□ 1264	04 ＿＿＿＿に遷都
元（大元）	□ 1271	国号を元（大元）に改称
	□ 1275	05 ＿＿＿＿，大都に到着しクビライに仕える
	□ 1294	06 ＿＿＿＿，大都でカトリックの布教を始める
	□ 1351	紅巾の乱がおこる（～ 1366）
	□ 1368	朱元璋，大都を占領し，明を建国

白蓮教などの宗教結社がおこした農民反乱。

モンゴル帝国の形成

01 ＿＿＿＿：クリルタイでハン位につき，大モンゴル国を建てた。

・軍事・行政組織として 07 ＿＿＿＿ を整備。

・ナイマン，ホラズム=シャー朝，西夏を滅ぼす。

（ホラズム=シャー朝）中央アジア・イラン方面におこった新興国家。モンゴルの侵攻で事実上崩壊した。

●バトゥとフレグの西征

02 ＿＿＿＿	東欧に侵入➡ワールシュタットの戦いに勝利。	キプチャク=ハン国（ジョチ=ウルス）を建国
03 ＿＿＿＿	西アジアに侵入➡アッバース朝を滅ぼす。	イル=ハン国（フレグ=ウルス）を建国

モンゴル帝国の最大領域と地方政権

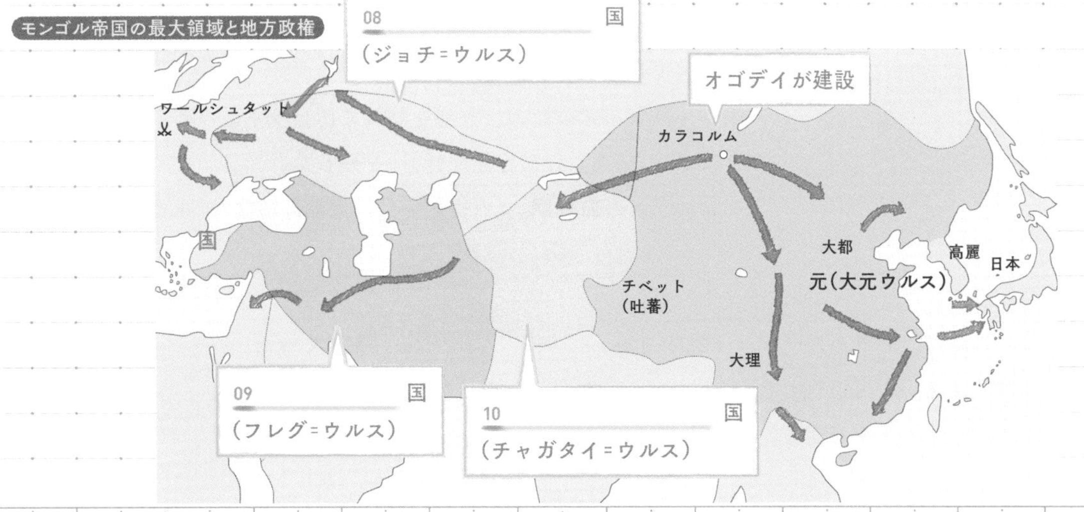

元の統治

第５代ハンのクビライは，中国全土を支配し，中国風の元（大元）と改称。都をカラコルムから 04＿＿＿＿ にうつした。

・南宋を滅ぼし，各地に遠征軍を派遣。
　└ チベット・大理・高麗を征服。日本・ジャワ・ベトナム遠征で失敗。

●身分

モンゴル人を頂点とする統治体制。

・11＿＿＿＿：中央・西アジア出身の人々。財務官僚として重用。
・12＿＿＿＿：契丹人・女真人を含む華北の人々。
・13＿＿＿＿：南宋の支配下にあった人々。

モンゴル出身〈1.4%〉
色目人〈1.4%〉 漢人〈14%〉 南人〈83%〉

●交易路の整備

・陸路交易：14＿＿＿＿ が施行され，ムスリム商人の隊商が盛んに訪れた。
　└ 幹線道路に一定の距離ごとに駅をもうけ，旅行者に馬・食料などを提供した。

・海上交易：大都を中心とした海運が発達。また，新しい大運河が開かれた。
→ 15＿＿＿＿：政府から発行された紙幣。銀の流通量の不足を補った。

モンゴル時代の社会と文化

東西文化の交流

東西の交通路が整備され，ヨーロッパなどから使節や旅行者が訪れた。

使節	プラノ＝カルピニ	カラコルムを訪れ，ローマ教皇の親書をわたす。
使節	ルブルック	ルイ９世の命令でカラコルムを訪れる。
使節	06＿＿＿＿	教皇の命令で大都の大司教となる。 中国で初めてカトリックを布教した。
旅行者	05＿＿＿＿	ヴェネツィアの商人。大都を訪れてクビライに仕える。 『世界の記述』（『東方見聞録』）を残した。
旅行者	イブン＝バットゥータ	ムスリムの旅行家。『旅行記』（『三大陸周遊記』）を著す。

元の文化

・クビライの命で，パクパがチベット文字をもとに 16＿＿＿＿ をつくった。
・元曲：庶民のあいだで流行した戯曲のこと。『西廂記（せいそうき）』や『琵琶記（びわき）』などが代表作。
・イスラーム科学の影響を受け，郭守敬（かくしゅけい）が 17＿＿＿＿ をつくった。

THEME 明

明代の中国

年代	明のできごと
□ 1368	朱元璋が洪武帝となり，明を建国
□ 1399	靖難の役がおこる（～1402）
□ 1402	永楽帝が即位
□ 1404	日本との間で勘合貿易が始まる
□ 1405	01＿＿＿＿の南海遠征が始まる（～1433）
□ 1449	北虜南倭 土木の変がおこり，正統帝がオイラトの捕虜になる
□ 16ｃ中頃	北虜南倭 後期倭寇が活発化
□ 1557	北虜南倭 ポルトガル人がマカオの居住権を獲得
□ 1573	02＿＿＿＿の改革が始まる
□ 16ｃ後半	万暦帝，03＿＿＿＿を全国で実施
□ 1644	李自成，北京を占領➡明が滅びる

日本では室町時代だよ。

北虜南倭による軍事費の増加から，明は財政難におちいった。そのため，財政のたて直しに迫られた。

明の政治体制

●洪武帝の政治：皇帝のもとに権力の集中をはかる。 都 04＿＿＿＿

支配体制の確立

- 中書省を廃止し，05＿＿＿＿を皇帝直属に
- 法制：明律・明令を施行
- 軍制：戸籍をもとに衛所制を施行
- 科挙の整備：朱子学を官学化

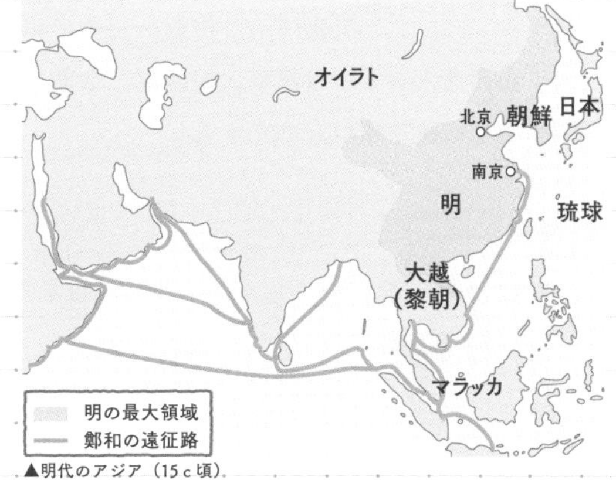

▲明代のアジア（15ｃ頃）

農民支配の再編成

- 里甲制：洪武帝が定めた村落行政制度
- 06＿＿＿＿：戸籍・租税台帳
- 07＿＿＿＿：土地台帳
- 六諭：民衆教化のための６カ条の教訓

●永楽帝の政治：靖難の役に勝利して即位。積極的な対外政策を行う。 都 08＿＿＿＿（1421～）

- 遠征：モンゴル高原やベトナムに遠征。
- 01＿＿＿＿の南海遠征：数回にわたって，大艦隊を東南アジアやインド洋方面へ派遣。

➡南海諸国との朝貢貿易のきっかけとなる。アフリカ東海岸まで到達。

└ 周辺諸国が中国皇帝に貢ぎ物をし，返礼の品を授かるという恩恵的な貿易システム。

明の朝貢体制

- 琉球：15世紀初めに中山王が統一。
- マラッカ王国：01 ＿＿＿＿ の遠征をきっかけに朝貢。
- 朝鮮：科挙の整備，朱子学の導入。
  金属活字による出版，訓民正音（ハングル）を制定。
- 日本：勘合貿易の開始。→勘合（割符）をつかった朝貢貿易。
- ベトナム：黎朝が明と朝貢関係を結ぶ。
- オイラト：土木の変をおこした。
  └→オイラトのエセン=ハンが明の皇帝を捕虜にした事件。

女真
タタール
朝鮮
オイラト
明
日本
南海諸国
琉球
黎朝

▲明およびその周辺諸国

09 ＿＿＿＿

15～16世紀に，北方のモンゴル民族（北虜）や，東南海岸での倭寇の活動（南倭）が活発になり，明を苦しめた。

明の社会と文化

明の社会

明初は民間人の海外貿易が制限されていた（海禁）が，のちに緩められ，国際商業が活発化。

➡国内の商工業が発達し，大量の銀が中国に流入するようになった。

産業：10 ＿＿＿＿ で陶磁器を生産。生糸や綿織物の生産も盛ん。

商人：山西商人などの特権商人が活躍。会館や公所がつくられた。

税制：各種の税を銀に一本化する 03 ＿＿＿＿ を実施。

同業者や同郷人の互助や親睦をはかるのが目的。

明の文化

編纂事業	『永楽大典』：古今の書物の内容を整理分類した百科事典。
儒学	陽明学：王守仁（王陽明）によって確立された儒学の一学派。 ➡11 ＿＿＿＿：知識と行動の自然な一体化を説いた。
実学・科学	『12 ＿＿＿＿』：李時珍著。薬物や医学の解説書。 『13 ＿＿＿＿』：宋応星著。伝統的な産業技術を解説。 『14 ＿＿＿＿』：徐光啓編。中国農書の集大成。 『崇禎暦書』：徐光啓らが編纂。アダム=シャールの協力で完成させた暦法書。 『幾何原本』：エウクレイデスの『幾何学原本』を漢訳。 「15 ＿＿＿＿」：マテオ=リッチ作成。中国最初の漢訳世界地図。
文学	四大奇書：『三国志演義』『水滸伝』『西遊記』『金瓶梅』

THEME 大航海時代

大航海時代のポルトガルとスペイン

年代	ポルトガル	年代	スペイン
□ 1481	ジョアン2世が即位		
□ 1488	バルトロメウ=ディアス，01 ＿＿＿＿に到達	□ 1492	コロンブス，カリブ海の島に到達
□ 1494	02 ＿＿＿＿条約（ポルトガルとスペインの海外領土の範囲を画定）		
□ 1498	ヴァスコ=ダ=ガマ，インドの03 ＿＿＿＿に到達	□ 1513	バルボア，05 ＿＿＿＿横断
□ 1500	カブラル，04 ＿＿＿＿漂着	□ 1519	マゼラン，世界周航出発（～1522）
		□ 1521	06 ＿＿＿＿，アステカ王国滅ぼす
		□ 1533	07 ＿＿＿＿，インカ帝国滅ぼす

大航海時代

●大航海時代の背景

・遠洋航海の技術の発達
・莫大な富をもたらす香辛料

→ 大航海時代の到来
「世界の一体化」の始まり

ポルトガルのインド航路開拓

大航海時代を主導。首都リスボンは世界貿易の中心となる。

「航海王子」エンリケ	アフリカ西岸探検を奨励した。
バルトロメウ=ディアス	アフリカ南端の01 ＿＿＿＿に到達。
ヴァスコ=ダ=ガマ	インドの03 ＿＿＿＿に到達。インド航路を開く。
カブラル	04 ＿＿＿＿に漂着し，ポルトガル領と宣言。

スペインを中心とする新大陸探検

トスカネリの地球球体説を信じ，西へ進めばインドに到達できると考えたよ。

コロンブス	スペイン女王08 ＿＿＿＿の援助で「インド」発見に出発。 バハマ諸島のサンサルバドル島に到達。
バルボア	05 ＿＿＿＿を横断して太平洋に到達。
マゼラン	彼の船隊が世界で初めて世界周航に成功。マゼラン海峡を発見。 マゼラン本人はフィリピン諸島で殺害される。
カボット（父子）	ニューファンドランド・ニューイングランドに到達。ヘンリ7世の援助。
アメリゴ=ヴェスプッチ	アメリカ大陸を，アジアとは別の「新大陸」と確信。

●アメリカ大陸の征服

スペインは「征服者」（コンキスタドール）をアメリカ大陸に派遣。

06 ＿＿＿＿＿＿：1521年，アステカ王国を征服。
07 ＿＿＿＿＿＿：1533年，インカ帝国を征服。
→ エンコミエンダ制を導入。
└● 植民者に先住民を統治させ，キリスト教に改宗させることを条件に労働力とすることを認めた。

⇩

ラス＝カサスが先住民の悲惨な状況を国王に訴えた。

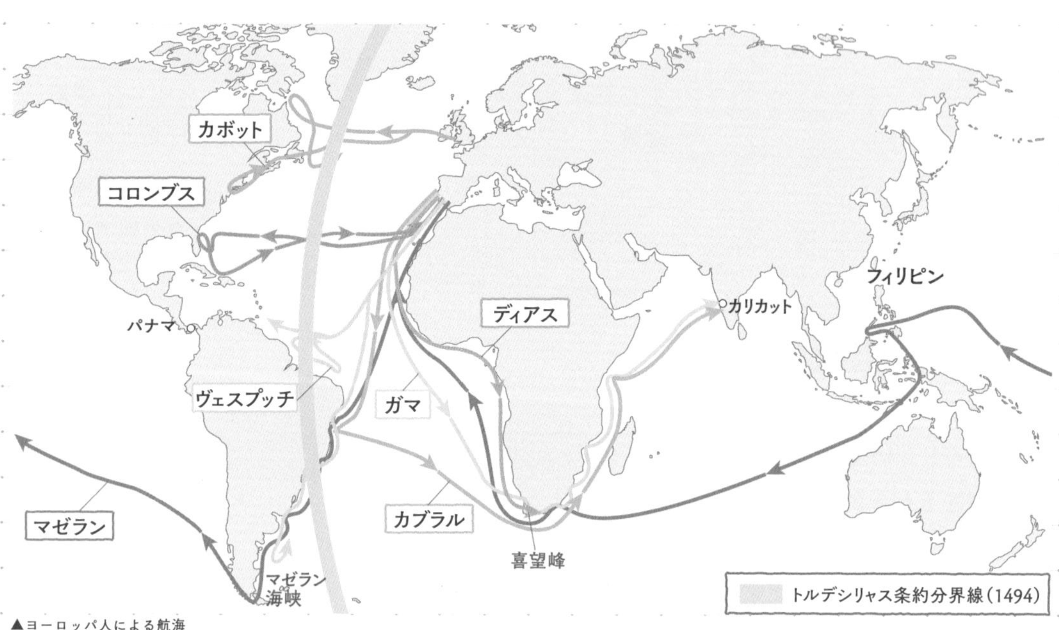

▲ヨーロッパ人による航海

商業革命と価格革命

● 09 ＿＿＿＿＿＿革命

商業の中心が地中海沿岸から，大西洋沿岸地域にかわった。

西欧諸国への影響…商工業が活発化。資本主義経済の発達をうながした。

東欧地域への影響…西欧諸国への穀物などの輸出が増加し，農場領主制（グーツヘルシャフト）へ。
└● 領主が穀物を生産するため直営地経営を行うこと。

● 10 ＿＿＿＿＿＿革命

大量の銀がヨーロッパに流入し，物価が上昇した現象。➡ヨーロッパの物価が2～3倍に。
└● ポトシ銀山に代表されるラテンアメリカの銀山から大量に流入。

- 地代に頼る封建領主が没落し，農民の地位が向上した。
- 南ドイツのフッガー家が衰退。

THEME ティムール朝・オスマン帝国・サファヴィー朝

トルコ・イラン世界

年代	ティムール朝・サファヴィー朝	年代	オスマン帝国
□ 1370	ティムール朝成立	□ 1300 頃	オスマン帝国が成立
		□ 1366	アドリアノープルに遷都
□ 1402	01 ＿＿＿＿ の戦いに勝利	□ 1402	01 ＿＿＿＿ の戦いに敗れる
□ 15 c	トルコ＝イスラーム文化が栄える	□ 1453	ビザンツ帝国を滅ぼす
□ 1501	サファヴィー朝建国		コンスタンティノープル
□ 1507	ティムール朝滅亡		（03 ＿＿＿＿）に遷都
		□ 1529	第１次 04 ＿＿＿＿
□ 16 c 末	首都を 02 ＿＿＿＿ に移す	□ 1538	05 ＿＿＿＿ の海戦に勝利
□ 1622	ポルトガルからホルムズ島を奪還	□ 1571	レパントの海戦に敗北
		□ 1683	第２次ウィーン包囲
□ 1736	サファヴィー朝滅亡	□ 1699	カルロヴィッツ条約を締結

ティムール朝とサファヴィー朝

ティムール朝（1370 ～ 1507）

ティムール朝：1370 年，ティムールが，チャガタイ＝ハン国の内紛に乗じて建国。

都 06 ＿＿＿＿

➡モスクやマドラサが建設され，中央アジアの商業・学芸の中心地となる。

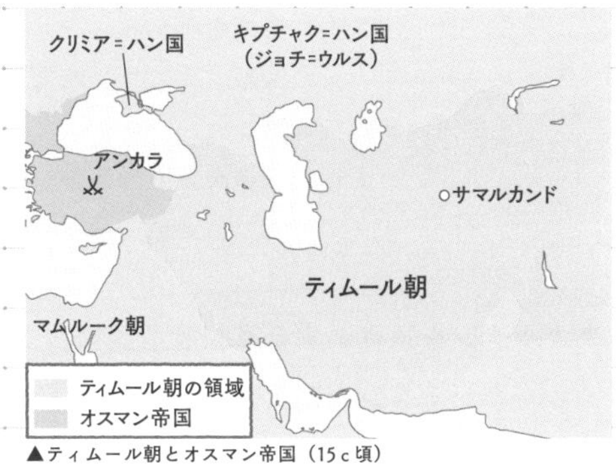

▲ティムール朝とオスマン帝国（15 c 頃）

● 01 ＿＿＿＿ の戦い

1402 年，アナトリアに進出したティムールは，オスマン軍を破り，バヤジット１世を捕虜にした。

サファヴィー朝（1501 ～ 1736）

ペルシア語で「王」「支配者」を意味するよ！

サファヴィー朝：イスマーイール（１世）が開いたシーア派の王朝。07 ＿＿＿＿ の称号を用いた。
└神秘主義教団の教主。シーア派の十二イマーム派を国家宗教とした。

08 ＿＿＿＿（位 1587～1629）：サファヴィー朝全盛期の王。

・ポルトガル人をホルムズ島から追放。

・新首都 02 ＿＿＿＿ を建設。
└その繁栄を讃え「世界の半分」と称された。

THEME ティムール朝・オスマン帝国・サファヴィー朝

オスマン帝国

オスマン帝国（1300頃～1922）

オスマン帝国：14世紀初め頃，アナトリア地方に進出したトルコ人が建国。

都 ブルサ➡アドリアノープル（エディルネ）➡03

└ コンスタンティノープルの別称で，20世紀に正式名称となった。

●バヤジット1世（在位1389～1402）
・01 の戦い：ティムールに敗北
一時的に衰退。

●メフメト2世（在位1444～46, 51～81）
・コンスタンティノープルを占領。
➡ビザンツ帝国滅亡。

●セリム1世（在位1512～20）
・メッカとメディナの保護権を獲得。
➡スンナ派イスラーム教の中心となる。

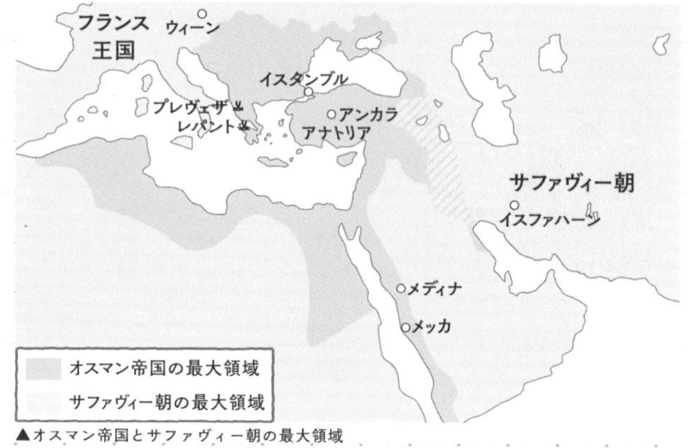

▲オスマン帝国とサファヴィー朝の最大領域

●スレイマン1世（在位1520～66）
・第1次04 ：フランスと結び，神聖ローマ帝国の都ウィーンを包囲。
➡ヨーロッパ諸国に脅威を与える。
・05 の海戦：オスマン帝国の艦隊が，スペイン・ヴェネツィア・ローマ教皇の連合軍に勝利。
➡地中海の制海権を得る。
・カピチュレーション（通商上の恩恵的特権）をフランスに与えた。

オスマン帝国の社会

●スルタンを頂点とする専制君主国家。

（イスラーム法をシャリーアというよ。）

・スルタン：スンナ派信仰の擁護者。
イスラーム法の施行・維持の役割。
・09 ：スルタン直属の歩兵常備軍。
バルカン半島のキリスト教の少年を徴兵。
・ティマール制：オスマン帝国がシパーヒーに征服地の農地の徴税権を与え，かわりに軍役を課した。

スルタン
↓土地　↑忠誠
宰相・官僚 州県の長官
↓封土（ティマール）　↑軍事義務
シパーヒー（騎士）

●村落の共同体
・ムスリム：イスラーム教徒。
・10 ：オスマン帝国内のギリシア正教，ユダヤ教，カトリックなどの非ムスリムの共同体。
●イスラーム法とスルタンの法（カーヌーン）のもとで生活。

THEME ムガル帝国の興隆

ムガル帝国

皇帝	年代	ムガル帝国のできごと
バーブル	□ 1526	01 ＿＿＿＿，ムガル帝国を建国
	□ 16ｃ初	02 ＿＿＿＿，シク教を創始
アクバル	□ 1564	03 ＿＿＿＿，人頭税（ジズヤ）を廃止
シャー＝ジャハーン	□ 1653	この頃に 04 ＿＿＿＿ が完成
アウラングゼーブ	□ 1661	イギリスがボンベイを獲得
	□ 1674	フランスがシャンデルナゴルを獲得
	□ 17ｃ半ば	マラーター王国が建国される
	□ 1679	05 ＿＿＿＿，人頭税を復活
	□ 17ｃ末	ムガル帝国の領土最大
	□ 18ｃ中頃	マラーター同盟が結成される

マラーター王国の宰相が結成し，ムガル帝国を脅かした。

ムガル帝国の成立

● 01 ＿＿＿＿：ムガル帝国の初代皇帝。ティムールの子孫。
パーニーパットの戦いでロディー朝に勝利し，ムガル帝国を建国。
都 デリー

アクバル末年（16ｃ末）の領域

● 03 ＿＿＿＿：第３代皇帝。
領域：ヒンドゥー教徒と和解し，北インドを統一。
都 デリーから 06 ＿＿＿＿ へ。
統治：マンサブダール制を施行
└支配階層に序列をつけ，位階に応じて給与を与えた。

● 05 ＿＿＿＿：第６代皇帝。
領域：デカン高原南端をのぞくインド大陸全土を統一。

アウラングゼーブ時代の最大領域

アクバルとアウラングゼーブの異教徒政策

アクバル		アウラングゼーブ
ヒンドゥー教とイスラーム教の融和	方針	イスラーム教（スンナ派）を尊重，ヒンドゥー教を圧迫
人頭税を 07 ＿＿＿＿	ジズヤ	人頭税を 08 ＿＿＿＿

THEME ムガル帝国の興隆

ムガル帝国の社会とインド=イスラーム文化

インド=イスラーム文化

特徴：ヒンドゥー文化とイスラーム文化が融合。

宗教	シク教：02 ＿＿＿＿が創始した。 ・ヒンドゥー教のバクティ信仰とイスラーム教が融合。 （バクティ信仰→神への献身を説く。） ・偶像崇拝やカースト制を否定。
言語	09 ＿＿＿＿語：ムガル帝国の公用語。 ウルドゥー語：ペルシア語とインドの地方語が融合。現パキスタンの国語。 ヒンディー語：北インドの共通語。現インドの公用語。
建築	04 ＿＿＿＿：皇帝シャー=ジャハーンが，愛妃ムムターズ=マハルの死を悼んで建造した。インド=イスラーム建築の代表。
絵画	10 ＿＿＿＿：ペルシアの細密画から発達。写実的。

（提供:akg-images/アフロ）

（写真:SIME/アフロ）

東南アジアの交易

●諸島部

マラッカ王国：1511年，11 ＿＿＿＿が占領→要塞化

ムスリム商人たちが拠点を移動。

東南アジア交易の中心は，マラッカからアチェ王国やマタラム王国へ。

●大陸部

アユタヤ朝（タイ）
タウングー朝（ビルマ）
→ 米や鹿皮（しかがわ）などの特産物交易によって栄える。

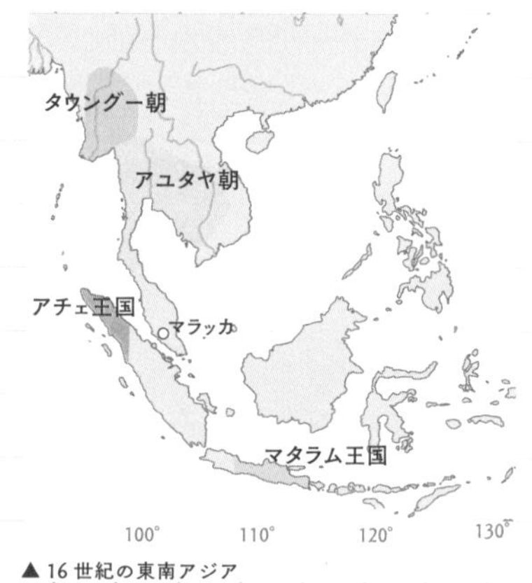

▲16世紀の東南アジア

THEME 

清代の中国

清の皇帝	年代	清のできごと
ヌルハチ	□ 1616	ヌルハチ（太祖），アイシン（金）を建国
ホンタイジ	□ 1636	ホンタイジ（太宗）のとき，国号を清に改称
	□ 1637	朝鮮を服属させる
順治帝	□ 1644	李自成，明を滅ぼす
康熙帝	□ 1673	01 ＿＿＿＿がおこる（～ 1681）
	□ 1683	鄭氏を降伏させて台湾を平定
	□ 1689	ロシアと 02 ＿＿＿＿条約を結ぶ
	□ 1706	イエズス会以外の宣教師を追放
	□ 1717	一条鞭法にかわって 03 ＿＿＿＿を実施
雍正帝	□ 1724	キリスト教を禁止，宣教師を追放
	□ 1727	ロシアと 04 ＿＿＿＿条約を結ぶ
乾隆帝	□ 1757	ヨーロッパ船の来航を 05 ＿＿＿＿に限定

三藩は雲南・広東・福建。呉三桂ら漢人武将が配置されていた。

鄭成功とその一族は，1661 年より台湾を占拠し，反清活動を展開した。

清の統治

1616 年，ヌルハチがアイシン（金）を建国。

- 06 ＿＿＿＿：軍事・行政組織。全軍を８つに編成。
- 満洲文字の制作。

1636 年，ホンタイジが国号を清に改称。

- 07 ＿＿＿＿：藩部を統治するための中央官庁。
  - →モンゴル・青海・チベット・新疆の総称。

康熙・雍正・乾隆３代にわたる全盛期を迎える。

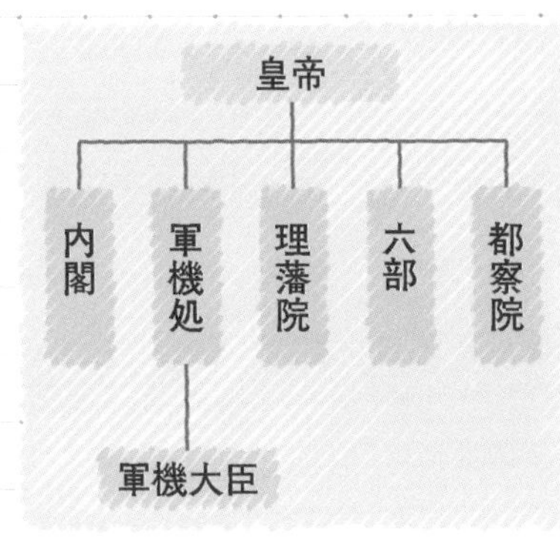

▲清の中央の統治体制

●康熙帝

- 01 ＿＿＿＿を平定
- 台湾の鄭氏を平定

｝中国統一

●雍正帝

- 08 ＿＿＿＿：政務や軍事にかかわる最高機関。
- キリスト教の布教を全面禁止。➡典礼問題

●乾隆帝

- ヨーロッパ船の来港を 05 ＿＿＿＿にかぎる。
  - ➡公行が貿易を独占。

●清の漢人統治

懐柔策	抑圧策
・満漢併用制	・辮髪の強制
・科挙の実施	・文字の獄
・漢文化の保護	・禁書令

清の支配領域と東アジア

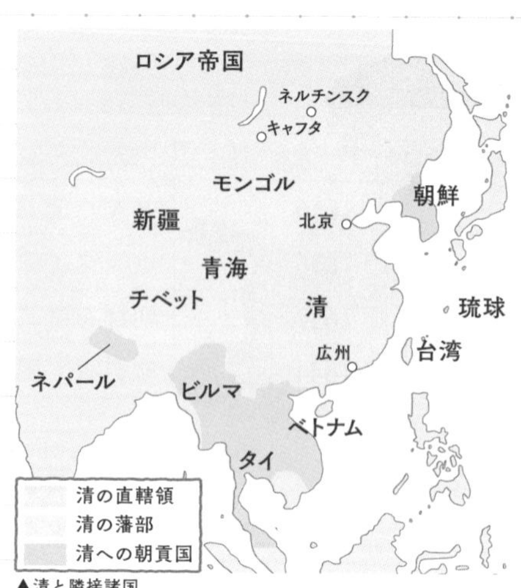

▲清と隣接諸国

●清朝の範囲

直轄領：中国内地・東北地方・台湾

藩部：モンゴル・青海・チベット・新疆（しんきょう）…理藩院が統轄。
（モンゴル→モンゴル王侯が統治。チベット→ダライ=ラマが統治。新疆→新しい領土の意。ウイグル人有力者（ベグ）が統治。）

朝貢国

・朝鮮：09＿＿＿＿＿が政治の実権を握る。

・琉球：日本と中国に両属。

・ほかにビルマ，タイ，ベトナム，ネパール。

●ロシアとの国境策定

02＿＿＿＿＿条約（1689）：ピョートル1世と締結。
中国が初めて外国と対等に結んだ条約。

04＿＿＿＿＿条約（1727）：モンゴル地区の国境を定めた。

清の社会と文化

清の社会

税制：明の一条鞭法をより簡略化した03＿＿＿＿＿が実施された。

10＿＿＿＿＿：中国での布教方針をめぐってカトリック内でおこった論争。
➡中国へ不信感を与える原因となる。雍正帝のときキリスト教の布教を禁止。

清の文化

編纂事業	『11＿＿＿＿＿』：康熙帝が編纂させた漢字辞書。 『12＿＿＿＿＿』：康熙帝が編纂させ，雍正帝の時代に完成した百科事典。 『13＿＿＿＿＿』：乾隆帝が編纂させた叢（そう）書。
儒学	実証を重視する考証学が発展。顧炎武（こえんぶ）：考証学の創始者。
文学	『14＿＿＿＿＿』：上流社会の栄華没落を描いた。 『儒林外史（じゅりんがいし）』：官僚の腐敗や堕落を描いた。 『聊斎志異（りょうさいしい）』：怪異を描いた文語短編小説集。
イエズス会士	フェルビースト（南懐仁）：洋暦の採用や大砲鋳造などに活躍。 ブーヴェ（白進），レジス（雷孝思）：「皇輿全覧図（こうよぜんらんず）」は中国初の実測による全国地図。 15＿＿＿＿＿：西洋画法を紹介し，円明園の設計に加わった。

THEME ルネサンス

ルネサンスの展開

ルネサンスの背景

01 ＿＿＿＿（「再生」の意味）とは，古代ギリシア・ローマの古典文化に立ち返ることで，人間を肯定的にとらえ，価値あるものとしての人間の生き方を追求しようとする運動。

02 ＿＿＿＿（ヒューマニズム）

十字軍遠征 → 地中海貿易の活発化
ビザンツ帝国の衰退・滅亡 → 学者・知識人がイタリアへ

イタリア諸都市の繁栄

- 古代ローマの遺跡や美術品が残されていたこと。
- 東方貿易によって都市が繁栄していたこと。
- ビザンツ文化やイスラーム文化の影響。

↓

イタリア=ルネサンスの開花

フィレンツェがイタリア=ルネサンスの中心。

イタリアに始まり，ネーデルラント，ドイツ，フランスなど西ヨーロッパに広がった。

●文芸の保護

権力者がパトロンとして運動を保護。

↓

03 ＿＿＿＿家，フランス王，ローマ教皇

フィレンツェの金融財閥。レオ10世などの教皇を輩出した。

文芸

文芸

- ダンテ 伊：イタリア=ルネサンスの先駆者。『神曲』
  ➡『神曲』をラテン語ではなく口語の 04 ＿＿＿＿ で著述。
- 05 ＿＿＿＿ 伊：近代小説の先駆。『デカメロン』
- 06 ＿＿＿＿ ネーデルラント：16世紀最大の人文主義者。『愚神礼賛（ぐしんらいさん）』
- 07 ＿＿＿＿ 英：イギリス=ルネサンスの代表的詩人。『カンタベリ物語』
- モア 英：架空の理想社会を描き，現実を風刺。『ユートピア』
- 08 ＿＿＿＿ 英：イギリス最大の劇作家。『ハムレット』『オセロー』
- モンテーニュ 仏：『エセー（随想録）』
- セルバンテス 西：スペイン文学史上最大の作家の一人。『ドン=キホーテ』

THEME ルネサンス

美術

●絵画・彫刻

人体や自然の観察に基づく写実的な描写や，遠近法，色彩表現などを特徴とする。

絵画	・ジョット 伊 ：ルネサンス絵画の先駆け。 ・ファン=アイク兄弟 ネーデルラント ：フランドル派を開いた。 ・ボッティチェリ 伊 ：「ヴィーナスの誕生」「春」 ・09 ______ 伊 ：「最後の晩餐」「10 ______」 ➡さまざまな分野で才能を示した「万能人」。 └絵画・彫刻・建築・科学・哲学などの諸分野で活躍した。 ・デューラー 独 ：多数の版画を残した。 ・ミケランジェロ 伊 ：「最後の審判」 ・11 ______ 伊 ：聖母子像を描き続けた。
彫刻	・ドナテルロ 伊 ：彫刻のルネサンス様式を確立。 ・ミケランジェロ 伊 ：「12 ______」

（提供:Iberfoto/アフロ）

●建築

古代ローマ風の装飾や大ドームを特徴とするルネサンス様式。

サンタ=マリア大聖堂：フィレンツェに建設。ブルネレスキが大円蓋（えんがい）を設計した。

13 ______ 大聖堂：ブラマンテ，ラファエロ，ミケランジェロらが建築に携わった。

科学・技術

●天文学

天動説：古代ローマのプトレマイオスが提唱。
地球を中心に置く考え方は，長くカトリック教会の公式の宇宙観となった。

⇩

地動説：14 ______ が提唱。太陽を中心に置く考え方。
教会の激しい反発にあう。

・ジョルダーノ=ブルーノ：地動説を主張し火刑。
・15 ______ ：地動説を擁護したが，宗教裁判で自説を放棄。

●ルネサンス「三大発明」

火器	戦争の戦術が変化。 ➡騎士が没落(軍事革命)。
羅針盤	遠洋航海が可能になる。 ➡大航海時代の到来。
活版印刷術	16 ______ が改良。紙の普及と結びつき書物が普及。 ➡宗教改革に影響。

THEME 宗教改革

宗教改革の流れ

年代	宗教改革のできごと
□ 16c 初め	教皇 01 ＿＿＿＿, ドイツで 02 ＿＿＿＿ の販売を始める
□ 1517	ルター, 「03 ＿＿＿＿」を発表
□ 1521	ヴォルムス帝国議会が開かれ, ルターが呼び出される
	ザクセン選帝侯, ルターを保護➡『新約聖書』をドイツ語訳
□ 1523	04 ＿＿＿＿, チューリヒで宗教改革を始める
□ 1524	ドイツ農民戦争がおこる（～ 1525）
□ 1530	シュマルカルデン同盟が成立
□ 1536	カルヴァン,『05 ＿＿＿＿』を執筆
□ 1541	カルヴァン, ジュネーヴで宗教改革を始める
□ 1546	シュマルカルデン戦争がおこる（～ 1547）
□ 1555	06 ＿＿＿＿ の和議が成立

ルターは最初は同情的だったが, 反乱が急進的になると, 領主側に立って弾圧を主張。

宗教改革の背景

02 ＿＿＿＿：カトリック教会が発行した, 罪のゆるしをあらわす証明書。

メディチ家出身の教皇!

発行の目的：教皇 01 ＿＿＿＿ が, ローマのサン＝ピエトロ大聖堂の改築資金を調達するために発行。

↓

ルターが「03 ＿＿＿＿」を発表して, カトリック教会を非難。

（写真:Interfoto/アフロ）

ルター：ドイツの修道士。著作『07 ＿＿＿＿』
- 「人は信仰によってのみ義とされる」：人は信仰によってのみ神に救われるとするルターの考え方。
- 万人司祭主義の立場に立った。
  - └ 聖職者と一般信徒の区別を廃止しようとする考え方。

THEME 宗教改革

ルターの宗教改革

1517年，「03　　　　　」を発表。➡教皇から破門される。

⇩

ヴォルムス帝国議会（1521）：皇帝 08　　　　　が招集。
追放されたルターは，ザクセン選帝侯の保護下に。
・『新約聖書』のドイツ語訳を完成させる。
➡民衆が直接キリストの教えに触れられるようになる。

⇩

・ドイツ農民戦争（1524〜25）：ルターに影響を受け，09　　　　　が指導。
・シュマルカルデン戦争（1546〜47）：ルター派の諸侯と神聖ローマ皇帝との争い。
└ルターの教えを採用した諸侯は，領邦教会制をしいた。

領邦君主…諸侯が教会の首長となった。
牧師
信者
▲領邦教会制

⇩

● 06　　　　　の和議（1555）：ルター派諸侯と皇帝カール5世が和解。
・諸侯にカトリックかルター派かの選択権が認められた。ただし個人には信仰の自由はなく，カルヴァン派も認められなかった。
└領主が選択した信仰に従った。

カルヴァン派と宗教改革の広がり

● カルヴァン：ジュネーヴで指導を行う。著書『05　　　　　』

カルヴァンの教え

「10　　　　」：魂が救われるかどうかは，あらかじめ神によって決定されているとする考え方。
長老主義：信仰心のあつい信徒から長老を選び，牧師と共同で教会を運営する教会制度。

蓄財が認められたことから，商工業者に広く普及。

● カルヴァン派の広がり

国名	呼称
フランス	11
ネーデルラント	12
スコットランド	13
イングランド	14

カルヴァン派などの新教はヨーロッパ北部へと広がった。
└プロテスタントと呼ばれた。

カルヴァン派とルター派の広がり

THEME イギリス国教会・カトリック改革

イギリスの宗教改革の流れ

年代	イギリスの宗教改革とカトリック改革
□ 1527	ヘンリ８世，離婚問題から教皇と対立
□ 1534	01 ＿＿＿＿，イエズス会を創設
	ヘンリ８世，02 ＿＿＿＿ を発布
□ 1545	03 ＿＿＿＿ 公会議が開かれる
	カトリック改革（対抗宗教改革）が始まる（～1563）
□ 1549	エドワード６世，国教会を新教化
□ 1553	04 ＿＿＿＿ が即位し，カトリックを復活
□ 1555	アウクスブルクの和議が成立
□ 1559	エリザベス１世，05 ＿＿＿＿ を制定➡イギリス国教会を確立

メアリ１世はカトリックを信仰し，スペイン王国の皇太子(のちのフェリペ２世）と結婚した。

イギリス国教会の成立

イギリスでは，国王ヘンリ８世の離婚問題を発端に，カトリック教会との関係が悪化。

ヘンリ８世の主導により宗教改革開始。

- 02 ＿＿＿＿ で国王がイギリス国内の教会の首長であることを宣言。➡イギリス国教会の成立。
- 修道院を廃止。

エリザベス１世が 05 ＿＿＿＿ を制定。

└● 礼拝・祈禱の統一を行い，イギリス独自の教会体制（イギリス国教会）を確立。

カルヴァン派
イギリス国教会派
スコットランド
北アイルランド
イギリス
アイルランド
イングランド
ウェールズ

▲イギリスの新教徒の分布

カトリック改革（対抗宗教改革）

03 ＿＿＿＿ 公会議：カトリック教会をたて直すため，1545年から開かれた公会議。

- 教皇の至上権を再確認し，教会の腐敗をあらためようとした。➡カトリック改革

  └● 禁書目録が制定され，宗教裁判が行われた。

イエズス会：カトリック改革の旗手となった修道会。海外への伝道を積極的に行う。

- 01 ＿＿＿＿ が中心となって結成。
- 日本で初めてキリスト教を伝道した 06 ＿＿＿＿ が参加。

THEME **主権国家体制の成立**

イタリア戦争とスペインの流れ

年代	スペインを中心としたできごと
□ 1494	フランス王シャルル８世，イタリア遠征を開始（01 ＿＿＿＿ 戦争の勃発）
□ 1515	フランス王 02 ＿＿＿＿ が即位
□ 1519	スペイン王カルロス１世，神聖ローマ皇帝 03 ＿＿＿＿ として即位
□ 1527	カール５世の軍がローマに侵攻（「ローマの劫略(ごうりゃく)」）
□ 1559	カトー=カンブレジ条約を結び，01 ＿＿＿＿ 戦争終結
□ 1571	スペイン，04 ＿＿＿＿ の海戦に勝利
□ 1580	スペイン，ポルトガルを併合（～1640）

スペインは，ポルトガルの植民地も支配下に置き，「太陽の沈まぬ国」と呼ばれた。

主権国家体制の成立

● 主権国家の特徴

明確な領域を有し，確立した主権がある近代国家。

└ 内外の勢力から干渉されず政治を行う権利。

05 ＿＿＿＿：主権国家の形成期にあらわれた，王権を絶対視する政治体制。官僚と常備軍をもつ。

・官僚：国家行政事務を担当する役人集団。

・常備軍：平時から設置される軍隊。

➡ 06 ＿＿＿＿ を根拠とする政治体制。

└ 王権は神から授けられた神聖不可侵なものとする考え方。

皇帝権のおとろえ	教皇権のおとろえ
・イタリア戦争	・教会大分裂
・三十年戦争	・宗教改革の発生

↓

各王国の独立性が強まり，拮抗(きっこう)して併存する状態（勢力均衡）

↓

主権国家体制の成立

● 01 ＿＿＿＿ 戦争（1494～1559）

イタリアの覇権をめぐるフランスと神聖ローマ帝国の戦い。

他のヨーロッパ諸国も参戦し，主権国家体制成立のきっかけとなった。

スペインの絶対王政

● カルロス１世（カール５世）：ハプスブルク家出身のスペイン王。

・神聖ローマ皇帝を兼任し，03 ＿＿＿＿ と称する。

・イタリアをめぐってフランス王 02 ＿＿＿＿ と対立。

● フェリペ２世：スペイン王国全盛期の王。

・04 ＿＿＿＿ の海戦でオスマン帝国海軍を撃破。

▲カール５世とフランソワ１世の領土

THEME 宗教戦争（オランダ・フランス・ドイツ）

各国の宗教戦争

オランダ	フランス	ドイツ
□ 1477 ハプスブルク家の所領となる		
	□ 1562 02 ＿＿＿＿ 戦争勃発（～1598）	
□ 1568 独立戦争始まる（～1609）		
	□ 1572 03 ＿＿＿＿ がおこる	
□ 1579 01 ＿＿＿＿ 同盟		□ 1618 05 ＿＿＿＿ の新教徒が反乱をおこす
□ 1581 独立宣言	□ 1598 04 ＿＿＿＿ を発布し，ユグノー戦争終結	
		□ 1630 スウェーデン戦争（～1635） ➡ 06 ＿＿＿＿ 参戦
□ 1609 スペインと休戦		
		□ 1648 07 ＿＿＿＿ 条約を締結

オランダ独立戦争

原因

宗教改革➡ネーデルラントにゴイセンが増加。
└• オランダのカルヴァン派。

ネーデルラントを支配するスペインの 08 ＿＿＿＿ は，カトリック化政策を強め，諸州の反発を招く。

●オランダ独立戦争（1568～1609）

北部７州：1579 年，01 ＿＿＿＿ 同盟を結成。
09 ＿＿＿＿ のもとスペインに抵抗。

⬇

1581 年，ネーデルラント連邦共和国の独立を宣言。

⬇ ┌• 国際的に承認されたのは，1648 年のウェストファリア条約のとき。

1609 年，休戦条約を結び，事実上の独立を達成。
➡ 10 ＿＿＿＿ が国際金融の中心として繁栄。
└• それまでの中心はフランドルのアントウェルペン。

南部 10 州：カトリックが多く，独立戦争から脱落。
➡スペインの支配下にとどまる。

▲オランダの独立

THEME 宗教戦争（オランダ・フランス・ドイツ）

ユグノー戦争

原因

宗教改革➡南フランスを中心にユグノーが増加。
└● フランスのカルヴァン派。

⬇

ユグノーとカトリックの対立に，貴族間の勢力争いが絡んで激化。02 ＿＿＿＿ 戦争勃発。

・03 ＿＿＿＿ ：パリのユグノーがカトリック教徒に多数殺害された事件。
└● 主導したのは，国王の母カトリーヌ＝ド＝メディシスとされる。

● 11 ＿＿＿＿ ：ユグノー戦争ではユグノーとしてカルヴァン派を指導したが，王位に就くとカトリックに改宗して事態の沈静化をはかった。

➡04 ＿＿＿＿ を発布：カルヴァン派の信仰の自由を保障し，カトリック教徒とほぼ同じ権利を認めた。
ユグノー戦争は終結し，11 ＿＿＿＿ はブルボン朝を開いた。

三十年戦争

原因

05 ＿＿＿＿ のプロテスタントの貴族が，ハプスブルク家のカトリック強制に反発。

三十年戦争が勃発

・スペインは，同じハプスブルク家の神聖ローマ帝国側で参戦。
・皇帝軍傭兵隊長 12 ＿＿＿＿ と，スウェーデン王 06 ＿＿＿＿ が衝突。
・フランスが反皇帝側で参戦し，ハプスブルク家対ブルボン家の対立の側面もあった。

07 ＿＿＿＿ 条約
①スウェーデンは西ポンメルンなどを獲得
②フランスはアルザスとロレーヌの一部を獲得
③スイス・オランダの独立を承認
④カルヴァン派を公認

三十年戦争の経過

カトリック側
神聖ローマ帝国
ハプスブルク家

プロテスタント側
ドイツの
プロテスタント

スペイン

①ボヘミア＝プファルツ戦争（1618～23年）
②デンマーク戦争（1625～29年） ― デンマーク
③スウェーデン戦争（1630～35年） ― スウェーデン
④フランス＝スウェーデン戦争（1635～48年） ― スウェーデン・フランス

⬇

ウェストファリア条約

THEME オランダ・イギリス・フランスの繁栄

オランダの繁栄

●ネーデルラント連邦共和国

・首都アムステルダム

・造船・金融・貿易で栄える。

● 01 ＿＿＿＿＿＿ ：1602年設立。

カリブ海・アフリカ南部（ケープ植民地）・アジアなどに進出。

年代	オランダのできごと
□ 1602	01 ＿＿＿＿＿＿ を設立
□ 1623	インドネシアでイギリスと 02 ＿＿＿＿＿＿ 事件がおこる
□ 1626	03 ＿＿＿＿＿＿ を北米大陸に建設
□ 1652	イギリス＝オランダ（英蘭）戦争が始まる（～1674）

・02 ＿＿＿＿＿＿ 事件：インドネシアのアンボイナ（アンボン）島で，オランダ人が多数のイギリス商館員を殺害した事件。➡イギリスは東南アジアから撤退。

・北米大陸に 03 ＿＿＿＿＿＿ を中心とする植民地を建設。

⬇

オランダは海洋大国となり，イギリス・フランスと対立

イギリス革命の流れ

国王	年代	イギリス革命のできごと
ジェームズ1世	□ 1603	04 ＿＿＿＿＿＿ 朝が成立
チャールズ1世	□ 1628	権利の請願が議会で可決
	□ 1640	05 ＿＿＿＿＿＿，議会を招集➡イギリス革命が始まる
	□ 1649	クロムウェル，国王 05 ＿＿＿＿＿＿ を処刑
	□ 1651	06 ＿＿＿＿＿＿ が制定される
	□ 1652	イギリス＝オランダ（英蘭）戦争がおこる（～1674）
チャールズ2世	□ 1660	07 ＿＿＿＿＿＿ が即位（王政復古）
	□ 1673	08 ＿＿＿＿＿＿ が制定される
ウィリアム3世・メアリ2世	□ 1689	権利の宣言により，ウィリアム3世とメアリ2世即位
		09 ＿＿＿＿＿＿ が制定される
アン女王	□ 1707	イギリスとスコットランドが合同してグレートブリテン王国となる
ジョージ2世	□ 1742	ウォルポール内閣，総選挙で敗れて総辞職➡ 10 ＿＿＿＿＿＿ の始まり

チャールズ1世の子だよ。

THEME オランダ・イギリス・フランスの繁栄

イギリス革命の始まり

エリザベス1世没後，スコットランドから王を迎えて 04 ＿＿＿＿ 朝成立。

● 11 ＿＿＿＿：王権神授説を唱えて議会を軽視。カトリックやピューリタンを弾圧。
（ジェームズ1世はイギリス国教会の立場。）

（議会を無視した課税や，不当な逮捕をやめるように求めた。）

● 05 ＿＿＿＿：議会が提出した権利の請願に対して議会を解散して対抗。

➡スコットランドの反乱を機に議会を招集。ピューリタン革命の発端となる。
（名誉革命（1688～89）とあわせてイギリス革命という場合もある。）

王党派と議会派が対立し，内乱状態に。

イギリス革命中の党派

王党派	国王を支持。 支持層：貴族・特権商人・保守的ジェントリ
議会派	議会による改革の推進を支持。 支持層：進歩的ジェントリ・ヨーマン（独立自営農民）・小作農 ・12 ＿＿＿＿ 派：穏健で立憲王政をめざした。 ・13 ＿＿＿＿ 派：国王との戦いを徹底。指導者クロムウェル。 ・14 ＿＿＿＿ 派：民主主義的な共和政を唱えた。

イギリスの宗教各派

- ●カトリック
- ●プロテスタント
  - イギリス国教会
  - ピューリタン（清教徒）
  - プレスビテリアン（長老派）

クロムウェルの統治

クロムウェル：独立派の指導者。

・鉄騎隊を率いて，議会派を勝利に導いた。

・国王 05 ＿＿＿＿ を処刑し，共和政を打ちたてた。

●共和政成立後のクロムウェル

・アイルランドとスコットランドを征服。

・水平派を弾圧。

・06 ＿＿＿＿ 制定：中継貿易で栄えていたオランダに打撃。

➡イギリス=オランダ（英蘭）戦争に発展。

1653年，15 ＿＿＿＿ となって軍事独裁を始める。

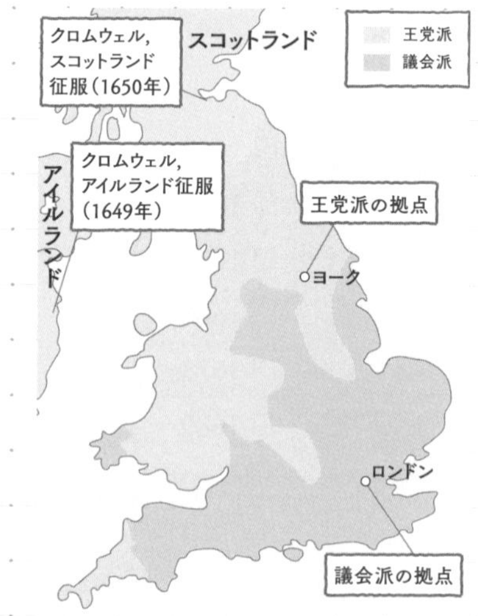

THEME オランダ・イギリス・フランスの繁栄

イギリス議会政治の確立

● 07 ＿＿＿＿＿＿：クロムウェルの死後，国王となる（王政復古）が，その後専制化。

➡議会は，国王に対抗して 08 ＿＿＿＿＿（1673）と 16 ＿＿＿＿＿（1679）を制定。

この頃，今日のイギリス政党の起源となる２つの党派が生まれた。
・トーリ党：国王の権威を重視。保守党の前身。　・ホイッグ党：議会の権利を主張。自由党の前身。

（チャールズ２世の弟。）

● 17 ＿＿＿＿＿＿：カトリックと絶対王政の復活をめざしたが，名誉革命で亡命。

名誉革命

（ジェームズ２世の娘。）

1688 年　議会は，オランダ総督ウィレム３世とその妻メアリを招く。

1689 年　ウィレム・メアリ夫妻は権利の宣言を受け入れ，ウィリアム３世とメアリ２世として即位。

権利の宣言をもとに，09 ＿＿＿＿＿を制定。

権利の宣言は国王より議会が優位であることを明確にしたよ。

● 18 ＿＿＿＿＿朝（1714〜1901）の成立

アン女王の死後，ドイツからジョージ１世が国王として迎えられ，ウォルポールが首相となる。

・国の行政を担う内閣は，国王ではなく議会に対して責任を負う 10 ＿＿＿＿＿が確立。

➡「王は君臨すれども統治せず」という言葉にあらわされる。

フランス

（君主自身が政治を行うこと。）

17 世紀後半，フランスでは宰相マザランの死後，19 ＿＿＿＿＿が親政開始。

19 ＿＿＿＿＿：「太陽王」と称されたブルボン朝の国王。

・20 ＿＿＿＿＿を財務総監に任じ，重商主義政策を展開。

（国家が積極的に経済に介入することを特徴とした経済政策。）

・ナントの王令を廃止（1685）。

➡ユグノーの商工業者が大量に国外に逃亡し，フランスの産業発展が停滞。

・スペインの王位継承をめぐってオーストリアとスペイン継承戦争を戦う。

➡ 21 ＿＿＿＿＿条約（1713）：ブルボン家のスペイン王位継承が認められた。

・バロックの式の 22 ＿＿＿＿＿＿建設。

ルイ14世の対外戦争

①南ネーデルラント継承戦争（1667〜68）
②オランダ戦争（1672〜78）
③ファルツ継承戦争（1688〜97）
④スペイン継承戦争（1701〜14）

イギリスとフランスの対立

18 世紀に，海外植民地の支配などをめぐってイギリスとフランスが覇権を争う（第２次英仏百年戦争）。

・北アメリカ➡フレンチ＝インディアン戦争
・インド東北部⇒プラッシーの戦い

イギリスが勝利し，広大な植民地を獲得。

➡三角貿易を大規模に展開。

THEME **北欧と東欧の国家体制**

専制君主国家とヨーロッパの流れ

年代	ヨーロッパのできごと
□ 1572	ポーランドの 01 ＿＿＿＿ 朝が断絶
□ 1689	ロシア，中国の清とネルチンスク条約を結ぶ
□ 17ｃ末	02 ＿＿＿＿，西欧諸国を視察➡ロシアの近代化改革
□ 1700	ロシアとスウェーデンのあいだで 03 ＿＿＿＿ がおこる（～ 1721）
□ 1740	04 ＿＿＿＿ の即位に際し，オーストリア継承戦争がおこる
□ 1756	シュレジエンをめぐって七年戦争がおこる
□ 1772	第１回 05 ＿＿＿＿
□ 1773	ロシアで 06 ＿＿＿＿ がおこる（～ 1775）
□ 1780	オーストリアでヨーゼフ２世，啓蒙専制君主として自由主義的改革を開始
□ 1795	第３回 05 ＿＿＿＿ でポーランドが消滅

東欧と北欧

ポーランド

16 世紀後半　01 ＿＿＿＿ 朝がとだえると，貴族主体の選挙王政に移行。
➡戦費の負担による財政破綻などで弱体化。

1772・93・95 年，ロシア・プロイセン・オーストリアによる 05 ＿＿＿＿ が行われる。

スウェーデン

三十年戦争後にバルト海地域の覇権を握る。➡ 18 世紀初めに，ロシアとの戦争に敗北し衰退。

ロシア

● 07 ＿＿＿＿：モスクワ大公国のツァーリ（ロシアにおける皇帝の称号。）。ツァーリズムの確立。
➡死後，動乱の時代を迎える。

● 02 ＿＿＿＿：ロマノフ朝の皇帝。
- 西欧から軍事や造船などの先進技術を導入し，西欧化をはかった。
- 北方戦争でスウェーデンに勝利した。
- 新首都をペテルブルクに建設。
- 中国の清とネルチンスク条約を結び，国境を画定させた。

THEME 北欧と東欧の国家体制

ドイツ（オーストリアとプロイセン）

プロイセンの台頭➡ 1701 年に王国に昇格し，富国強兵を進める。

・第２代国王 08 ＿＿＿＿＿＿＿＿ が絶対王政の基礎を確立。

オーストリア継承戦争（1740 ～ 48）

04 ＿＿＿＿＿＿＿＿ がハプスブルク家を継承。

⬇

バイエルン公，ザクセン公らが継承権を主張。

これに同調したプロイセンがシュレジエンを占領。

当時の国王はフリードリヒ２世。

鉄や石炭の産地としてしられる資源豊富な地域。

➡オーストリア継承戦争に発展した。

結果：マリア=テレジアの継承が認められる。一方，プロイセンはシュレジエンを獲得。

イギリス
オーストリア
バイエルン公
ザクセン公
プロイセン
フランス・スペイン

七年戦争（1756 ～ 63）

マリア=テレジア，シュレジエン奪回のため開戦。

「09 ＿＿＿＿＿＿」：オーストリアは，長年敵対関係にあったフランスと同盟。

結果：プロイセンがシュレジエンを確保。

フランス
外交革命
オーストリア
ロシア
スペイン
イギリス
プロイセン

啓蒙専制君主

10 ＿＿＿＿＿＿＿＿ ：啓蒙主義的政策を行いつつ，上からの近代化をめざす君主のこと。

●フリードリヒ２世：プロイセン国王。「君主は国家第一の僕（しもべ）」を自称。

・第１回の 05 ＿＿＿＿＿＿＿＿ をロシア・オーストリアと行った。

分割は３回にわたって行われた。コシューシコらが抵抗運動をおこしたが，1795 年にポーランドは消滅。

●ヨーゼフ２世：オーストリアの君主。母マリア=テレジアと所領を共同統治。

・上からの近代化につとめ，11 ＿＿＿＿＿＿＿＿ や 12 ＿＿＿＿＿＿＿＿ を制定した。

農奴の人格的自由を認めたが，のちに廃止。

プロテスタントやギリシア正教徒にも信教の自由を認めた。

●エカチェリーナ２世：ロシア皇帝。領土拡大につとめた。

・オホーツク海まで進出し，使節の 13 ＿＿＿＿＿＿＿＿ を日本へ送った。

・思想家の 14 ＿＿＿＿＿＿＿＿ と交流。

・06 ＿＿＿＿＿＿＿＿ などをきっかけに反動化し，農奴制を強化。

THEME 17～18世紀のヨーロッパ文化

17～18世紀のヨーロッパ文化

科学

科学革命の時代：17～18世紀のヨーロッパは，近代的合理主義の思想や学問が確立され，科学史上，重要な発見があいついだ。

17c

01 ＿＿＿＿ (英)…万有引力の法則を発見
➡近代物理学を確立。『プリンキピア』
ボイル (英)…気体の体積と圧力の関係

18c

02 ＿＿＿＿ (スウェ)…植物分類学を確立
ラヴォワジェ (仏)…燃焼理論を明らかにする
ジェンナー (英)…種痘法を開発

経験主義と合理主義

●経験主義：帰納法に基づき，イギリスを中心に発展した認識論哲学。
（帰納法：観察を重視し，多くの個々の事実から一般法則を導く方法。）
03 ＿＿＿＿ 英：帰納法による考え方を説く。経験論の祖。

●合理主義：演繹法に基づき，フランスを中心に発展した認識論哲学。
（演繹法：ある命題を論理的につきつめて結論を出す方法。）
04 ＿＿＿＿ 仏：演繹法による合理論を説く。主著『方法序説』。

↓ 統合

ドイツの哲学者05 ＿＿＿＿ が，経験論と合理論を統合し，観念論哲学を確立。

思想・経済

自然法思想

自然状態において存在する，普遍的な法や規則を自然法という。
- 06 ＿＿＿＿ 蘭：自然法の考え方を国家間の分析に適用。「近代国際法の祖」
- 07 ＿＿＿＿ 英：自然状態を「万人の万人に対する闘い」と説く。主著『リヴァイアサン』
- 08 ＿＿＿＿ 英：『統治二論』（『市民政府二論』）で，国家が不法な統治を行うとき，人民には抵抗する権利があると説く。

ホッブズやロックの考え方を社会契約説という。

啓蒙思想

非合理的なものを理性によって批判し，民衆を啓蒙しようとする思想。
- 09 ＿＿＿＿ 仏：『法の精神』で三権分立を説く。
- ヴォルテール 仏：『哲学書簡』でフランスの後進性を説く。
- ルソー 仏：『人間不平等起源論』『社会契約論』で人民主権を説く。
- ディドロやダランベールらが，『10 ＿＿＿＿』を編纂。

経済学

- 重農主義：農業こそ富の源泉とする考え方。ケネーが『経済表』で主張。
- 古典派経済学：11 ＿＿＿＿ が『諸国民の富（国富論）』で確立。

THEME 17～18世紀のヨーロッパ文化

芸術

17～18世紀の芸術は，宮廷生活との結びつきが強く，権威を誇示する傾向がみられた。

・12 ＿＿＿＿ 様式：躍動的で豪華な表現が特色。

建築 ヴェルサイユ宮殿：ルイ14世が造営した宮殿。

美術 エル=グレコ 西 ：神秘的な画風。

ルーベンス フランドル ：フランドル派。華麗な画風。

ファン=ダイク フランドル ：フランドル派。イギリスの宮廷画家。

ベラスケス 西 ：スペインの宮廷画家。

13 ＿＿＿＿ 蘭 ：オランダ画派。代表作「夜警」

・14 ＿＿＿＿ 様式：繊細さや優美さを特徴とし，装飾性に富む。

建築 サンスーシ宮殿：フリードリヒ2世が造営した宮殿。

(写真:高田芳裕/アフロ)

美術 ワトー 仏 ：代表作「シテール島への巡礼」

音楽

● バロック音楽

16世紀後半から18世紀に成立。華麗なオペラや宮廷音楽を生んだ。代表的な音楽家に 15 ＿＿＿＿ やヘンデルがいる。

→ バロック音楽を代表する音楽家。「近代音楽の父」と称される。

● 古典派音楽

18世紀後半から19世紀前半に成立。形式美を重んじた作風。モーツァルト，ハイドンなど。

・モーツァルト 墺 ：幼少期より頭角をあらわし，600曲以上の作品を書いた。「魔笛」

文学

フランス古典主義文学	17世紀フランスで展開した，古代ギリシア・ローマを模範とした文学。 ・コルネイユ 仏 ：悲劇作家。代表作『ル=シッド』 ・ラシーヌ 仏 ：フランス古典主義を完成させた悲劇作家。 ・モリエール 仏 ：喜劇作家。ルイ14世に仕えた。
ピューリタン文学	ピューリタン的な生き方を模索する文学。 ・16 ＿＿＿＿ 英 ：『旧約聖書』に題材をとった『失楽園』を著す。 ・バンヤン 英 ：ピューリタン信仰を寓話とした『天路歴程』を著す。
風刺文学	・デフォー 英 ：『17 ＿＿＿＿』 ・スウィフト 英 ：『18 ＿＿＿＿』

THEME 産業革命

産業革命の流れ

年代	産業革命のできごと
□ 18ｃ前半	第２次囲い込みが始まる
□ 1733	01 ＿＿＿＿，飛び杼を発明
□ 1764 頃	02 ＿＿＿＿，多軸紡績機（ジェニー紡績機）を発明
□ 1769	03 ＿＿＿＿，水力紡績機を発明
	04 ＿＿＿＿，蒸気機関を改良
□ 1779	05 ＿＿＿＿，ミュール紡績機を発明
□ 1785	06 ＿＿＿＿，力織機を発明
□ 1807	フルトン，蒸気船を発明
□ 1814	07 ＿＿＿＿，蒸気機関車を製作

動力革命！

交通革命！

産業革命の進展

近世ヨーロッパの経済の動向

①東西の地域差の拡大：西ヨーロッパが商業革命などで発展した一方，東ヨーロッパは農場領主制による穀物生産が広がり，農奴制も強化された。

②経済の拡大期：18 世紀のヨーロッパは，好況期にあたり，農業・商業・工業が活発化した。

③消費の増大：海外植民地を通じて様々な産品が流入するようになり，イギリスを中心に，高度に商業化した社会となった。

イギリスでの産業革命の背景

- 豊富な資源➡国内の石炭・鉄鉱石・銅
  大西洋 08 ＿＿＿＿ 貿易による綿花の輸入
- 資本の蓄積➡毛織物工業の発達（マニュファクチュア）
  奴隷貿易による収益
- 安い労働力➡09 ＿＿＿＿ 革命や第２次囲い込みによって生じた労働力の確保
  （18 世紀のイギリスでみられた農業技術や経営方式の変革。）
  アイルランドからの移民
- 広大な海外市場➡植民地の増加
- 中産階級の台頭➡市民革命，ギルドの撤廃

第１次囲い込み
- 15 世紀末～ 17 世紀半ば
- ジェントリ，富農が推進。
- 羊毛増産のため，牧羊地を確保することが目的。

第２次囲い込み
- 18 ～ 19 世紀
- 地主が推進。
- 穀物増産のため，農地を確保することが目的。
- 土地を失った農民が，都市へ流入。

THEME 産業革命

産業革命の流れ

イギリスのマンチェスターを中心に，10 ＿＿＿ 工業の分野から産業革命が始まった。

織機の発明
紡績機の発明

1733年 01 ＿＿＿，飛び杼を発明 ➡ 綿糸が不足

1764年頃 02 ＿＿＿，多軸紡績機（ジェニー紡績機）を発明
1769年 03 ＿＿＿，水力紡績機を発明
1779年 05 ＿＿＿，ミュール紡績機を発明
} 綿糸を大量生産

1785年 06 ＿＿＿，力織機を発明
└ 蒸気機関を利用した織機。

11 ＿＿＿ 革命
18C初めニューコメン，蒸気機関を発明
1769年 04 ＿＿＿，蒸気機関を改良

12 ＿＿＿ 革命
1807年フルトン，蒸気船を発明
1814年 07 ＿＿＿，蒸気機関車を発明
1830年リヴァプール - マンチェスター間に鉄道開通

産業革命の広がり

産業革命の結果，イギリスは「世界の工場」の地位を得る。その後各国へ波及した。

ベルギー	19世紀前半	独立後，イギリスについで産業革命を達成。
フランス	19世紀前半	1830年の七月革命以降に本格化。
アメリカ北部	19世紀半ば	南北戦争後に本格化。
ドイツ	19世紀前半	ドイツ関税同盟の結成後に本格化。
ロシア	19世紀後半	1890年代からフランス資本の流入とともに本格化。
日本	19世紀後半	日清・日露戦争後に本格化。

資本主義体制の確立

●資本主義体制：生産手段を有する企業や個人が，労働者を雇って商品を生産・流通させ，資本の拡大（利潤）を追求する経済システム。

- 13 ＿＿＿：生産手段を所有し，労働者を雇って商品生産を行い利潤を得る人々。
- 14 ＿＿＿：資本家に雇用され働く人々。

➡労働条件の改善を目的に，労働組合が結成された。
女性・子どもの長時間労働や低賃金などが社会問題となった。

労働問題・社会問題が広がるなか，その解決をめざす社会主義思想が生まれたよ。

THEME アメリカ独立革命

アメリカ独立の流れ

年代	アメリカ独立についてのできごと
□ 1763	パリ条約を結び，フレンチ=インディアン戦争が終結
□ 1765	01 ＿＿＿＿ 法制定➡「代表なくして課税なし」
□ 1767	タウンゼンド諸法制定➡英国品不買運動
□ 1773	02 ＿＿＿＿ 法制定➡03 ＿＿＿＿ 事件
□ 1774	フィラデルフィアで第1回大陸会議開催
□ 1775	アメリカ独立戦争開始➡レキシントンの戦い
□ 1776	ペイン，『04 ＿＿＿＿』を発表
	7月4日，05 ＿＿＿＿ を発表
□ 1780	ロシアの06 ＿＿＿＿ の提案で武装中立同盟を結成
□ 1781	07 ＿＿＿＿ の戦いで植民地側が勝利
□ 1783	08 ＿＿＿＿ 条約を結び，イギリスがアメリカの独立を承認
□ 1787	合衆国憲法を制定

イギリス本国は，税収によって財政赤字を軽減しようとした。

アメリカ植民地とイギリスの対立

● 13植民地の自治：本国より一定の自治を認められ，植民地議会を開設していた。

北部・中部：18世紀以降，移民によって人口が増加し，林業・漁業・海運業などが発達。

南部：黒人奴隷の労働力による大農園（プランテーション）。

▲独立前の13植民地

イギリスの重商主義政策と植民地の対応

イギリスの重商主義：フレンチ=インディアン戦争で負債をかかえたため，植民地への課税を強化。

01 ＿＿＿＿ 法：あらゆる印刷物に印紙をはることを義務化。

⬇

植民地：「代表なくして課税なし」と主張して反発。

└本国議会に議席をもたないため，イギリスは植民地に課税できないという主張。

02 ＿＿＿＿ 法：東インド会社に対し，13植民地で販売する茶を免税とした法律。

└その結果，植民地の商人よりも安価で中国茶を販売できるようになった。

⬇

植民地：03 ＿＿＿＿ 事件をおこす。➡本国はボストン港を閉鎖。

└法律に反対する急進派が，東インド会社の船を襲い，積み荷の茶箱を捨てた事件。

THEME アメリカ独立革命

アメリカ独立戦争の流れ

1774年　植民地側は大陸会議を開いて自治の尊重を要求。
└13植民地の代表で構成された組織。

1775年　レキシントンとコンコードで武力衝突がおこる。
植民地側，総司令官に 09 ________ を任命。

1776年　ペイン，『04 ________』を著す。
└植民地には，イギリス国王に忠誠を誓う忠誠派や中立派もいたが，本書がベストセラーになり，独立への機運が高まった。
05 ________ を発表。
└ジェファソンらが起草。

1777年　13の植民地が連合してアメリカ合衆国と名乗る。

1781年　07 ________ の戦いに勝利。
➡植民地側の勝利が確定。

1783年　08 ________ 条約が結ばれ，アメリカの独立承認。
➡ミシシッピ川以東のルイジアナが，イギリスからアメリカに割譲された。

武装中立同盟
ロシアの 06 ________ を中心に結成。間接的に植民地側を援護。
義勇兵
フランスのラ=ファイエット，ポーランドのコシューシコらが参加。
フランス・スペインの参戦
植民地側に立って参戦。

▲独立戦争時の対立関係

合衆国憲法の制定

1787年，フィラデルフィアの憲法制定会議で合衆国憲法を制定。

合衆国憲法の3つの特徴

①10 ________：国家の政治のあり方を決める権利は人民にあるとする考え方。

②11 ________：行政・立法・司法の3権を分立させた。
（権力の集中を避けることが目的だよ！）
➡行政…大統領，立法…連邦議会，司法…最高裁判所
└ワシントンが初代の大統領に就任。

③12 ________：各州に自治を認めつつ，中央集権を強化する考え方。
➡連邦派：連邦政府の権限強化を支持する立場。憲法草案を支持。ハミルトンらが中心。
州権派：各州の権限を維持する立場。憲法草案に反対。ジェファソンらが中心。

THEME フランス革命

フランス革命の流れ

政体		年代	フランス革命のできごと
全国三部会	ブルボン朝	□ 1789	01 ＿＿＿＿ が招集される
国民議会			国民議会の成立➡球戯場(きゅうぎじょう)の誓い
			02 ＿＿＿＿ が採択される
			パリの女性たちによって 03 ＿＿＿＿ がおこる
		□ 1791	04 ＿＿＿＿ 事件➡国王の権威が失墜
立法議会			立法議会の成立
国民公会	第一共和政	□ 1792	国民公会の成立
		□ 1793	ルイ 16 世の処刑（処刑には断頭台（ギロチン）がつかわれたよ。）
			イギリスの主導で第 1 回 05 ＿＿＿＿ を結成
			06 ＿＿＿＿ 派の独裁が始まる
		□ 1794	07 ＿＿＿＿ の反動➡ロベスピエールらの処刑
総裁政府		□ 1795	総裁政府の成立

フランス革命の始まり

フランス革命以前の社会

08 ＿＿＿＿ ：革命前の政治・社会体制。

第一身分：聖職者，第二身分：貴族，第三身分：平民

シェイエスが『第三身分とは何か』を著し，第三身分が真のフランス国民であると主張。

旧体制の構造
- 国王
- 第一身分 ---- 聖職者
- 第二身分 ---- 貴族
- 第三身分 平民　人口の約 98% を占める

国民議会の成立

国民議会：ルイ 16 世が設置した 01 ＿＿＿＿ から，第三身分の議員が分離して結成した議会。ミラボーが代表。

憲法制定まで解散しないことを誓った（「球戯場の誓い」）。

- 封建的特権の廃止：領主裁判権や教会への十分の一税を無償で廃止。
- 02 ＿＿＿＿ を採択：フランス革命の理念をあらわす宣言。自然権を確認。
  - ラ=ファイエットらが起草した。
- 度量衡の単位統一を宣言。
- 1791 年憲法を制定：フランス初の憲法。

パリの女性がヴェルサイユ宮殿に乱入し，国王一家を連行した事件。

パリ民衆は，バスティーユ牢獄の攻撃や，03 ＿＿＿＿ をおこし，革命を促した。

➡国王はオーストリアに逃亡しようとした（04 ＿＿＿＿ 事件）が，失敗。

THEME フランス革命

立法議会

立法議会：憲法が制定されて国民議会が解散となり，かわって1791年に開かれた議会。

09 ＿＿＿＿＿＿派：革命に消極的な立憲君主派。
10 ＿＿＿＿＿＿派：ブルジョワジーの利益を代表する共和派。 対立
（ブルジョワジー：有産市民のこと。）

ジロンド派が優勢になり，政権を握る。

- 11 ＿＿＿＿＿＿に宣戦布告：国内外の反革命勢力を一掃しようとした。
  ➡プロイセンとの連合軍が革命を止めるべくフランス国内に侵入。

パリ民衆や義勇軍は，国王を襲撃（8月10日事件）。

- 王権の停止を宣言。

国民公会

国民公会：立法議会にかわり，初の男性普通選挙によって成立した議会。

06 ＿＿＿＿＿＿派：国民公会の主導権を握る。急進的な共和派。
ロベスピエールを中心とする公安委員会が，12 ＿＿＿＿＿＿を行う。
（12：反対者を次々と処刑した。）

ルイ16世の処刑➡国内外の反発を招き，イギリス首相ピットの呼びかけで
第1回 05 ＿＿＿＿＿＿が結成された。

ジャコバン派による危機を乗り切るための政策

- 1793年憲法を制定。
- 徴兵制を導入。
- 革命暦を制定。
- 13 ＿＿＿＿＿＿の無償廃止。
- 最高価格令による価格統制。
- 国家宗教（理性崇拝）の導入。

07 ＿＿＿＿＿＿の反動：ロベスピエールらが処刑され，ジャコバン派が失脚。
（07：ジャコバン派の独裁に反発した穏健共和派がおこしたクーデタ。）

憲法の制定

憲法	制定した議会	政体	選挙	議会
14 ＿＿＿＿憲法	国民議会	立憲君主政	制限選挙	一院制
15 ＿＿＿＿憲法	国民公会	共和政	男性普通選挙	一院制
16 ＿＿＿＿憲法	国民公会	共和政	制限選挙	二院制

THEME ナポレオン帝国

ナポレオンの支配の流れ

政体		年代	ナポレオンについてのできごと
総裁政府	第一共和政	□ 1795	総裁政府の成立
		□ 1798	ナポレオン，01 遠征を行う（～1799）
		□ 1799	02 のクーデタ➡統領政府の成立
統領政府		□ 1802	イギリスと 03 の和約を結ぶ
第一帝政		□ 1804	国民投票によりナポレオン１世即位
		□ 1805	第３回対仏大同盟が結成される
			トラファルガーの海戦でイギリスに敗北
			04 の戦いがおこる
		□ 1806	05 を出す
		□ 1807	ロシア・プロイセンと 06 条約を結ぶ
		□ 1812	ロシア遠征を開始（～1813）
		□ 1813	07 戦争（諸国民戦争）に敗北➡エルバ島に配流（1814）
ブルボン朝		□ 1815	ナポレオン，復位。08 の戦いに敗北
			➡セントヘレナ島に配流

ナポレオンにかわって，ルイ18世が即位したよ。

フランス革命の終わり

総裁政府：ジャコバン派の恐怖政治後に成立した，1795年憲法に基づく共和政府。
5人の総裁で権限を分担した。

ナポレオンと統領政府

体制の安定がのぞまれ，ナポレオン=ボナパルトへの期待が高まった。

・09 遠征（1796～97）：オーストリアとイタリア諸勢力を撃破。
➡第１回対仏大同盟を崩壊させる。

⬇

・01 遠征（1798～99）：イギリス軍と戦うなか，本国へ引き返しクーデタをおこす。

⬇

02 のクーデタ：ナポレオンが総裁政府を倒したクーデタ。（これによりフランス革命が終了した。）

統領政府：ナポレオンを第一統領とする事実上の独裁体制。➡ 1802年に終身統領に就任。

- ローマ教皇と和解（宗教協約〔コンコルダート〕）
- 03 の和約を結びイギリスと講和。
- フランス銀行を設立。
- 民法典の 10 法典を公布。
- 公教育制度の確立。

THEME ナポレオン帝国

ナポレオンの帝政

1804 年，ナポレオンは国民の支持を得て皇帝となり，ナポレオン 1 世と称した。

英・露・墺などの反ナポレオン勢力

第 3 回対仏大同盟を結成し，フランスに対抗。

ナポレオンの大陸支配と没落

● トラファルガーの海戦（1805）

：11 ＿＿＿ 率いるイギリス海軍に敗北。

● 04 ＿＿＿ の戦い

：ロシア・オーストリア連合軍に勝利。

12 ＿＿＿ 同盟（1806 年結成）
ナポレオンの主導により，西南ドイツの諸領邦が結成した同盟。 ➡ 神聖ローマ帝国の消滅

● イエナの戦い（1806）：プロイセンに勝利。

➡ 06 ＿＿＿ 条約（1807）を結び，ワルシャワ大公国などを建てた。

05 ＿＿＿（1806 年発令）
大陸諸国に，イギリスとの通商を禁じたナポレオンの勅令。
敵対するイギリスの経済に打撃を与えることが目的。➡イギリス市場を失った諸国の不満が高まる。

13 ＿＿＿ 改革（1807）
近代化政策。➡シュタインやハルデンベルクらが推進。

スペイン反乱（1808 ～ 14）
ナポレオンの侵略に抵抗。

● ロシア遠征（1812～13）：ロシアが 05 ＿＿＿ に違反したことを理由に，遠征を開始。

➡ナポレオン軍は一時モスクワを占領するが，ロシアの戦略に敗れて撤退。

● 07 ＿＿＿ 戦争（諸国民戦争）（1813）：ロシア・プロイセン・オーストリア連合軍に敗北。

➡ナポレオンは退位し，エルバ島へ流刑となるが，ウィーン会議中に脱出して皇帝に復位。
└ イタリア半島の西にある地中海の島。

ナポレオンの「百日天下」というよ！

● 08 ＿＿＿ の戦い（1815）：イギリス・プロイセン・オランダ連合軍に敗北。

➡セントヘレナ島へ流刑となった。
└ 南大西洋上の孤島。

フランス帝国の領域
ナポレオンに従属した国
ナポレオンの同盟国
その他の諸国
大陸封鎖の範囲
ナポレオンの進路
おもな戦場

▲ナポレオンによる大陸支配

THEME ラテンアメリカ諸国の独立

19世紀のラテンアメリカ

年代	ラテンアメリカのできごと
□ 1804	ハイチ，フランスから独立
□ 1816	アルゼンチンが独立を宣言
□ 1818	チリが独立を宣言
□ 1819	01 の指導で大コロンビア成立
□ 1822	ブラジル，ポルトガルから独立
□ 1823	アメリカ大統領 02 ，非干渉主義を表明

ポルトガルの王太子が皇帝に即位して，帝国として独立した。

ラテンアメリカの独立

ラテンアメリカの住人には，先住民であるインディオ，先住民と白人の混血であるメスティーソ，黒人と白人の混血であるムラート，黒人などがいるよ。

ラテンアメリカの諸国では，03 が独立運動の中心となった。
└白人入植者の子孫。

ラテンアメリカ独立の指導者

● 04 ：
ハイチの奴隷解放運動の指導者。
➡ハイチ：1804年独立。史上初の黒人共和国。

● 01 ：南米北部の独立運動を指導。
➡大コロンビア共和国（ベネズエラ・コロンビア・エクアドル），ボリビアなどが独立。

● 05 ：南米南部の独立運動を指導。
➡チリ，ペルーが独立。

▲ラテンアメリカ諸国の独立

● 06 ：メキシコ独立運動の先駆者。
➡メキシコの独立を指導。彼の死後，独立を達成。

アメリカ合衆国の対応

● 02 ：モンロー宣言を発表し，ヨーロッパ諸国の南北アメリカ大陸への干渉を拒否するかわりに，アメリカはヨーロッパの国内問題に干渉しないことを宣言。
└第5代大統領。

THEME ウィーン体制

ウィーン体制崩壊までの流れ

年代	ウィーン体制のできごと
□ 1814	ウィーン会議が開かれる（～ 1815）
□ 1815	ウィーン議定書が調印される➡ウィーン体制の成立
	01 ＿＿＿＿ 同盟の結成を，ロシアの 02 ＿＿＿＿ が提唱
	03 ＿＿＿＿ 同盟の結成➡フランス参加により五国同盟に発展（1818）
□ 1817	ドイツで 04 ＿＿＿＿ 運動がおこる（～ 1819）
□ 1820	イタリアで 05 ＿＿＿＿ の蜂起がおこる（～ 1821，31）
	06 ＿＿＿＿ 革命がおこる（～ 1823）
□ 1821	ギリシア独立戦争（～ 1829）
□ 1825	ロシアで 07 ＿＿＿＿ の反乱がおこる
□ 1830	フランスで七月革命がおこる
□ 1848	フランスで二月革命がおこる
	ドイツで三月革命がおこる➡メッテルニヒが失脚し，ウィーン体制崩壊

自由主義的な改革を求める動きだったよ。

ウィーン体制下のヨーロッパ

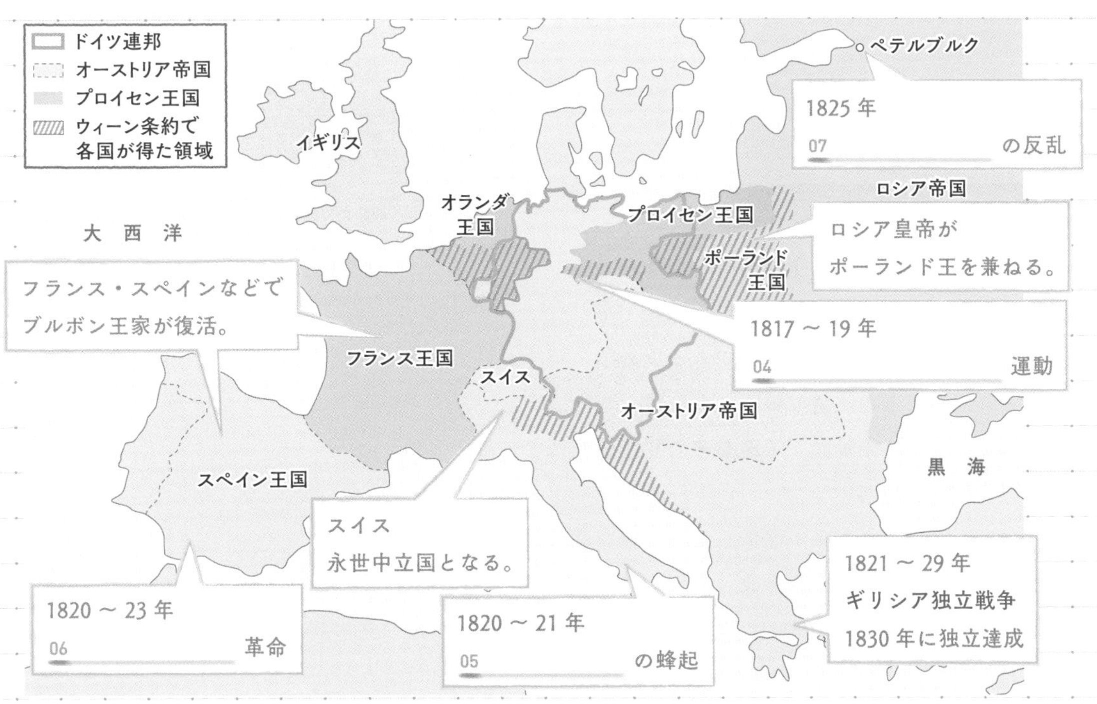

THEME ウィーン体制

ウィーン体制の成立

各国の利害が対立し，なかなか進展しないため，「会議は踊る，されど進まず」と風刺された。

●ウィーン会議（1814 ～ 15）

フランス革命とナポレオン戦争の戦後処理のため開催。➡議長は 08 ＿＿＿＿＿＿ 。
└● オーストリアの外相（のち宰相）。

・勢力均衡：同程度の軍事力をもつことで各国のバランスをとる考え。

・09 ＿＿＿＿ 主義：フランス革命前の王朝と旧体制に戻すべきとする考え。
└● フランス外相のタレーランが主張した。

ウィーン会議の内容

フランス スペイン	10 ＿＿＿＿ 王家の復活。
ロシア	ロシア皇帝が 11 ＿＿＿＿＿ 国王を兼任。 フィンランド・ベッサラビアを獲得。
イギリス	セイロン島・ケープ植民地を獲得。
ドイツ	・ドイツ連邦が成立（35 の君主国と 4 自由市で構成）。 ・オーストリア…イタリア北部地域を獲得。 ・プロイセン…東西に領土を拡大。
スイス	永世中立国となる。

・01 ＿＿＿＿＿ 同盟
キリスト教精神に基づく君主間同盟。ロシア皇帝 02 ＿＿＿＿＿＿ が提唱。

・03 ＿＿＿＿＿ 同盟
イギリス・ロシア・オーストリア・プロイセンの軍事同盟。ウィーン体制の維持が目的。

のちにフランスが加盟して五国同盟に！

ウィーン体制：ウィーン会議で形づくられた国際秩序。

ウィーン体制の動揺

ウィーン体制下では，自由主義的改革運動と 12 ＿＿＿＿＿＿ が抑圧され，ヨーロッパの各地で反発がおこった。
└● 国民または民族などの歴史的共同体を重視して，「国民国家」の形成をめざす考え方・運動。

・04 ＿＿＿＿＿＿ 運動：ドイツの学生組合が自由とドイツ統一を求めた。
➡カールスバートの決議で弾圧され失敗。

・05 ＿＿＿＿＿ の蜂起：イタリアの秘密結社による革命運動。

・06 ＿＿＿＿＿＿ 革命：復活したブルボン朝に対する革命運動。
➡フランス軍の介入により失敗。

・07 ＿＿＿＿＿＿ の反乱：ニコライ１世の即位の日に，貴族の青年将校が改革を求めて蜂起。

THEME 19世紀のイギリス・フランス

19世紀のイギリスとフランスの流れ

年代	イギリス	年代	フランス
□ 1829	カトリック教徒解放法が成立	□ 1830	七月王政が成立
□ 1832	第1回選挙法改正	□ 1848	第二共和政が成立
□ 1833	工場法が制定される	□ 1852	ルイ=ナポレオン，03 ＿＿＿＿と称し，第二帝政を開始
□ 1846	01 ＿＿＿＿廃止 } 自由貿易体制		
□ 1849	02 ＿＿＿＿廃止 } 自由貿易体制	□ 1870	04 ＿＿＿＿戦争に敗れる（～1871）
□ 1867	第2回選挙法改正（～1868）		
□ 1884	第3回選挙法改正	□ 1871	革命的自治政府（05 ＿＿＿＿）が成立

イギリスの自由主義的改革

ナポレオン戦争後のイギリスでは，産業資本家を中心に自由主義的改革が展開された。

● 宗教的差別の撤廃➡ 06 ＿＿＿＿法：カトリック教徒の公職就任が可能に。

● 選挙制度の改革➡ ・第1回選挙法改正：産業資本家の参政権・腐敗選挙区の廃止。
　└● 有権者が激減した極小選挙区。

・07 ＿＿＿＿運動：選挙権拡大を求める政治運動。
　└● 6カ条の政治綱領からなる人民憲章（ピープルズ=チャーター）を掲げた。

自由貿易政策の実現

・01 ＿＿＿＿の廃止（1846）：コブデンやブライトが廃止運動を主導した。
　└● 輸入穀物に高関税を課した1815年の法律。

・02 ＿＿＿＿の廃止（1849）：自由主義の高まりを背景に廃止。
　└● 1651年にクロムウェルが制定。イギリス貿易の保護を目的とした。

産業資本家の意向を受け，保護貿易から自由貿易へと転換した。

ヴィクトリア朝のイギリス

保守党の前身はトーリ党，自由党の前身はホイッグ党だよ。

08 ＿＿＿＿女王の治世のもと，保守党と自由党による二大政党制が定着。

● 09 ＿＿＿＿党：ディズレーリが代表的。

● 10 ＿＿＿＿党：11 ＿＿＿＿が代表的。

・第3回選挙法改正を実現。

・アイルランド自治法案を提出。
　└● アイルランドの自治をめざしたが，廃案になった。

⇩

一部の自由党員が反対して否決。

選挙法改正による選挙権の拡大

	選挙権の拡大	内閣
第1回	都市の産業資本家	グレイ
第2回	都市の工業労働者の上層	ダービー
第3回	農業・鉱山労働者の上層	11 ＿＿＿＿
第4回	男性普通選挙・女性制限選挙	ロイド=ジョージ
第5回	男女平等普通選挙（満21歳以上）	ボールドウィン

THEME 19世紀のイギリス・フランス

工場法の制定

産業革命期のイギリスでは，劣悪な環境に置かれた労働者の生活が問題となった。

●工場法：労働者保護のための法律の総称。

12 ＿＿＿＿＿＿：イギリスの初期社会主義者。

・ニューラナークの紡績工場の経営者として，工場法の制定や協同組合の組織に尽力した。

└労働者が生活必需品を共同で購入した。

(写真:Erich Lessing/K&K Archive/アフロ)

▲ニューラナークの紡績工場

フランス共和政の成立

●七月王政（1830～48）

オルレアン家の 13 ＿＿＿＿＿＿が，七月革命がおきると上層ブルジョワジーにおされて即位。

└ルイ14世の弟を祖とする公爵家。　└ブルボン家のシャルル10世の反動政治に対する革命。

●第二共和政（1848～52）

七月王政の末期，選挙権拡大を求める運動が 14 ＿＿＿＿＿＿革命に発展。→ ドイツ・オーストリアに波及して三月革命を引きおこした。

・共和主義者を中心とする臨時政府を樹立。

・社会主義者の 15 ＿＿＿＿＿＿を起用したが，社会改革は進まず。

➡労働者が蜂起したが鎮圧された。

●第二帝政（1852～70）

ルイ=ナポレオン：1851年にクーデタで独裁権を握り，翌年，皇帝 03 ＿＿＿＿＿＿として即位。

└ナポレオンの甥。

・積極的な対外政策を展開。→

└国民からの人気を維持するための政策。

ナポレオン3世の対外進出

1853～56年	クリミア戦争
1856～60年	第2次アヘン戦争（アロー戦争）
1858～67年	インドシナ出兵
1859年	イタリア統一戦争
1861～67年	メキシコ出兵

・04 ＿＿＿＿＿＿戦争に敗れ，帝政は崩壊。

●第三共和政

第二帝政崩壊後に，ティエールを首班とする臨時政府が成立。コミューン政府を鎮圧。

 対立

05 ＿＿＿＿＿＿：パリ民衆による，史上初めての労働者・市民による革命的自治政府。

THEME 19世紀のロシアと東方問題

19世紀のロシアの流れ

皇帝	年代	ロシアと東方問題のできごと
アレクサンドル1世	□ 1814	アレクサンドル1世，ウィーン会議に参加
	□ 1815	01 ＿＿＿＿ 同盟の結成を提唱
ニコライ1世	□ 1825	デカブリスト（十二月党員）の反乱がおこる
	□ 1826	02 ＿＿＿＿ 戦争に介入➡ギリシアを支持
	□ 1831	03 ＿＿＿＿ 戦争がおこる➡オスマン帝国を支持
	□ 1853	04 ＿＿＿＿ 戦争が始まる（～1856）
アレクサンドル2世	□ 1861	05 ＿＿＿＿ 令を発令
	□ 1860年代末	この頃から知識人層（06 ＿＿＿＿）の活動が活発化
	□ 1873	ドイツ・オーストリアと三帝同盟を結ぶ
	□ 1877	07 ＿＿＿＿ 戦争が始まる（～1878）
	□ 1878	サン=ステファノ条約を結ぶ
		08 ＿＿＿＿ 条約を結ぶ
アレクサンドル3世	□ 1887	ドイツとのあいだに再保障条約を結ぶ

19世紀のロシアと東方問題

09 ＿＿＿＿ 問題：オスマン帝国の領土・民族問題と，それにともなう列強の利害対立の総称。

10 ＿＿＿＿ 政策を展開するロシアは，09 ＿＿＿＿ 問題に介入して他の列強と衝突した。
└• 不凍港を確保し，地中海への進出をめざす政策。

ニコライ1世（位1825～55）

デカブリストの反乱の最中に即位。積極的な南下政策を推進した。

ニコライ1世が，諸国の革命の鎮圧に干渉したことからロシアは「ヨーロッパの憲兵」と呼ばれたよ。

● 02 ＿＿＿＿ 戦争（1821～29）

ギリシアがオスマン帝国からの独立をめざした戦い。

ロシアは，イギリス・フランスとともにギリシアを支援。

ギリシア	vs.	オスマン帝国
‖		‖
露 英 仏		エジプト

⬇

ロシアは，1829年にオスマン帝国とアドリアノープル条約を結び，黒海におけるロシア船の自由航行権が認められた。**南下政策成功**

⬇

1830年のロンドン会議でギリシアの独立を国際承認。

THEME 19世紀のロシアと東方問題

● 03＿＿＿＿＿＿＿＿戦争（1831～33，39～40）

エジプトとオスマン帝国間の2度にわたる戦争。

ロシアはオスマン帝国を支援。

・第1次：ロシアはダーダネルス海峡・ボスフォラス海峡の独占航行権を獲得した。**南下政策成功**

・第2次：あらゆる外国軍艦の両海峡の通行禁止。**南下政策失敗**

第1次
エジプト vs. オスマン帝国
墺 仏 英 ／ 露

第2次
エジプト vs. オスマン帝国
仏 ／ 普 墺 露 英

● 04＿＿＿＿＿＿＿＿戦争（1853～56）

オスマン帝国内のギリシア正教徒の保護を名目に開戦。

セヴァストーポリ要塞をめぐる戦いで，ロシア敗北。

└クリミア半島南端にある要塞。クリミア戦争で最大の激戦地となった。

ロシア vs. オスマン帝国
サルデーニャ 仏 英

アレクサンドル2世（位1855～81）の対外政策

クリミア戦争中に即位して近代化改革を試みたが，テロリズム（暴力主義）の犠牲になった。

└目的実現のため暗殺や暴力を利用する思想。

11＿＿＿＿＿＿＿＿条約：黒海の中立化などが定められた。**南下政策失敗**

● 07＿＿＿＿＿＿＿＿戦争（1877～78）

バルカン地域のパン=スラヴ主義を利用して開戦。ロシアが勝利。

└スラヴ系民族の統一と連帯をめざした運動。

ロシア vs. オスマン帝国
バルカン地域のギリシア正教徒

サン=ステファノ条約：ブルガリアをロシアの保護下に。**南下政策成功**

↓

08＿＿＿＿＿＿＿＿条約：サン=ステファノ条約は破棄され，ロシアの勢力拡大は失敗。**南下政策失敗**

└英・墺がサン=ステファノ条約の内容に反発したため，ドイツのビスマルクが調停役となってベルリン会議を開いた。

アレクサンドル2世の改革

アレクサンドル2世は，上からの近代化改革を進めた。

05＿＿＿＿＿＿＿＿令：農奴に身分的自由を認めた。

➡工業労働者の創出が目的。

19世紀後半のロシアの産業革命につながるよ！

↓

12＿＿＿＿＿＿＿＿の反乱がきっかけとなって，皇帝は専制化。

改革は，都市の知識人層（06＿＿＿＿＿＿＿＿）が継続。

➡彼らの一部は，農村共同体（ミール）が改革の基礎になると考え，「ヴ=ナロード（人民のなかへ）」を標語に農村で活動したが，農民の支持を得られず失敗。

└この標語を掲げた活動家はナロードニキと呼ばれた。

（提供:ALBUM/アフロ）

▲農奴解放令を発するアレクサンドル2世

THEME 19世紀のイタリア・ドイツ

19世紀のイタリアとドイツの流れ

年代	イタリア	年代	ドイツ
□ 1820	01 ＿＿＿＿＿＿の蜂起がおこる	□ 1834	04 ＿＿＿＿＿＿同盟発足
□ 1831	「青年イタリア」が結成される	□ 1848	三月革命がおこる
□ 1860	02 ＿＿＿＿＿＿が両シチリア		フランクフルト国民議会開催（～ 1849）
	王国を占領	□ 1862	ビスマルク，プロイセン首相になる
□ 1861	サルデーニャ王国が全国を統一	□ 1866	プロイセン=オーストリア（普墺）戦争
	し，イタリア王国が成立	□ 1870	ドイツ=フランス（独仏）戦争（～ 1871） └● プロイセン=フランス戦争とも。
□ 1866	ヴェネツィアを併合	□ 1871	ドイツ帝国成立
□ 1870	03 ＿＿＿＿＿＿を併合	□ 1878	ベルリン会議を開催

イタリアの統一

ウィーン体制下のイタリア

ナポリにブルボン家が復活，ローマ教皇領が回復。分裂の時代。

1820 年，01 ＿＿＿＿＿＿が蜂起し，政治的自由を要求。オーストリア軍が鎮圧。
└● 革命運動の中心となった，イタリアの秘密結社。

1831 年，05 ＿＿＿＿＿＿が「青年イタリア」を組織。

➡失敗したカルボナリにかわって統一運動を継続。

1848 ～ 49 年，フランス二月革命の影響を受け，民族運動が高揚。

マッツィーニがローマ共和国を樹立したけど，フランス軍に鎮圧されたよ。

サルデーニャ王国の躍進

サルデーニャ王国（1720 ～ 1861）

国王 06 ＿＿＿＿＿＿＿＿＿＿＿＿は，

首相にカヴールを任命し，イタリア統一をめざした。

1859 年 ロンバルディア獲得

1860 年 中部イタリア併合

両シチリア王国献上

02 ＿＿＿＿＿＿
革命家。1860 年，義勇軍（千人隊）を率いて，両シチリア王国を占領。

イタリア王国成立（1861）

1866 年 ヴェネツィアを併合

1870 年 03 ＿＿＿＿＿＿占領

イタリア統一完成

その後「未回収のイタリア」（南チロル・トリエステなど）をめぐってオーストリアと対立。

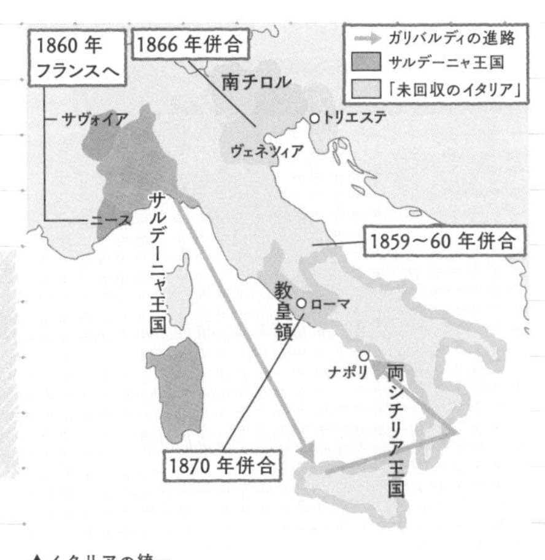

▲イタリアの統一

THEME 19世紀のイタリア・ドイツ

ドイツの統一

19世紀前半，領邦国家の集合であるドイツでは，政治的分裂状態が続いていた。

経済的統一：04＿＿＿＿同盟発足（1834）。

政治的統一：フランクフルト国民議会開催（1848）。

➡2つの主義が対立。

07＿＿＿＿主義	08＿＿＿＿主義
南ドイツの諸邦が主張	プロイセンが主張
オーストリアを含むドイツ統一をめざす。	オーストリアをのぞくドイツ統一をめざす。

議会では，08＿＿＿＿主義による統一をめざすが失敗。

▲ドイツの統一

プロイセンによるドイツ統一

1862年，プロイセン国王09＿＿＿＿は，ビスマルクを首相に任命。

10＿＿＿＿政策：ビスマルクが推進した軍備拡張政策。

└ビスマルクが議会で「現在の大問題は演説や多数決によっては解決できない。鉄（＝武器）と血（＝兵士）によって解決される」と演説したことから。

・プロイセン=オーストリア（普墺）戦争（1866）

➡ドイツ連邦を解体し，プロイセンを盟主とする11＿＿＿＿連邦が成立。

オーストリアに味方した中・南ドイツは，のぞかれたよ。

・ドイツ=フランス（独仏，プロイセン=フランス）戦争（1870～71）

➡戦争中に，ドイツ統一を宣言し，09＿＿＿＿を皇帝とするドイツ帝国が成立。

ビスマルクの政策

ビスマルクは宰相として，ドイツの国際的地位の向上につとめた（ビスマルク体制の構築）。

内政
- 「文化闘争」：南ドイツなどのカトリック教徒を抑圧。
- 12＿＿＿＿法：社会主義運動を弾圧。
- 社会保険制度の実施：災害保険・疾病（しっぺい）養老保険など。

外政
- 13＿＿＿＿同盟（1873）：ドイツ・ロシア・オーストリアの同盟。
- ベルリン会議の開催：列国の利害を調整し，発言力を強化。
  └ロシア=トルコ戦争の講和会議。
- 14＿＿＿＿同盟（1882）：ドイツ・オーストリア・イタリアの同盟。
- 再保障条約（1887）：ドイツ・ロシア間の協力体制。

→ 敵対するフランスを抑えるための外交政策。

THEME 19世紀のアメリカ合衆国

19世紀のアメリカ合衆国

年代	アメリカ合衆国のできごと
□ 1830年代	01 ＿＿＿＿＿，先住民を保留地に強制移住させた
□ 1846	02 ＿＿＿＿＿戦争（～1848）➡カリフォルニアを獲得
□ 1861	南部諸州，合衆国から離脱し 03 ＿＿＿＿＿を建国
	南北戦争が始まる（～1865）
□ 1863	リンカン，04 ＿＿＿＿＿宣言を発表
□ 1869	最初の 05 ＿＿＿＿＿鉄道が完成

アメリカ合衆国の拡大

①ミシシッピ川以西のルイジアナ
➡06 ＿＿＿＿＿がフランスから購入（1803）。
└第3代大統領。

②フロリダ➡07 ＿＿＿＿＿から購入（1819）。

③テキサス➡要請を受けて併合（1845）。

④オレゴン➡イギリスと協定を結び併合（1846）。

⑤カリフォルニア➡02 ＿＿＿＿＿戦争に勝利して獲得（1848）。

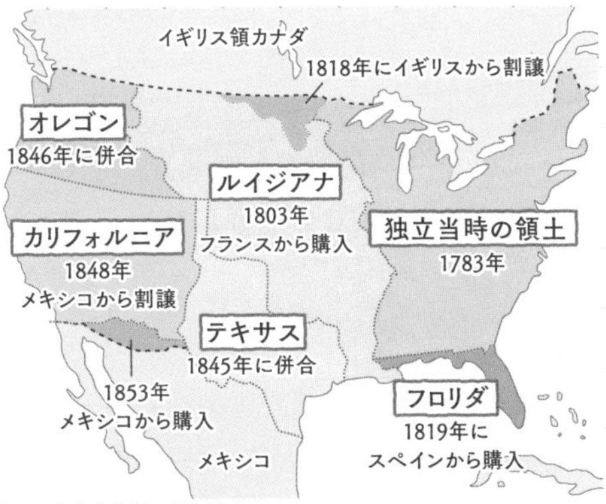

▲アメリカ合衆国の領土拡大

奴隷制をめぐる北部と南部の対立

北部と南部の立場

	北部諸州	南部諸州
産業	資本主義に基づく商工業	奴隷制に基づく綿花などの 08 ＿＿＿＿＿経営
奴隷制への対応	反対	賛成
貿易政策	保護貿易	自由貿易
支持政党	09 ＿＿＿＿＿党	10 ＿＿＿＿＿党

新州をめぐる対立

● 11 ＿＿＿＿＿協定：新規の州編入の際，北緯36度30分以北を自由州，以南を奴隷州とした。
└1820年に成立。ミズーリ州は奴隷州とされた。
（自由州）└奴隷制を認めない。（奴隷州）└奴隷制を認める。
┌1854年，カンザスとネブラスカの2つの準州をつくる際に定められた。
●カンザス・ネブラスカ法：奴隷制の導入を住民の決定に委ねた。➡南北の対立激化。

THEME 19世紀のアメリカ合衆国

南北戦争

女性作家のストウは，『アンクル=トムの小屋』を刊行して，奴隷制を批判したよ。

1860年の大統領選で，奴隷制拡大に反対するリンカンが当選。
└ 共和党の大統領。南北戦争終結後に暗殺された。

⇩

南部諸州：合衆国を脱退し，03 ＿＿＿＿＿＿ を結成。➡南北戦争開戦。
└ 大統領にジェファソン=デヴィスが就任。

戦時中のリンカンの政策

● ホームステッド法：公有地に5年間定住した開拓者に160エーカーの土地を無償で与えた。1862年制定。
➡西部農民の支持を固めた。

● 04 ＿＿＿＿＿＿ 宣言：南部の奴隷を自由にするとした宣言。
➡国際世論の支持を得た。

リンカンは，この戦いの追悼式典で「人民の，人民による，人民のための政治」と演説し，民主主義の精神を訴えた。

1863年の 12 ＿＿＿＿＿＿ の戦いに勝利して優勢となった北軍は，1865年に南部の首都リッチモンドを占領。
➡南軍は降伏し，合衆国は再び統一された。

▲南北戦争当時の諸州

南北戦争後の奴隷制

北部主導で南部の再建が進められるなか，奴隷制は正式に廃止。
➡南部諸州は，州法によって差別待遇を継続したため，黒人への迫害は続いた。
13 ＿＿＿＿＿＿ として，解放後も苦しい生活を強いられた。
└ 南北戦争後に普及した小作人制度。

黒人を迫害した組織として，クー=クラックス=クラン（KKK）が有名。

西部の発展

最初の 05 ＿＿＿＿＿＿ 鉄道の完成（1869）：合衆国の東西を結ぶ鉄道。➡西部開拓の進展。

1890年代…フロンティアが消滅。
└ 合衆国の歴史における，開拓地と未開拓地の境界線。

アメリカ合衆国の重工業化

南北戦争後，アメリカ合衆国は産業革命が本格化し，豊富な天然資源を利用して重工業が発展。
➡東欧や南欧から 14 ＿＿＿＿＿＿ が流入し，労働者として重工業の発展を支えた。
└ 中国人やインド人などのアジア系移民をクーリー（苦力）という。

⇩

19世紀末，アメリカ合衆国は世界一の工業国に。

THEME 19世紀の欧米文化

19世紀の欧米文化の思潮

フランス革命後のヨーロッパでは，貴族（宮廷）文化にかわって，市民文化が主流になった。

●古典主義：古代ギリシア・ローマの文化を理想とした。
ドイツでは18世紀後半から盛んになり，01 ＿＿＿＿ 主義への先駆となった。

● 01 ＿＿＿＿ 主義：啓蒙思想への反省から，人間の個性や感情の解放を重視した。
ウィーン体制の時代に主流になった芸術思潮。

● 02 ＿＿＿＿ 主義（リアリズム）：現実をありのままに描くことを主張した。
19世紀半ばのフランスでおこった芸術思潮。

● 03 ＿＿＿＿ 主義：社会や人間の抱える問題を科学的に分析し，表現しようとした。
19世紀後半に主流になった芸術思潮。

文学

古典主義文学	1770年代のドイツでは，疾風怒濤（しっぷうどとう）（シュトゥルム=ウント=ドランク）と呼ばれる文学運動がおこり，人間性の自由な解放を主張した。 ・04 ＿＿＿＿ 独：古典主義文学を大成。代表作『ファウスト』『若きウェルテルの悩み』。
ロマン主義文学	・グリム兄弟 独：『グリム童話集』を編纂した。 ・05 ＿＿＿＿ 独：『歌の本』で叙情詩人としての名声を確立。 ・ヴィクトル=ユゴー 仏：『レ=ミゼラブル』を著す。 ・バイロン 英：『チャイルド=ハロルドの遍歴』で名声を得る。 └ギリシア独立戦争に参加したことで知られる。
写実主義文学	・06 ＿＿＿＿ 仏：フランス近代文学の創始者。代表作『赤と黒』。 ・バルザック 仏：「人間喜劇」で写実主義文学の先駆となった。 ・ディケンズ 英：人道主義的作風が特徴。代表作『オリヴァー=トゥイスト』。 ・07 ＿＿＿＿ 露：19世紀のロシアを代表する作家。『罪と罰』。 ・トルストイ 露：人道主義的作風が特徴。『戦争と平和』。
自然主義文学	・08 ＿＿＿＿ 仏：『居酒屋』で下級労働者の破滅を描いた。 └ドレフュス事件では被告の冤罪を訴えて，政府・軍部を批判した。 ・モーパッサン 仏：『女の一生』で人間のみじめさ，愚かさを描いた。 ・イプセン ノルウェー：『人形の家』で女性の解放を主張した。

絵画・彫刻

古典主義絵画	・ダヴィド 仏 ：ナポレオン1世の首席画家。「ナポレオンの戴冠式」
ロマン主義絵画	・09 ＿＿＿＿ 仏 ：色彩豊かな情熱的な画風。「民衆を導く自由の女神」（七月革命を題材に描いた作品。）
写実主義絵画	・クールベ 仏 ：民衆や市民生活を力強く描いた。「石割り」
自然主義絵画	・10 ＿＿＿＿ 仏 ：農民の姿を題材に描き続けた。「落ち穂拾い」
印象派絵画	印象派：光と色彩を重視した19世紀後半のフランス絵画様式。 ・モネ 仏 ：フランス印象派を代表する画家。連作「睡蓮」で有名。 ・11 ＿＿＿＿ 仏 ：情感豊かな色彩美を追求。「ムーラン=ド=ラ=ギャレット」 後期印象派：印象派の影響を受けつつ，20世紀につながる多様な展開をみせた。 ・12 ＿＿＿＿ 蘭 ：印象派や日本の浮世絵に影響を受けた。「ひまわり」「自画像」。
彫刻	・13 ＿＿＿＿ 仏 ：人間の内面性を表現した彫刻家。「考える人」

音楽

古典派音楽：均整さを追求した器楽曲が特徴。18世紀後半から19世紀前半に成立。

・14 ＿＿＿＿ 独 ：古典派音楽の大成者であり，ロマン主義音楽の先駆け。
└「運命」「田園」「第九番」などの交響曲を残した。

ロマン主義音楽：個性・感情の表現が豊かな音楽。19世紀前半～半ばに広がった。

・シューベルト 墺 ：美しい旋律の楽曲を多数のこし，「歌曲の王」と呼ばれた。

・15 ＿＿＿＿ ポ ：叙情的なピアノ曲を多数作曲し，「ピアノの詩人」と呼ばれた。

・ヴァーグナー 独 ：「ニーベルングの指環」などの楽劇を完成。

THEME 19世紀の欧米文化

哲学・経済思想・歴史学

● ドイツ観念論：経験論と合理論を総合し，19世紀ドイツ哲学の主流となった思想運動。

➡カントが創始し，16 ＿＿＿＿＿＿が完成させた。
└すべてのものは正・反・合からなる運動だとする弁証法哲学を唱えた。

● 史的唯物論：17 ＿＿＿＿＿＿とエンゲルスが確立。人間の生産力を歴史・社会の土台とした。

➡彼らが発表した『共産党宣言』は，**社会主義運動**の出発点となった。
└エンゲルスは自分たちの社会主義を科学的社会主義，サン=シモンやフーリエらの社会主義を空想的社会主義と分類した。

● 18 ＿＿＿＿＿＿主義：ベンサムが創始。**人間の行為の目的は，幸福を得ることにある**とする考え。
└ベンサムの「最大多数の最大幸福」という言葉にその原理が示されている。

● 古典派経済学：アダム=スミスによって創始された，自由主義経済学。

➡19 ＿＿＿＿＿＿は人口の抑制を唱え，リカードは商品の価値は労働時間で決まると説いた。

● 近代歴史学：ランケが基礎を確立。史料批判に基づき，事実を正確に記すことをめざした。

自然科学・発明

自然科学

- ファラデー 英 ：「ファラデーの法則」を発見し，電磁気学の基礎を確立。
- マイヤーとヘルムホルツ 独 ：エネルギー保存の法則を発見。
- レントゲン 独 ：X線を発見し，初のノーベル物理学賞を受賞。
- 20 ＿＿＿＿＿＿夫妻 仏 ：ラジウムを発見。
- 21 ＿＿＿＿＿＿ 英 ：『種の起源』を著し，**進化論**を発表した。
  └種は自然淘汰によって進化したとする学説。キリスト教的世界観をゆるがした。
- パストゥール 仏 ：細菌学の祖。狂犬病の予防接種を開発した。

発明

- ノーベル スウェ ：ダイナマイトを発明。彼の遺産を基金にノーベル賞が設立された。
- 22 ＿＿＿＿＿＿ 米 ：電信機とモールス信号を考案した。
- 23 ＿＿＿＿＿＿ 米 ：電話を発明。
- エディソン 米 ：発明家。電灯・蓄音機・映画など1000件以上の発明を行った。
- ライト兄弟 米 ：飛行機の初飛行に成功した。

探検

● アフリカ探検：リヴィングストンやスタンリーによって**アフリカ内陸部**の調査が進んだ。
└資源に恵まれていることがわかり，欧米諸国が関心をもつようになった。

● 極地探検：19世紀末から，北極や南極の探検が国家的事業として行われた。

➡北極点の到達：24 ＿＿＿＿＿＿，南極点の到達：25 ＿＿＿＿＿＿。
└アメリカの探検家。　└ノルウェーの探検家。

THEME 西アジアの動揺

西アジアとヨーロッパの干渉の流れ

年代	西アジアのできごと
□ 1744 頃	アラビア半島にワッハーブ王国が成立
□ 1805	エジプトに 01 ＿＿＿＿ 朝が成立
□ 1828	ガージャール朝，ロシアと 02 ＿＿＿＿ 条約を結ぶ
□ 1831	２度にわたって 03 ＿＿＿＿ 戦争がおこる（～ 1833，1839 ～ 1840）
□ 1839	オスマン帝国で西欧化改革（04 ＿＿＿＿）が始まる（～ 1876）
□ 1848	ガージャール朝でバーブ教徒の乱がおこる
□ 1876	オスマン帝国の大宰相ミドハト=パシャ，05 ＿＿＿＿ 憲法を起草
□ 1881	エジプトでウラービー運動が始まる（～ 1882）

アラビア半島

18 世紀のアラビア半島で，ワッハーブ運動と呼ばれるイスラーム改革運動がおこる。
└原初期のイスラーム教への回帰を説く。

➡中央アラビアの豪族 06 ＿＿＿＿ 家とワッハーブ派が結び，ワッハーブ王国を建設。

エジプト

01 ＿＿＿＿ がエジプト総督となる。 ----➡ ムハンマド=アリー朝の成立 (1805 ～ 1952)。
シリアの領有権をめぐってオスマン帝国と対立。➡ 03 ＿＿＿＿ 戦争で優勢。
└しかし，ヨーロッパ列強の干渉のため，シリア領有は認められなかった。
⬇
1881 年のウラービー運動をきっかけにイギリスが軍事占領。➡事実上のイギリス保護国化（1882）。

オスマン帝国

19 世紀以降，伝統的なイスラーム国家から近代国家へと改革が進む。

●アブデュルメジト１世：西欧化改革（04 ＿＿＿＿）を実施。
└西欧型の近代化をめざしたが，保守派の抵抗によって失敗した。

●アブデュルハミト２世：ミドハト=パシャを大宰相に任命し，05 ＿＿＿＿ 憲法を制定。
➡ロシア=トルコ（露土）戦争が始まると，憲法を停止。

イラン

1796 年，テヘランを首都にガージャール朝が成立。

02 ＿＿＿＿ 条約：ロシアに敗れ，治外法権と関税自主権の喪失を認めた。

➡ 1848 年，社会改革を唱えてバーブ教徒が蜂起したが，政府軍によって鎮圧。
└イスラーム教シーア派から生じた新しい宗教。

THEME 南アジアの植民地化

インドの植民地化の流れ

年代	インドのできごと
□ 1744	01 ＿＿＿＿ 戦争がおこる（～ 1761〔63〕）
□ 1757	02 ＿＿＿＿ の戦いがおこる
□ 1767	03 ＿＿＿＿ 戦争がおこる（～ 1799）
□ 1775	04 ＿＿＿＿ 戦争がおこる（～ 1818）
□ 1813	イギリス，東インド会社の貿易独占権を廃止
□ 1833	イギリス，東インド会社の商業活動を停止
□ 1845	05 ＿＿＿＿ 戦争がおこる（～ 1849）
□ 1857	北インドを中心に 06 ＿＿＿＿ による大反乱がおこる（～ 1859）
□ 1858	ムガル皇帝が追放され，事実上のムガル帝国滅亡
	イギリス，東インド会社を解散し，直接統治を開始
□ 1877	07 ＿＿＿＿ がインド皇帝となり，インド帝国が成立

イギリスがフランスを破り，インド支配の優位を確立。（1744～1757）

イギリスは，諸王国との戦いに勝利し，インド全域を支配下においた。（1767～1845）

イギリスのインド支配の拡大

フランスとの対立

皇帝アウラングゼーブの死後，現地勢力同士が争う。

イギリス・フランスは，この動きに介入。

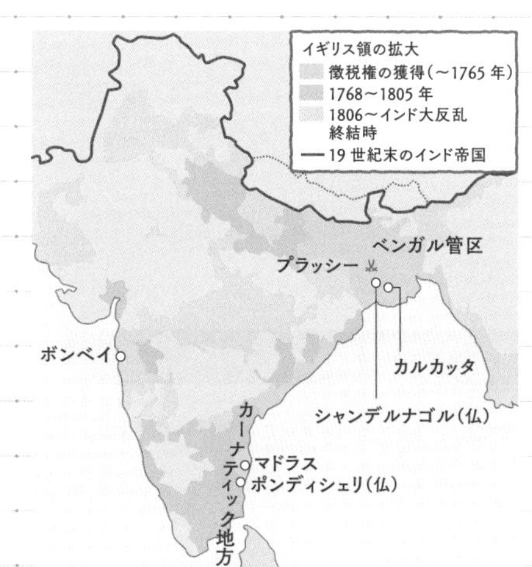

▲イギリス領の拡大

イギリス：東インド会社がインド進出の主体となった。
➡アンボイナ事件以降，本格的に進出。

拠点　08 ＿＿＿＿（現チェンナイ。），09 ＿＿＿＿（現ムンバイ。），カルカッタ（現コルカタ。）

フランス：東インド会社再建後に進出。
➡現地勢力と組み，イギリスの進出に対抗。

拠点　ポンディシェリ，シャンデルナゴル

● 01 ＿＿＿＿ 戦争➡イギリスがフランスに勝利。
　└ 南インドでイギリスとフランスが３次にわたって衝突した戦い。

● 02 ＿＿＿＿ の戦い➡イギリスがフランス・ベンガル太守連合軍に勝利。
　└ ベンガル太守：ムガル帝国のベンガル州の長官。
➡ベンガルの実質的な支配権を獲得。

THEME 南アジアの植民地化

現地勢力との対立

▲インドの現地勢力

イギリスは現地勢力との争いに勝利し，支配地を拡大。

● 03 ＿＿＿＿ 戦争：インド南部のマイソール王国との戦争。
➡南インドを支配。

● 04 ＿＿＿＿ 戦争：インド西部のマラーター同盟との戦争。
➡デカン高原西部を支配。

● 05 ＿＿＿＿ 戦争：インド西北部のシク王国との戦争。
➡パンジャーブ地方を併合。

イギリスの植民地支配

イギリスの収入源は地税。徴収制度を整備した。

● 10 ＿＿＿＿ 制（ベンガル州など）
ザミンダール（領主）経由で地税を徴収。

ベンガル総督
地税 ⇧ ⇩ 土地所有を承認
ザミンダール(在地領主)
貢租 ⇧
農民(小作人)

● 11 ＿＿＿＿ 制（インド南部）
農民（ライヤット）から地税を直接徴収。

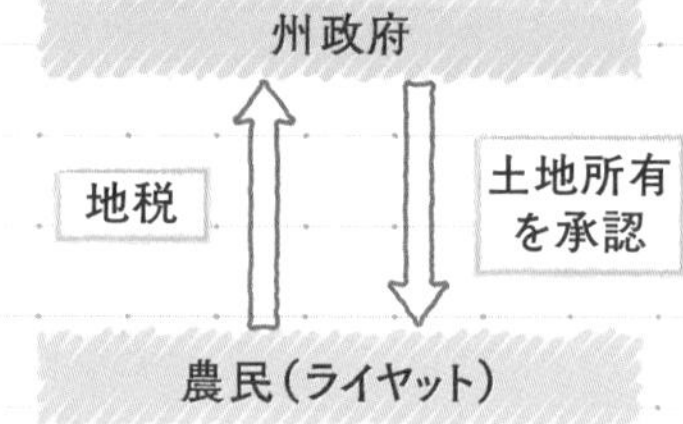

インド帝国の成立

●北インドを中心にインド人傭兵（06 ＿＿＿＿）の大反乱がおこった。
➡イギリスに反感をもつ，**旧支配層や旧地主層**，手工業者などが参加。
└• イギリスの政策によって支配層が没落していた。

イギリス本国の対応

・ムガル皇帝を流刑に処したことで，ムガル帝国は滅亡。

・**東インド会社を解散**し，インドを直接統治へ。
└• 1834年までに貿易独占権が廃止され，商業活動は停止になり，インド統治の機能が主となっていた。

・1877年，07 ＿＿＿＿ がインド皇帝に即位し，インド帝国が成立。
首都 カルカッタ➡デリー（1911）
➡イギリス政府の直轄領と，封建領主が自治権をもつ500ほどの**藩王国**からなる。
従来の支配者が内政権を認められ，イギリスが間接統治を行った。•┘

THEME 東南アジアの植民地化

東南アジアの植民地化の流れ

年代	東南アジアのできごと
□ 1782	タイ，バンコクを首都にラタナコーシン朝（チャクリ朝）が成立
□ 1802	ベトナムでは，01 ＿＿＿＿ によって阮朝が成立
□ 1824	3次にわたるビルマ戦争がおこる（～1826，1852～1853，1885～1886）
□ 1826	イギリス，ペナン・マラッカ・シンガポールを海峡植民地に編成
□ 1830	インドネシア，オランダ総督が 02 ＿＿＿＿ 制度を開始（～1870）
□ 1884	ベトナムの宗主権をめぐり，03 ＿＿＿＿ 戦争がおこる（～1885）
□ 1887	フランス領インドシナ連邦が成立
□ 1899	フランス領インドシナ連邦にラオスを編入

ジャワ

18世紀半ばには島の大半がオランダの支配下に入る。
➡オランダ本国の財政難を理由に 02 ＿＿＿＿ 制度を実施。

・オランダ総督ファン=デン=ボスが実施。
・コーヒー・サトウキビなどの商品作物をつくらせ，指定した価格で供出させる制度。

マレー半島・ビルマ

マレー半島 18世紀末から19世紀初めにかけてイギリスが進出。
ペナン・マラッカ・シンガポールをあわせて海峡植民地に。
➡1895年，04 ＿＿＿＿ 州を成立させ，支配下に。

ビルマ イギリスとのビルマ戦争に敗れ，インド帝国に併合。

ベトナム

西山（せいざん／タイソン）政権を倒した 01 ＿＿＿＿ が，1802年に阮朝を建国。

19世紀半ばから，フランスが侵攻。

劉永福が黒旗軍を組織して抵抗したよ！

・03 ＿＿＿＿ 戦争➡清からベトナムの宗主権を獲得。
・カンボジアとあわせてフランス領インドシナ連邦が成立。
　└ 1899年にはラオスを編入。

▲東南アジアの植民地化

タイ

1782年，ラタナコーシン朝（チャクリ朝）が成立。首都はバンコク。
・05 ＿＿＿＿ ：西欧化改革を推進してタイの近代化に成功。第5代国王。
　➡タイは，東南アジアで唯一の独立を保った国。

THEME 東アジアの動揺

中国の植民地化の流れ

年代	中国のできごと
□ 1796	白蓮教徒の乱がおこる（～ 1804）
□ 1840	アヘン戦争がおこる（～ 1842）➡南京条約で講和
□ 1851	洪秀全，太平天国を建てる
□ 1856	第２次アヘン戦争（アロー戦争）（～ 1860）
	➡ 01 ＿＿＿＿ 条約（1858）・ 02 ＿＿＿＿ 条約（1860）で講和
□ 1858	ロシアと 03 ＿＿＿＿ 条約を結ぶ
□ 1860 頃	洋務運動が始まる
□ 1861	総理各国事務衙門（総理衙門）を設置
□ 1864	南京が陥落し，太平天国の乱が終結
□ 1881	ロシアと 04 ＿＿＿＿ 条約を結ぶ
□ 1894	日清戦争がおこる（～ 1895）➡ 05 ＿＿＿＿ 条約で講和

ロシアの東シベリア総督ムラヴィヨフが，清と条約を結び，黒竜江以北を領有した。

イリ地方でおこった反乱をきっかけに，ロシアが清との国境を有利に取り決めた。

アヘン戦争

アヘン戦争（1840 ～ 42）

三角貿易の結果，アヘンの密貿易が増加。

紅茶
イギリス ← 清
イギリス → インド：綿製品
インド → 清：アヘン（密貿易）・綿花

06 ＿＿＿＿ がアヘン取締りを強化。➡イギリスと開戦。

1842 年　南京条約：07 ＿＿＿＿ 島の割譲，上海・寧波・福州・厦門・広州の５港の開港，公行の廃止など。

1843 年　五港通商章程・虎門寨追加条約：領事裁判権（治外法権），協定関税制（関税自主権の喪失），片務的 最恵国待遇 などを認める不平等条約。

- 領事裁判権：外国人がその国の統治権に支配されない特権。
- 協定関税制：関税を自由に設定できる権利を失うこと。
- 片務的最恵国待遇：条約を結んだ国の一方が，将来別な国に新たな特権を与えた場合，自動的に条約を結んだもう一方の国に同じ特権を与えること。

第２次アヘン戦争（アロー戦争）（1856 ～ 60）

1856 年，アロー号事件を口実に，イギリス・フランスが出兵。

└ イギリス籍船とされるアロー号の船員が海賊容疑で逮捕された事件。

- 01 ＿＿＿＿ 条約（1858）：外国公使の北京駐在，開港場の増加，キリスト教布教の自由など。

（北京条約でも追加され，11港が開港されたよ。）

- 02 ＿＿＿＿ 条約（1860）：01 ＿＿＿＿ 条約を確認したほか，イギリスに九竜半島南部を割譲。

（香港の一部のことだよ。）

➡講和を仲介したロシアに対しても，同年，北京条約を結んだ。

└ ロシアが沿海州（ウスリー川以東）を獲得。

THEME 東アジアの動揺

太平天国

●太平天国の建国

上帝会の洪秀全が，「滅満興漢」を唱えて挙兵。

南京を首都とし（天京と改称），理想社会建設をめざす。

08 ＿＿＿＿ 制度：男女で土地を均分する土地制度。

09 ＿＿＿＿（満洲の風習である髪型）の禁止。

10 ＿＿＿＿（足を小さく整形する風習）の廃止。

●清軍に協力した郷勇や常勝軍が太平天国を打倒。

郷勇：湘軍を 11 ＿＿＿＿，淮軍を 12 ＿＿＿＿ が組織。

常勝軍：ウォードやゴードンら外国人が指揮した義勇軍。

洋務運動

太平天国滅亡後，11 ＿＿＿＿，12 ＿＿＿＿，左宗棠らは，西欧の技術や学問を取り入れて，富国強兵をめざした（洋務運動）。

➡「13 ＿＿＿＿」：中国の伝統的な思想を変えないまま，西欧技術を利用する考え方。

└清仏戦争・日清戦争の敗北で，その限界が明らかになった。

日本と朝鮮の開国

日本

●アメリカ合衆国と 1854 年 14 ＿＿＿＿ 条約，1858 年 15 ＿＿＿＿ 条約を結んだ。

➡開国後，明治政府のもとでヨーロッパ文化を吸収し，富国強兵をめざした。

朝鮮

1875 年の江華島事件を機に，翌年日本と 16 ＿＿＿＿ 条規（江華条約）を結んで，3 港を開港。

└江華島水域で挑発的な行動をとった日本と朝鮮が衝突した事件。

朝鮮では，日本に接近する金玉均の開化派と，清朝との関係を重視する閔氏の事大党が対立。

壬午軍乱（1882）や甲申政変（1884）などの内乱がおこった。

● 17 ＿＿＿＿（甲午農民戦争）：東学の全琫準が指導した農民反乱。

└崔済愚が創始した新宗教。

日本と清はたがいに出兵し，日清戦争に発展。日本が勝利し，05 ＿＿＿＿ 条約を結ぶ。

➡朝鮮の独立，遼東半島・台湾・澎湖諸島の日本への割譲などを認めた。

欧米の帝国主義

帝国主義：1880年代以降のヨーロッパ諸国による植民地・勢力圏の獲得行動。

背景 先進主要国が，資源供給地や輸出市場として植民地を必要としたため。

主要国による対外投資額の推移

200 億ドル / 150 / 100 / 50 / 0
1825年 40 55 70 85 1900 14
イギリス　フランス　ドイツ　オランダ

宮崎犀一ほか『近代国際経済要覧』

イギリス

産業革命で得た経済力を背景に，自由貿易体制を推進。
➡植民地拡大を継続。

● 01＿＿＿＿＿＿ 会社株の買収
➡「インドへの道」の確保が目的。

植民相ジョゼフ＝チェンバレンが指導したよ！

●自治領の成立
カナダ連邦（1867）・オーストラリア連邦（1901）・ニュージーランド（1907）・南アフリカ連邦（1910）に自治領が成立。
└自治権を付与されたイギリスの白人系植民地。

年代	イギリスのできごと
□ 1875	01＿＿＿＿＿＿ 会社の株を買収
□ 1899	南アフリカ（南ア，ブール）戦争（～1902）
□ 1906	労働党が成立
□ 1914	アイルランド自治法が成立（自由党アスキス内閣）

アイルランド問題の展開
アイルランド自治法成立➡北アイルランドが反対し，02＿＿＿＿＿＿ 党と対立。
（北アイルランド：イギリス人住人が多かった。）（02：アイルランドの完全独立をめざす政党。）
➡自治法の施行は延期され，独立強硬派による武装蜂起（イースター蜂起）が発生。

フランス

第三共和政下で，銀行の資本力を背景に，帝国主義政策を追求。
➡インドシナやアフリカを植民地化し，イギリスにつぐ植民地帝国に。

国内では，共和政を脅かす事件が続いた。

● 03＿＿＿＿＿＿ 事件
元陸相によるクーデタ未遂事件。

● 04＿＿＿＿＿＿ 事件
ユダヤ系の陸軍将校が，冤罪（えんざい）によって軍部に逮捕された事件。
└ドイツのスパイと疑われた。作家のゾラが「私は弾劾する」と題する記事を書き，軍部を非難した。

年代	フランスのできごと
□ 1887	03＿＿＿＿＿＿ 事件（～1889）
□ 1894	04＿＿＿＿＿＿ 事件（～1899）
□ 1905	フランス社会党が成立

1905年にはフランス社会党が成立し，労働運動の高まりを抑えて，政権は安定した。

No.
Date

THEME **欧米列強の帝国主義**

ドイツ

05 ＿＿＿＿＿＿（位 1888～1918）即位。
➡ビスマルクと対立し，辞職させる。
●「世界政策」の展開
05 ＿＿＿＿＿＿による強引な帝国主義政策。
➡国内に 06 ＿＿＿＿＿＿主義がひろがる。
└全ドイツ系民族の連帯と統一をめざす主義・思想。

年代	ドイツのできごと
□ 1888	05 ＿＿＿＿＿＿が即位
□ 1890	ビスマルク辞職 社会主義者鎮圧法の廃止

ロシア

1890 年代に産業革命に入り，シベリア鉄道をつくり，極東やバルカン地方へ進出。
国内では政治改革を求める動きが高まった。
・ロシア社会民主労働党
➡ 1903 年に 09 ＿＿＿＿＿＿と 10 ＿＿＿＿＿＿に分裂。
└レーニンが指導者。　└プレハーノフが指導者。

・エスエル（社会主義者・革命家党）➡ナロードニキの流れをくむ政党。

年代	ロシアのできごと
□ 1898	ロシア社会民主労働党結成
□ 1905	07 ＿＿＿＿＿＿事件がおこる 1905 年革命勃発
□ 1906	08 ＿＿＿＿＿＿が首相に就任

● 07 ＿＿＿＿＿＿事件：宮殿に集まった民衆に，警備隊が発砲した事件（➡ 1905 年革命勃発）。
➡ソヴィエト（評議会）形成➡皇帝ニコライ 2 世は十月宣言を出し，革命鎮圧をはかる。
└労働者の自治組織。

アメリカ

└産業の独占や社会の不平等を改善しようとする風潮。
20 世紀初めに，革新主義が広がる。
●マッキンリー（任 1897～1901）
11 ＿＿＿＿＿＿戦争をおこし，キューバを保護国化。
ジョン=ヘイが 12 ＿＿＿＿＿＿政策を提唱。

年代	アメリカのできごと
□ 1898	11 ＿＿＿＿＿＿戦争
□ 1899，1900	12 ＿＿＿＿＿＿宣言
□ 1901	セオドア=ローズヴェルト大統領， 13 ＿＿＿＿＿＿政策を推進
□ 1914	パナマ運河が開通

●セオドア=ローズヴェルト（任 1901～09）
積極的な 13 ＿＿＿＿＿＿政策。パナマ運河の建設開始。
└武力を背景にした外交は，「棍棒外交」とも呼ばれた。
●タフト（任 1909～13）
中米や中国へ投資する「ドル外交」。
●ウィルソン（任 1913～21）
アメリカ民主主義をひろめる「宣教師外交」。

▲カリブ海地域

THEME 欧米列強による世界分割

アフリカ分割の流れ

年代	アフリカのできごと
□ 1881	スーダンで，マフディー運動がおこる（～ 1898） エジプトで，ウラービー運動がおこる（～ 1882） ［イギリスがアフリカ北部に進出。］
□ 1884	01 ________ 会議が開かれる（～ 1885）
□ 1898	イギリスとフランスがスーダンの 02 ________ で衝突する
□ 1899	南アフリカ（南ア，ブール）戦争がおこる（～ 1902）
□ 1904	英仏協商が成立
□ 1905	第１次モロッコ事件がおこる
□ 1911	第２次モロッコ事件がおこる

アフリカの植民地化

● 01 ________ 会議

➡アフリカ分割に関する列強による国際会議。
ドイツのビスマルクが提唱。
└ アフリカ植民地化の原則を定めた。

▲列強によるアフリカ分割

イギリス・フランス

イギリスが縦断政策，フランスが横断政策をそれぞれ展開。

03 ________ 政策：エジプトとケープ植民地との連結が目的。

04 ________ 政策：サハラ砂漠とジブチ・マダガスカルとの連結が目的。

⬇

結果，スーダンで英仏が衝突（02 ________ 事件）。

➡両国は接近し，英仏協商を結んだ。
└ エジプトにおけるイギリスの優越と，モロッコにおけるフランスの優越を，たがいに承認。

ドイツ

05 ________ によるモロッコ保護国化に反対して，２度のモロッコ事件をおこす。

第１次モロッコ事件：ヴィルヘルム２世が，モロッコ北部のタンジールに上陸。

第２次モロッコ事件：ドイツが，軍艦をモロッコ南部のアガディールに派遣。

⬇

ドイツの干渉は失敗におわり，モロッコは 05 ________ の保護国となった。

THEME 欧米列強による世界分割

太平洋地域の植民地化

イギリス

オーストラリア：18世紀後半にイギリス領。
（はじめは流刑植民地であった。）

➡先住民は 06 ＿＿＿＿＿＿ 。

ニュージーランド：19世紀前半にイギリス領。

➡先住民は 07 ＿＿＿＿＿＿ 人。

ドイツ

1880年代以降にミクロネシアを中心に獲得。
（マリアナ諸島，カロリン諸島など。）

アメリカ合衆国

1898年にスペインとの 08 ＿＿＿＿＿＿ 戦争に勝利。

➡スペインから，フィリピン・グアムを獲得。同年ハワイも併合。

▲オセアニアの分割

ラテンアメリカ諸国

●アメリカ合衆国が大きな影響力をもち，パン=アメリカ会議を定期的に開催。
（アメリカ合衆国の主導で開かれた，アメリカ大陸諸国の国際会議。）

●メキシコ革命：自由主義者のマデロと 09 ＿＿＿＿＿＿ ，農民運動指導者の 10 ＿＿＿＿＿＿ らが，親米的なディアス長期独裁政権を打倒。

三国同盟と三国協商

世界の植民地化のなかで，列強の対立の構図が生まれる。

11 ＿＿＿＿＿＿ ：ドイツ・オーストリア・イタリアが結成。

⇕

12 ＿＿＿＿＿＿ ：イギリス・フランス・ロシアの提携関係。

➡露仏同盟（1894），英仏協商（1904），英露協商（1907）。

●ドイツとイギリスの対外政策の対立

13 ＿＿＿＿＿＿ 政策：ベルリン・ビザンティウム（イスタンブル）・バグダードを連結。
（ドイツの政策。）

14 ＿＿＿＿＿＿ 政策：ケープタウン・カイロ・カルカッタを連結。
（イギリスの政策。）

THEME アジアの民族運動①

中華民国成立までの東アジアの流れ

年代	東アジアのできごと
□ 1895	日清戦争が終結➡日本が勝利し，清が朝鮮の宗主権を失う
□ 1898	戊戌(ぼじゅつ)の変法➡戊戌の政変がおこり，改革が失敗におわる
□ 1899，1900	ジョン=ヘイ，門戸開放政策を提唱
□ 1900	義和団戦争がおこる（～ 1901）➡ 8 カ国連合軍が北京を占領
□ 1904	日露戦争がおこる（～ 1905）➡ 01 ＿＿＿＿＿＿ 条約で講和
□ 1905	孫文，東京で 02 ＿＿＿＿＿＿ を結成
□ 1907	朝鮮で武装抗日闘争（義兵闘争）が激化
□ 1910	日本，朝鮮を併合しソウル（京城）に 03 ＿＿＿＿＿＿ を設置
□ 1911	辛亥革命が始まる
□ 1912	中華民国が成立

日清戦争後に，列強による中国分割が本格化したよ。

列強による中国分割

04 ＿＿＿＿＿＿：日清戦争で日本が得た遼東(りょうとう)半島を，列強が圧力を加えて清に返還させた。
└● ロシア・ドイツ・フランスの三国。

列強の租借地・勢力範囲

05 ＿＿＿＿＿＿	威海衛(いかいえい)，九竜(きゅうりゅう)半島（新界）
06 ＿＿＿＿＿＿	福建省
07 ＿＿＿＿＿＿	広州湾
08 ＿＿＿＿＿＿	東清鉄道の敷設(ふせつ)権，旅順，大連
09 ＿＿＿＿＿＿	膠州湾(こうしゅうわん)

中国進出に遅れたアメリカは，国務長官ジョン=ヘイが門戸開放・機会均等・領土保全を主張。

イギリス　ドイツ　フランス　ロシア
ロシア　東清鉄道　南満洲支線　朝鮮　北京　旅順　大連　山東省　威海衛　膠州湾　安徽省　江蘇省　四川省　日本　福建省　広東省　九竜半島　香港島　台湾　広州湾

▲東アジアにおける列強の進出

変法運動

変法：日本の明治維新にならった制度改革。10 ＿＿＿＿＿＿ が中心となって進めた。

●戊戌の変法（光緒帝による政治革新）➡戊戌の政変（11 ＿＿＿＿＿＿ によるクーデタ）
└● 光緒帝は幽閉され，康有為らは日本に亡命した。

THEME アジアの民族運動①

義和団戦争と日露対立

列強の中国進出にともなってキリスト教に改宗する中国人が増えると，中国各地で教案とよばれる反キリスト教運動を背景とした事件が起こった。

義和団戦争

「清を助（扶）けて，外国（洋）を滅ぼす」の意味のスローガン。

義和団：「12 ＿＿＿＿」を掲げて，キリスト教会や教徒をおそった自衛組織。

➡清朝は，義和団の動きを利用して列強に宣戦布告。

日本とロシアを主力とする８カ国連合軍が北京を占拠（義和団戦争）。➡ 敗れた清は北京議定書（辛丑和約）に調印。

日露戦争

義和団戦争後もロシアは中国東北地方にのこり，朝鮮支配をめざす日本と衝突。

イギリスとアメリカが日本を支援。

日露戦争：日本・ロシアともに長期戦を避け，米大統領セオドア=ローズヴェルトの調停で講和。

➡01 ＿＿＿＿ 条約：日露戦争の講和条約。

日本が得た権利

- 韓国の指導・監督権
- 13 ＿＿＿＿ 半島南部の租借権
- 東清鉄道南部の利権
- 樺太（サハリン）南部の領有権

●日露協約（1907）：日本とロシアが結んだ，東アジアの現状維持を目的とする条約。

日本の朝鮮支配

韓国の保護国化

1904年　第１次日韓協約➡日本が推薦する顧問の採用。

1905年　第２次日韓協約➡ソウルに 14 ＿＿＿＿ を設置。初代統監は伊藤博文。

1907年　ハーグ密使事件：韓国皇帝の高宗がハーグの万国平和会議に密使を送るが，列強は無視。

第３次日韓協約➡韓国軍隊の解散。

義兵闘争：民衆による武装抗日闘争。日本軍が鎮圧。

1910年　韓国併合：日本による韓国の植民地化。03 ＿＿＿＿ を設置し，強権的な武断政治を行った。

THEME アジアの民族運動①

光緒新政

●光緒新政：義和団戦争後の清朝で始められた急進的な改革運動。
・科挙の廃止（1905）
・国会開設の公約（1908）：立憲君主制への移行が進められた。
・憲法大綱（1908）：日本の大日本帝国憲法を参考に作成された。

辛亥革命

光緒新政のころ，清朝打倒をめざす革命運動が広がった。

●孫文：興中会の指導者で，1905年に革命諸団体を結集した 02 ＿＿＿＿ を組織。
三民主義をスローガンに掲げる。

三民主義		
	15 ＿＿ 主義	清朝の打倒と民族独立。
	16 ＿＿ 主義	主権在民の共和国の樹立。
	17 ＿＿ 主義	経済格差の改善。

1911年，幹線鉄道の国有化をめぐり，
18 ＿＿＿＿ が発生。➡武昌（ぶしょう）蜂起につながる（辛亥革命の始まり）。

孫文を臨時大総統に選出し，1912年に中華民国の建国を宣言。

（首都は南京。その後，すぐに北京にうつされたよ。）

清側は，袁世凱（えんせいがい）を交渉役としたが，袁は革命側につき，臨時大総統の地位をゆずり受けた。
袁は 19 ＿＿＿＿（溥儀（ふぎ））に退位を迫った。➡清朝の滅亡。
└中国の最後の皇帝となった。

⬇

袁世凱は，孫文らの第二革命を鎮圧し，独裁を始めた。

中国周辺部の動き

外モンゴル

1911年　独立を宣言
1924年　ソヴィエト政府の援助を受けて，モンゴル人民共和国が成立。

チベット

1913年　ダライ=ラマ13世が独立を宣言。

THEME アジアの民族運動②

南・東南・西アジアの流れ

年代	南・東南・西アジアのできごと
□ 1885	ボンベイで 01 ＿＿＿＿ 会議の結成
□ 1891	イランで 02 ＿＿＿＿ 運動がおこる（～ 1892）
□ 1899	フィリピン=アメリカ戦争が始まる（～ 1902）
□ 1905	ベトナムでドンズー（東遊）運動が始まる
	インドで 03 ＿＿＿＿ 令が施行される
	イランで立憲革命がおこる（～ 1911）
□ 1906	カルカッタ大会で4綱領が決議される➡ 04 ＿＿＿＿ 連盟が成立
□ 1908	オスマン帝国で 05 ＿＿＿＿ 革命がおこる
□ 1911	インドネシアで 06 ＿＿＿＿ 同盟（サレカット=イスラム）が成立

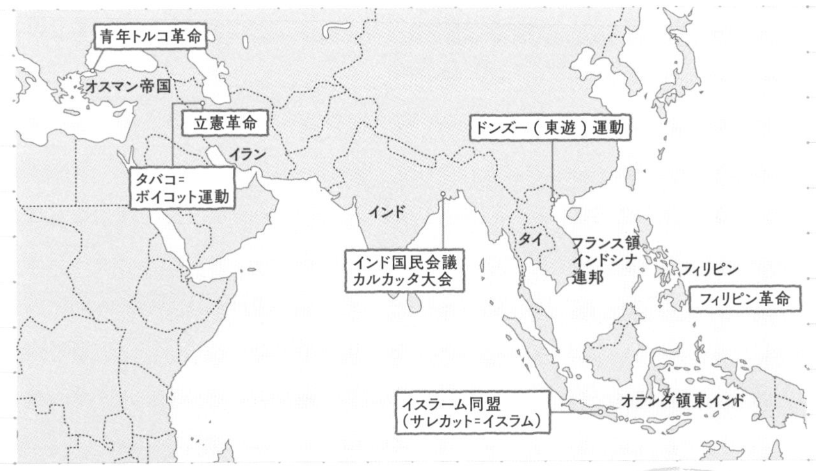

インドの民族運動

ベンガル分割令が施行されると，反英化したよ。

インド帝国成立後，イギリスの経済圏に組み込まれた。

● 01 ＿＿＿＿ 会議：親英的エリート層を中心に結成。インド人の意見をイギリスに伝達。

↓

⬅ 03 ＿＿＿＿ 令：ベンガル州をヒンドゥー教徒とイスラーム教徒の地域に分割。
└ ヒンドゥー教徒とイスラーム教徒を対立・分断させようとするイギリスの統治政策。

● カルカッタ大会：03 ＿＿＿＿ 令に反対するため4綱領（こうりょう）を採択。

➡ 4綱領：英貨排斥（はいせき）・07 ＿＿＿＿ ・08 ＿＿＿＿ ・民族教育
└ 07：国産品愛用
└ 08：自治獲得

↓

● 04 ＿＿＿＿ 連盟：イギリスの支援で結成。親英的なムスリム政治団体。

THEME アジアの民族運動②

東南アジアの民族運動

東南アジアでは，09 ＿＿＿＿ をのぞくすべての地域が植民地支配下に置かれていた。

インドネシア

支配国：オランダ

近代教育を受けた貴族の子弟を中心に，民族的自覚が高まる➡インドネシア民族運動の高揚。

● 06 ＿＿＿＿ 同盟（サレカット=イスラム）の設立。
└ インドネシアで最初の大衆的民族組織。

初期の民族運動の中心となるが，植民地政府の弾圧で崩壊した。

フィリピン

1899 年にフィリピン共和国の大統領となり，アメリカの支配に抵抗した。

支配国：スペイン➡アメリカ合衆国

1880 年代，ホセ=リサールがスペインの統治を批判。

1896 年，フィリピン革命がおこる。指導者 10 ＿＿＿＿ 。

⬇

1899 年，フィリピン=アメリカ戦争がおこる。➡ 1902 年，アメリカの植民地統治の始まり。

ベトナム

日露戦争に勝利した日本は当時，アジア諸国から注目されていたよ。

支配国：フランス

ドンズー（東遊）運動：ベトナムから日本へ留学生をおくる運動。

11 ＿＿＿＿ が提唱。
└ ベトナム民族主義運動の指導者。

西アジアの民族運動

19 世紀後半，列強の侵略が激化するなかで，パン=イスラーム主義が拡大。
（イスラーム諸国が連帯してヨーロッパの侵略に対抗するべきだとする思想。）

➡ 12 ＿＿＿＿ が主張し，各地の民族運動に影響を与える。

● 02 ＿＿＿＿ 運動：政府からイギリスの会社に与えられたタバコ独占利権に反対。

➡この動きがきっかけとなり，ガージャール朝の専制に反対する立憲革命がおこる。
（1906 年に国民議会を設立し，憲法が制定された。）

● 05 ＿＿＿＿ 革命：青年知識人や将校が，オスマン帝国（ミドハト）憲法の復活をめざした。
（オスマン帝国初の憲法。ロシア=トルコ戦争を理由に 1878 年に停止された。）

➡革命に成功し，1908 年に議会と憲法が復活。

THEME 第一次世界大戦

第一次世界大戦の流れ

年代	第一次世界大戦のできごと
□ 1908	オーストリア，01 ＿＿＿＿ を併合
□ 1912	第1次バルカン戦争がおこる（～ 1913）
□ 1913	第2次バルカン戦争がおこる
□ 1914	02 ＿＿＿＿ 事件➡第一次世界大戦が勃発
	03 ＿＿＿＿ の戦いで，ドイツがロシアを破る
	04 ＿＿＿＿ の戦いで，ドイツのフランス侵攻を阻止
□ 1917	ドイツが 05 ＿＿＿＿ 作戦を実行➡アメリカ合衆国の参戦
□ 1918	06 ＿＿＿＿ で水兵が蜂起し，ドイツ革命がおこる
	ドイツ共和国政府と連合軍が休戦協定を結び，第一次世界大戦が終結

ドイツは，この作戦で，中立国の船舶も攻撃対象に含めたよ。

バルカン半島の情勢

▲バルカン戦争後の領土分割

バルカン半島：ヨーロッパ列強の利害が対立。

「07 ＿＿＿＿ 」と呼ばれた。
└ 一触即発の状況にあったバルカン半島を形容した言葉。

●オーストリア：青年トルコ革命によるオスマン帝国の混乱に乗じ，01 ＿＿＿＿ を併合。

●ロシア：08 ＿＿＿＿ 同盟を結成し，オーストリアに対抗。
└ セルビア・ブルガリア・モンテネグロ・ギリシアの4国。

第1次バルカン戦争：バルカン同盟 vs. オスマン帝国
➡バルカン同盟が勝利。

第2次バルカン戦争：セルビア・ギリシア・モンテネグロ・オスマン帝国・ルーマニア vs. ブルガリア
➡ブルガリアが敗北。

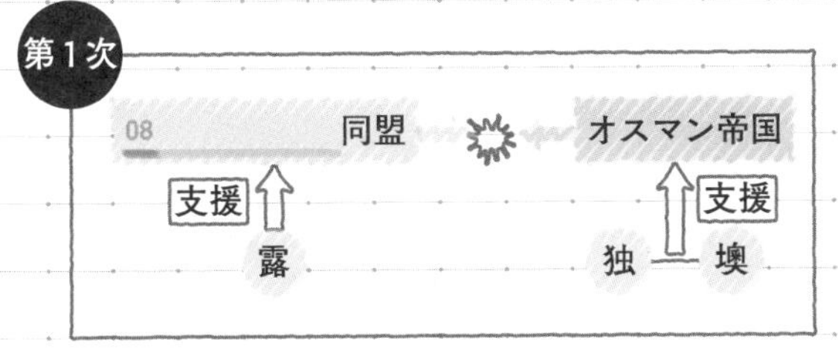

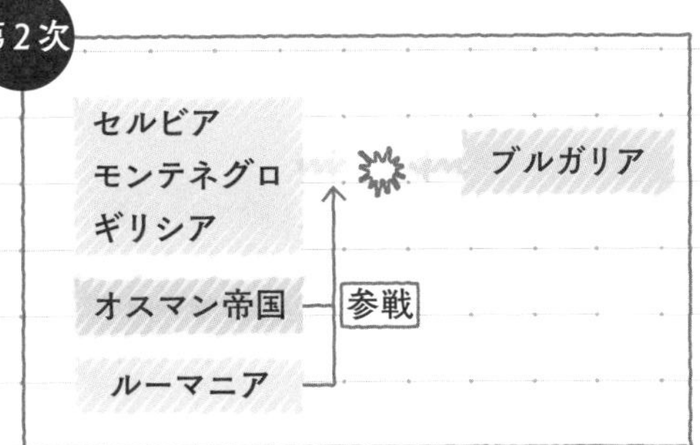

THEME 第一次世界大戦

第一次世界大戦

犯人はセルビア人の民族主義者だよ。

● 第一次世界大戦の開戦

02 ＿＿＿＿ 事件：オーストリアの帝位継承者夫妻が，サライェヴォで暗殺された事件。
└ ボスニアの州都。

➡ オーストリアがセルビアに宣戦布告。⇦ ドイツが支持

09 ＿＿＿＿ 国側：ドイツ・オーストリア・ブルガリア・オスマン帝国 （ドイツ・オーストリア：三国同盟）

↕

10 ＿＿＿＿ 国側：イギリス・フランス・ロシア・日本・イタリア（1915）・アメリカ（1917） （イギリス・フランス・ロシア：三国協商）
└ もともと三国同盟にいたが，協商国と密約を結び，協商国側で参戦。

▲第一次世界大戦中のヨーロッパ

① 03 ＿＿＿＿ の戦い：ドイツがロシアを破り，東部戦線の主導権を握った。
└ ドイツ側から見た東側の戦線。西部戦線はドイツ側から見た西側の戦線のこと。

② 04 ＿＿＿＿ の戦い：フランス・イギリスがドイツの侵攻を阻止。
└ 以後，西部戦線は膠着状態におちいった。

● 総力戦となった第一次世界大戦では，毒ガスや戦車などの新兵器が登場し，被害が拡大した。
└ 軍事力・経済力・国民の動員など，国家の総力をあげて戦うこと。

⬇

● 1918 年秋，ブルガリア，オスマン帝国は連合国側に降伏。オーストリアも休戦協定を結ぶ。
└ オーストリア＝ハンガリー帝国は崩壊し，戦後，チェコスロヴァキアやハンガリーなどが独立した。

⬇

● ドイツの 06 ＿＿＿＿ で水兵が反乱。ドイツ革命が全国に広がり皇帝は亡命。

➡ ドイツは連合国と休戦協定を結び，第一次世界大戦は終結した。

THEME ロシア革命

ロシア革命とソ連成立までの流れ

年代	ロシアのできごと
□ 1917.3	首都ペトログラードで二月（三月）革命がおこる
	自由主義者を中心とする臨時政府が成立
	01 ＿＿＿＿ が退位し，ロマノフ朝が滅亡
.4	02 ＿＿＿＿，四月テーゼを発表
.11	十月（十一月）革命がおこる
□ 1918.3	ドイツと 03 ＿＿＿＿ 条約を結ぶ
.4	連合軍，対ソ干渉戦争を開始（～ 1922）
□ 1919	モスクワで 04 ＿＿＿＿ が創設される
□ 1921	05 ＿＿＿＿ を始める

「すべての権力をソヴィエトへ」がスローガン。

ロシア革命

ロシア二月（三月）革命

●第一次世界大戦で敗北が続く。食料危機の発生。
➡ペトログラードで食料不足に対する民衆の大規模ストライキ。

労働者の自治組織 06 ＿＿＿＿ が組織された。
└ロシア語で「評議会」。革命の中心となった。

二月（三月）革命がおこる。
・皇帝 01 ＿＿＿＿ の退位。
└ロマノフ朝の消滅。
・自由主義者が中心となって臨時政府を樹立。
➡ケレンスキー政権。

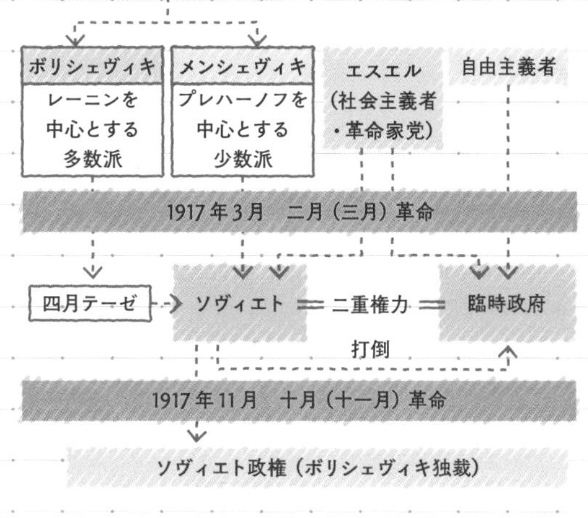

十月（十一月）革命

02 ＿＿＿＿ が亡命先のスイスから帰国後，四月テーゼを発表。➡ケレンスキーの臨時政府と対立。
└ボリシェヴィキの革命戦略を示した文書。

トロツキーらが臨時政府を倒し，ソヴィエト政権を樹立。
└ボリシェヴィキを指導した革命家。

「07 ＿＿＿＿ に関する布告」：交戦国に無併合・無償金・民族自決の原則による即時の講和を提案。
「08 ＿＿＿＿ に関する布告」：土地の私的所有の廃止を宣言。

ソヴィエト政権とソ連の成立

●ソヴィエト政権成立後の対応

内政：ボリシェヴィキは共産党に改称。首都：ペトログラードから 09 ＿＿＿＿ へ。
ボリシェヴィキの一党支配による独裁体制を確立。

外政：1918年3月，03 ＿＿＿＿ 条約を結び，ドイツと講和。

レーニンの思想

世界革命論：社会主義の実現には，世界革命を推進することが重要だとする思想。
（世界規模で革命を推進しようとする考え方。）

➡04 ＿＿＿＿ を創設：各国で共産党を組織させた。

●ソヴィエト政権への反発

国内：ロシア各地に反ソヴィエト勢力がおこり内戦となる。
新政権は 10 ＿＿＿＿ やチェカ（非常委員会）を設置して対抗。
（ソヴィエト政権の軍隊。）（反革命運動の取り締まりを任務とした秘密警察。）

国外：革命の拡大を警戒した連合国は，対ソ干渉戦争を実施し，反ソヴィエト勢力を後押し。
（連合国はチェコスロヴァキア軍団の救出を名目に派兵。日本も参戦し，シベリア出兵を行った。）
➡1919年に各国の軍隊は撤退，日本のみ1922年まで駐留。

●ソヴィエト政権の経済政策

11 ＿＿＿＿ 主義：内戦期にソヴィエト政権が実施した経済政策。
(1918～21)　➡農民から穀物を徴発し，都市の住民や兵士に分配。

⬇

05 ＿＿＿＿：低下した農業や工業の生産力の回復をめざした経済政策。
(1921～27)　➡穀物徴発の廃止・中小企業の私的営業の許可など。

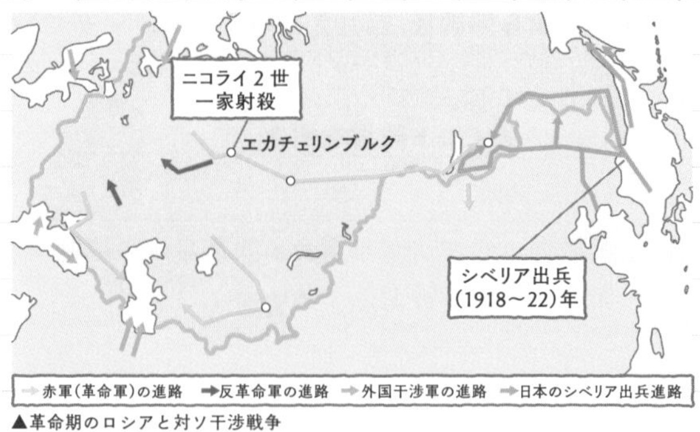

▲革命期のロシアと対ソ干渉戦争

THEME

ヴェルサイユ体制とワシントン体制

ヴェルサイユ体制成立の流れ

年代	戦間期のできごと
□ 1919	パリ講和会議の開催
	連合国，ドイツとヴェルサイユ条約を結ぶ
	連合国，オーストリアと 01 ＿＿＿＿＿＿ 条約を結ぶ
	連合国，ブルガリアとヌイイ条約を結ぶ
□ 1920	国際連盟が設置される
	連合国，ハンガリーとトリアノン条約を結ぶ
	連合国，オスマン帝国と 02 ＿＿＿＿ 条約を結ぶ
□ 1921	ワシントン会議の開催（～ 1922）
□ 1923	フランス・ベルギー，ルール占領を行う（～ 1925）
□ 1925	03 ＿＿＿＿ 条約が結ばれる
□ 1928	04 ＿＿＿＿＿＿ 条約が調印される
□ 1930	ロンドン会議が開かれ，補助艦の保有比率が決定

ドイツの賠償金支払い不履行を理由として行われた。

ヴェルサイユ体制の形成

パリ講和会議

連合国とドイツのあいだで開かれた講和会議。

➡米大統領ウィルソンの「05 ＿＿＿＿」が基本原則。

ヴェルサイユ条約を締結。 - - - - - - ➡

連合国と旧同盟国との講和条約

- ヴェルサイユ条約…ドイツ
- 01 ＿＿＿＿＿＿ 条約…オーストリア
- トリアノン条約…ハンガリー
- ヌイイ条約…ブルガリア
- 02 ＿＿＿＿ 条約…オスマン帝国

●「05 ＿＿＿＿」：秘密外交の廃止・海洋の自由・関税障壁の撤廃・06 ＿＿＿＿・国際平和機構の設立など。

└• 各民族は自分たちの意思で帰属を決定し，国家を設立できるとする考え方。

●ヴェルサイユ条約：連合国とドイツの講和条約。

①07 ＿＿＿＿＿＿ をフランスに返還。

└• ドイツ=フランス戦争でドイツ領となっていた。

②08 ＿＿＿＿＿ の非武装化。

└• ライン川の両岸地域で，独仏間の係争地の一つ。

③徴兵制の廃止などの軍備制限。

④賠償金の支払い（1921 年に 1320 億金マルクに決定）。

この条約を基礎とするヨーロッパの国際秩序をヴェルサイユ体制というよ。

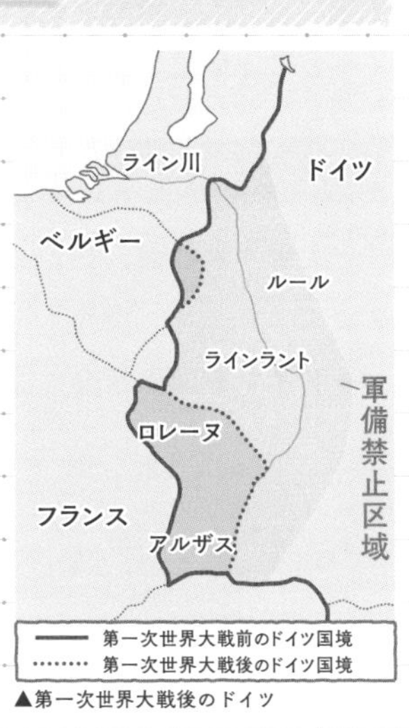

▲第一次世界大戦後のドイツ

THEME ヴェルサイユ体制とワシントン体制

国際連盟の設立

●国際連盟：1920 年，42 カ国が参加して設立された，史上初めての国際平和機構。

➡ウィルソンの「十四カ条」に基づき設立。

本部：スイスの 09 ＿＿＿＿＿＿ に置かれた。

総会：国際連盟の最高機関。全会一致の原則。

理事会：常任理事国と非常任理事国からなる。

└イギリス・フランス・イタリア・日本で構成。のちにドイツ，ソ連が加わった。

10 ＿＿＿＿＿＿：労働問題の調整。

┌オランダのハーグに置かれた。

11 ＿＿＿＿＿＿：国際紛争の裁定権をもつ。

➡当事国の同意を必要としたため機能せず。

総会
理事会
連盟事務局
常設国際司法裁判所
国際労働機関(ILO)

この会議を基礎とする東アジア・太平洋の国際秩序をワシントン体制というよ。

ワシントン体制の形成

1921 ～ 22 年，アメリカ大統領ハーディングの提唱で，ワシントン会議を開催。

● 12 ＿＿＿＿＿＿ 条約：5 カ国で調印された海軍軍縮のための条約。

➡アメリカ・イギリス・日本・フランス・イタリアの主力艦の保有トン数と保有比率を定め，保有比率をそれぞれ 5：5：3：1.67：1.67 とすることで同意。

● 13 ＿＿＿＿＿＿ 条約：中国に関する条約。

➡中国の主権尊重，領土保全，門戸開放などの原則を確認。

● 14 ＿＿＿＿＿＿ 条約：アメリカ・イギリス・フランス・日本による，太平洋地域に関する条約。

➡太平洋地域の現状維持を確認。この条約により日英同盟が解消された。

戦後の国際協調

第一次世界大戦後，1923 年のルール占領などの国境争いがおこるが，その後は国際協調へ。

└国際問題を，多国間で協議して解決しようとする外交思想。

● 03 ＿＿＿＿＿＿ 条約：ヨーロッパ諸国による集団安全保障体制。

➡ドイツを国際社会へ復帰させ，ヨーロッパに緊張緩和をもたらした。

● 04 ＿＿＿＿＿＿ 条約：戦争を違法化した国際法。

└フランス外相ブリアンと，アメリカ国務長官ケロッグが提唱した。

THEME 大戦後のヨーロッパとアメリカ

第一次世界大戦後の欧米諸国

イギリス

●選挙権の拡大

01 ＿＿＿＿ 選挙法改正（1918）

➡21歳以上の男性と30歳以上の女性。

02 ＿＿＿＿ 選挙法改正（1928）

➡21歳以上の男女。

●労働組合などからつながる躍進

1924年，03 ＿＿＿＿ が自由党との連立内閣を実現。

└党首はマクドナルド。

●アイルランドの独立

1922年にイギリスの自治領となるが，1937年に国名を 04 ＿＿＿＿ として連邦から離脱。

年代	イギリスのできごと
□ 1918	01 ＿＿＿＿ 選挙法改正
□ 1922	アイルランド自由国が成立
□ 1924	マクドナルド，初の 03 ＿＿＿＿ 内閣を組織
□ 1928	02 ＿＿＿＿ 選挙法改正
□ 1931	ウェストミンスター憲章

フランス

ドイツの賠償金不払いを理由に，ベルギーと 05 ＿＿＿＿ 工業地帯の占領を強行。

⬇ 路線変更

ブリアン外相，ドイツとの和解に努める。

年代	フランスのできごと
□ 1923	05 ＿＿＿＿ 占領が行われる（～1925）
□ 1925	ブリアン外相，国際協調路線をとる

ドイツ

終戦後，社会民主党とドイツ共産党が対立。

└ローザ＝ルクセンブルク，リープクネヒトが指導者。

⬇

社会民主党の 06 ＿＿＿＿ が大統領に。

➡ヴァイマル憲法を制定。

●インフレーションの克服

フランスのルール占領に対し，

ドイツはストライキなどの手段で抵抗。

➡生産が低下し，インフレーションを招く。

└お金の価値が下がり，物価が上昇しつづけること。

⬇

08 ＿＿＿＿ ：首相となり，レンテンマルクを発行してインフレーションを鎮静化。

└インフレ対策の紙幣。1兆マルク＝1レンテンマルクで交換した。

➡ 外相時代 ：07 ＿＿＿＿ 案を成立させ，賠償金の支払い方法と期限の緩和に成功。

国際連盟への加入を実現。

年代	ドイツのできごと
□ 1919	06 ＿＿＿＿ が大統領になる
□ 1923	インフレーション対策として，レンテンマルクが発行される
□ 1924	07 ＿＿＿＿ 案が成立
□ 1925	ヒンデンブルクが大統領になる
□ 1929	ヤング案を決定

THEME 大戦後のヨーロッパとアメリカ

イタリア

09 ＿＿＿＿ 党：ムッソリーニ率いる政党。

➡全体主義の思想を主張し，政府を攻撃。

└個人より国家などの集団の優位を主張。ファシズムとしてドイツや日本に広がった。

●「ローマ進軍」：ムッソリーニの示威行動。

➡首相となり，一党独裁体制を確立。

●ラテラノ（ラテラン）条約：断絶状態にあったローマ教皇庁と和解。

年代	イタリアのできごと
□ 1919	09 ＿＿＿＿ 党が成立
□ 1922	「ローマ進軍」がおこる
□ 1926・1927	アルバニアを保護国化
□ 1929	ローマ教皇庁と和解

東欧・バルカン諸国

ポーランド：独立運動の指導者ピウスツキが，クーデタで実権を握った。

バルカン地域：南スラヴ系民族がセルブ=クロアート=スロヴェーン王国にまとまる。

➡ 1929 年に 10 ＿＿＿＿ となる。

ソ連

1922 年，ソヴィエト=ロシアとウクライナ・ベラルーシ・ザカフカースの 3 共和国が統合され，

11 ＿＿＿＿ が成立。

●スターリン：レーニンの死後，権力を掌握。

➡一国社会主義論を唱える。

└一国だけで社会主義建設ができるとする考え方。

第 1 次五カ年計画を推進。

年代	ソ連のできごと
□ 1924	レーニンの死➡後継者争い
□ 1928	第 1 次五カ年計画（～ 1932）
□ 1933	第 2 次五カ年計画（～ 1937）

農業の集団化

集団農場（12 ＿＿＿＿）：土地・家畜・農具を共有。農場の共同経営化。

国営農場（13 ＿＿＿＿）：農具が国有で，働き手は賃金を受け取った。

アメリカ合衆国

第一次世界大戦後，債務国から債権国となる。

┌「永遠の繁栄」を謳歌。「黄金の 20 年代」とも。

● 1920 年代には，ハーディング・クーリッジ・フーヴァーの 3 代にわたる共和党政権。

年代	アメリカ合衆国のできごと
□ 1921	ハーディング，大統領に就任
□ 1923	クーリッジ，大統領に就任
□ 1924	15 ＿＿＿＿ が成立
□ 1929	フーヴァー，大統領に就任

14 ＿＿＿＿（1919）：酒類の製造・販売を禁じた法律。酒の密売をまねき，1933 年に廃止。

15 ＿＿＿＿（1924）：アメリカ合衆国への移民を制限。

└アジアからの移民は事実上禁止された。

THEME アジア・アフリカの民族運動①

東アジアの流れ

年代	戦間期のできごと
□ 1915	日本，中国に対して二十一カ条の要求を行う
□ 1917	文学革命のなかで，白話（口語）文学が提唱される
□ 1919	朝鮮で 01 ＿＿＿＿ 運動がおこる
	中国で 02 ＿＿＿＿ 運動がおこる
□ 1921	03 ＿＿＿＿ を初代委員長として中国共産党が成立
□ 1925	上海で 04 ＿＿＿＿ 運動がおこる
□ 1926	国民革命軍が北伐を開始（～ 1928）
□ 1927	中国国民党，上海クーデタをおこし 05 ＿＿＿＿ に国民政府を樹立
□ 1928	日本，張作霖が乗る列車を爆破して殺害
□ 1931	江西省瑞金に中華ソヴィエト共和国臨時政府が成立

中国での権益を拡大しようとした内容。

第一次世界大戦とアジア

文学革命

● 文学革命：陳独秀が創刊した雑誌『新青年』を中心に展開された口語文学運動。

➡ 06 ＿＿＿＿ ：白話（口語）運動を提唱し，文学革命を主導した。

07 ＿＿＿＿ ：『狂人日記』『阿Q正伝』などの小説を発表。

08 ＿＿＿＿ ：北京大学教授となりマルクス主義を研究。

知識人による，民衆の自覚をうながす社会改革運動。

戦後の朝鮮

民族自決の気運が高まり，日本からの独立の要求が高まる。

● 01 ＿＿＿＿ 運動：「独立万歳」をさけぶデモが朝鮮全土に広がる。

➡朝鮮総督府は，武断政治から「文化政治」へと統治方針を転換。

└ 武力による支配や言論・新聞などの統制を緩和した。

戦後の中国

二十一カ条の要求の取り消しを求め，パリ講和会議に提訴。➡列強に退けられる。

● 02 ＿＿＿＿ 運動：北京の学生デモが全国に広がる。➡ヴェルサイユ条約の調印を拒否。

THEME アジア・アフリカの民族運動①

中国国民党と中国共産党

●中国国民党：1919年，中華革命党を組織しなおして成立。

➡成立時の指導者は09＿＿＿＿。

党の方針として「連ソ・容共・扶助工農」を採択。

└ソ連と連携し，共産主義を容認し，労働者や農民の生活を支援するという意味。

（初期の国民党と共産党には，ソ連（ソヴィエト＝ロシア）が関わっているんだよ。）

●中国共産党：1921年，コミンテルンの支援を受け成立。

➡成立時の指導者は03＿＿＿＿。

第1次国共合作（1924～27）

1924年　国共合作：国民党と共産党が結んだ協力体制。

国民党が「連ソ・容共・扶助工農」を採択したことで成立。

軍閥打倒，帝国主義打倒を掲げる。

└中国の各地に割拠した，軍人の私的な集団。

1925年　04＿＿＿＿運動：上海でおこった反帝国主義運動。

（中国共産党が指導してゼネストがおこった。）

国民党が10＿＿＿＿に国民政府を樹立。

1926年　北伐：11＿＿＿＿の率いる国民革命軍が，中国統一をめざした戦い。

1927年　北伐の途上，蔣介石（しょうかいせき）が12＿＿＿＿で共産党を弾圧。

➡国民党が05＿＿＿＿に国民政府を樹立…国共分裂。

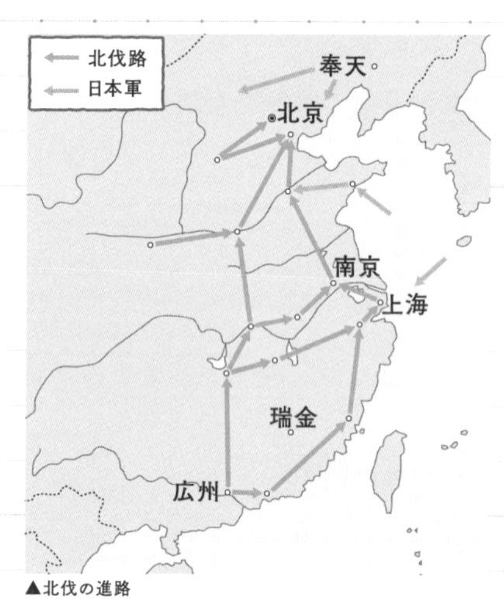

▲北伐の進路

中国の統一

1928年に北伐が再開され，国民革命軍が北京を占領。

➡奉天派の13＿＿＿＿が国民政府の東北支配をみとめ，中国は統一された。

└張作霖の子。張作霖は東北支配をもくろむ日本の関東軍に殺害された。

蔣介石は，浙江財閥と結び，政権の安定をはかった。

●中華ソヴィエト共和国臨時政府：1931年に成立した共産党の臨時政府。

➡国共分裂後，紅軍（こうぐん）（共産党軍）を率いる14＿＿＿＿が，江西省の瑞金に樹立。

国民政府と対立。

THEME アジア・アフリカの民族運動②

アジアの民族運動

インド

第一次世界大戦中，イギリスはインドの自治を約束。

・01 ＿＿＿＿＿＿法：反英運動の弾圧が目的。

・インド統治法（1919）：自治とはほど遠い内容。

↓

インド民衆が激しく反発

↓

年代	インドのできごと
□ 1919	01 ＿＿＿＿＿＿法の制定
	インド統治法の制定
□ 1929	プールナ=スワラージが決議される
□ 1935	新インド統治法の制定

● 02 ＿＿＿＿＿＿：国民会議派大会で非協力運動を提示。

➡非暴力・不服従：02 ＿＿＿＿＿＿が展開した社会運動の理念。

「塩の行進」：イギリスの塩の専売に反対した運動。

● 03 ＿＿＿＿＿＿：インドの完全独立（プールナ=スワラージ）を決議した急進派。

↓

・新インド統治法（1935）：各州の自治権を認めたが，完全独立にはほど遠い内容。

東南アジア

年代	東南アジアのできごと
□ 1927	インドネシア国民党が成立
□ 1930	インドシナ共産党が成立
□ 1934	フィリピン独立法が成立
□ 1935	フィリピン独立準備政府が発足

●インドネシア

1920年　インドネシア共産党成立➡失敗

1927年　インドネシア国民党成立

➡04 ＿＿＿＿＿＿が党首。

└のちのインドネシア共和国の初代大統領。

●インドシナ

1925年　ベトナム青年革命同志会発足

➡05 ＿＿＿＿＿＿が結成。

1930年　インドシナ共産党に改称。

●ビルマ（ミャンマー）

1930年　06 ＿＿＿＿＿＿党が成立。

└ビルマの完全独立をめざし，独立運動を行った。

●フィリピン

1934年　フィリピン独立法を制定。

1935年　独立準備政府が発足。

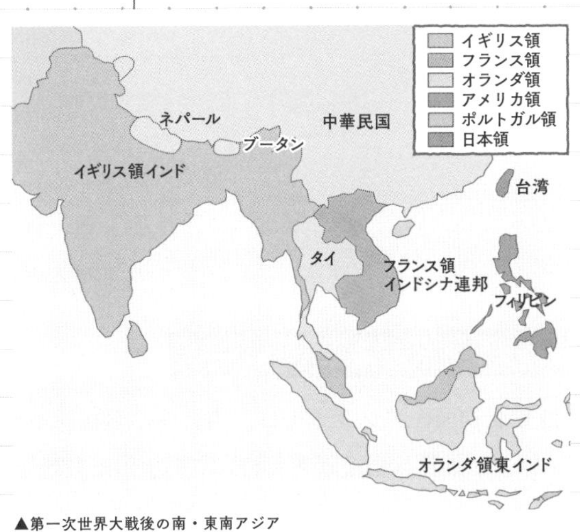

▲第一次世界大戦後の南・東南アジア

THE LOOSE-LEAF STUDY GUIDE FOR HIGH SCHOOL STUDENTS

THEME アジア・アフリカの民族運動②

オスマン帝国

第一次世界大戦に敗北後，セーヴル条約を結ぶ。
（小アジアをのぞく領土をほぼ失った。）

条約に反対した 11 ＿＿＿＿ が，抵抗運動を指導。
（のちのケマル=アタテュルク。）

➡連合国と 10 ＿＿＿＿ 条約を新たに結び，トルコ共和国が成立。

年代	西アジアのできごと
□ 1915	07 ＿＿＿＿ 協定
□ 1916	08 ＿＿＿＿ 協定
□ 1917	09 ＿＿＿＿ 宣言
□ 1920	オスマン帝国，セーヴル条約を結ぶ
□ 1922	エジプト王国が成立
□ 1923	10 ＿＿＿＿ 条約が結ばれる トルコ共和国が成立
□ 1925	イランでパフレヴィー朝が成立
□ 1932	サウジアラビア王国が成立

トルコ革命

- 12 ＿＿＿＿ 制を廃止（1922）
- 13 ＿＿＿＿ 制を廃止（1924）
- トルコ共和国憲法の制定（1924）
- 政教分離（政治とイスラーム教の分離）
- 女性参政権の実施
- 文字改革（14 ＿＿＿＿ 字の採用）

▲第一次世界大戦後の西アジア

イスラーム諸国

戦後，エジプトやサウジアラビアなどが独立した。パレスチナ地方ではイギリスの二重外交が原因となって対立が生じた。

●エジプト：エジプト王国が成立。
（ワフド党が政権を握った。）

●イラン：15 ＿＿＿＿ がパフレヴィー朝を開く。
（シャー（国王）を称した。）

●アラビア半島：16 ＿＿＿＿ がサウジアラビア王国を建国。

イギリスによる3つの外交約束は，それぞれが矛盾した内容になっているよ。

07 ＿＿＿＿ 協定	アラブ人にオスマン帝国からの独立を約束。
08 ＿＿＿＿ 協定	英・仏・露でオスマン帝国領を分割することを決定。
09 ＿＿＿＿ 宣言	ユダヤ人のパレスチナ復帰運動の支援を約束。

アフリカの民族運動

20 世紀初頭のアフリカでは，内と外から植民地支配への抵抗運動がおこった。

- アフリカ民族会議（ANC）：1912 年に創設され，人種差別撤廃をめざした。
- パン=アフリカ会議：ロンドンやパリで開かれた，パン=アフリカニズムを推進する会議。
（アフリカ大陸の諸民族やアフリカ系の人びとの主体性の回復をめざす運動。）

THEME 世界恐慌とファシズムの台頭

世界恐慌の流れ

年代	世界恐慌のできごと
□ 1929	01 ＿＿＿＿ 株式市場で株価が暴落➡世界恐慌
□ 1931	フーヴァー大統領，フーヴァー＝モラトリアムを発表
	イギリス，マクドナルドによる挙国一致内閣が成立
□ 1932	イギリス，オタワ連邦会議を開催➡ 02 ＿＿＿＿ ＝ブロックの結成
□ 1933	03 ＿＿＿＿ がニューディールを実施
□ 1935	英独海軍協定が結ばれる
□ 1936	フランス，ブルムを首相とする人民戦線内閣が成立

賠償・戦債の支払いを１年間猶予した。ドイツの救済策だったが，効果はなかった。

ファシズムや帝国主義に反対する勢力のことだよ。

世界恐慌

●世界恐慌：1929年10月に発生した，01 ＿＿＿＿ 株式市場（ウォール街）での株価の大暴落を原因とする世界的な恐慌。

⬇

米大統領 03 ＿＿＿＿ が，ニューディール（新規まき直し）を実施。

ニューディール（新規まき直し）
- 04 ＿＿＿＿ ：農産物の生産を調整し，価格を安定化。
- 05 ＿＿＿＿ ：7州にまたがる地域で，大規模な公共事業を行うことで雇用を促進。
- 06 ＿＿＿＿ ：企業間の競争の制限を認めた。
- 07 ＿＿＿＿ ：労働者の団結権と団体交渉権を認めた。
  ➡1938年に産業別組合会議（ＣＩＯ）が成立。
- 金本位制の停止

➡ 一定の成果を残す

対外的には，08 ＿＿＿＿ 外交政策をとり，ラテンアメリカ諸国を経済圏に組み込んだ。
└ラテンアメリカ諸国への干渉をなくし，関係改善に努めた。

各国のブロック経済政策

ブロック経済：本国と植民地による排他的経済圏。

- アメリカ➡ 09 ＿＿＿＿ ＝ブロック
- イギリス➡ 02 ＿＿＿＿ ＝ブロック
  └スターリングとは「イギリス通貨」の意味。
- フランス➡ 10 ＿＿＿＿ ＝ブロック
  └金本位制を維持したことから，金＝ブロックともいわれる。

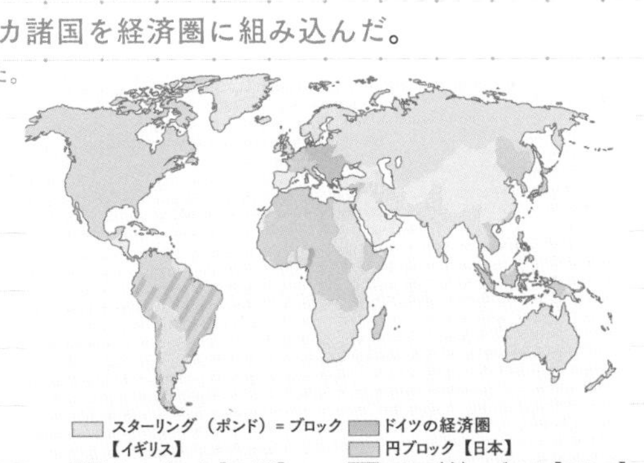

▲世界各地のブロック経済圏

THEME 世界恐慌とファシズムの台頭

ナチス=ドイツの流れ

年代	ドイツのできごと
□ 1920	ドイツ労働者党，国民社会主義ドイツ労働者党に改称
□ 1923	11 ＿＿＿＿ 一揆に失敗し，ヒトラー逮捕
□ 1932	選挙でナチ党が第一党となる
□ 1933	ヒンデンブルク大統領，ヒトラーを首相に任命
	国会議事堂放火事件をきっかけに，共産党を弾圧
	12 ＿＿＿＿ 法を制定
□ 1935	住民投票を行い，13 ＿＿＿＿ 地方を編入
□ 1936	14 ＿＿＿＿ 非武装地帯に軍を進駐

元共産党員が放火の犯人として逮捕された事件。ナチスは共産党の脅威を煽(あお)って，共産党を解散に追い込んだ。

ナチスの台頭

ナチ党（国民社会主義ドイツ労働者党）：ドイツ労働者党が1920年に改称して成立。

➡ヒトラーが党首となり，巧妙な大衆運動によって支持を獲得。

ナチ党の主張

①15 ＿＿＿＿ 人排斥

②ヴェルサイユ条約の破棄

③民族共同体建設による国民生活の安定

➡11 ＿＿＿＿ 一揆：ヒトラーらがおこした武装蜂起。⬅失敗し，ヒトラー逮捕。
獄中で『わが闘争』を口述筆記。

16 ＿＿＿＿（SA）・17 ＿＿＿＿（SS）を創設。
16：ナチスの軍事組織。
17：ヒトラー護衛のための部隊。

ナチス=ドイツの政策

1932年の選挙でナチ党が第一党になり，翌33年にヒトラーは首相に任命された。

- 12 ＿＿＿＿ 法を制定し，ナチ党の一党独裁を確立。
- アウトバーン（自動車専用道路）の建設。➡失業者の救済。

1933年　国際連盟から脱退

1935年　住民投票によって13 ＿＿＿＿ 地方を編入

徴兵制を復活し，再軍備を宣言

1936年　ロカルノ条約を破棄し，14 ＿＿＿＿ へ進駐

ヴェルサイユ体制の破壊をもくろむ。

THEME 日中戦争

東アジアにおける世界恐慌の影響

年代	東アジアのできごと
□ 1931	日本の関東軍，01 ＿＿＿＿ をおこして中国東北地方を占領
□ 1932	国際連盟，02 ＿＿＿＿ を派遣して日本の軍事行動を調査
□ 1933	日本，国際連盟脱退を通告
□ 1934	中国共産党，03 ＿＿＿＿ を開始（～ 1936）
□ 1935	中国共産党，04 ＿＿＿＿ 宣言を発表➡民族統一戦線の組織をめざす
□ 1936	05 ＿＿＿＿ 事件がおこる
□ 1937	06 ＿＿＿＿ 事件がおこる➡日中戦争が始まる
	第２次国共合作が成立
□ 1940	日本，南京に汪兆銘（おうちょうめい）を主席とする親日政権を建てる

重慶に逃れた中国の国民政府に対抗して設立された。

満洲事変～日中戦争の開戦

大陸の支配圏を拡大することで解決しようとしたよ。

日本：1920 年代後半，金融恐慌（1927）や世界恐慌（1929）の影響で経済危機を迎えた。
└ 全国規模で銀行倒産がおこった経済恐慌。

● 01 ＿＿＿＿：柳条湖（りゅうじょうこ）の鉄道爆破事件を口実として，関東軍が東北地方を占領し，07 ＿＿＿＿ を執政とする満洲国を建国した事件。
└ 宣統帝。清朝の最後の皇帝。

⬇

国際連盟は 02 ＿＿＿＿ を派遣。

調査結果を不服とした日本は，国際連盟を脱退したよ。

中国：国内の統一をめざし，国共の争いが続いていた。
➡国民党から攻撃を受けた共産党は 03 ＿＿＿＿ を実行。
江西省の瑞金から，陝西省の延安へ拠点を移動。

満洲事変を機に，共産党は抗日に方針を転換。
➡ 04 ＿＿＿＿ 宣言を出して民族統一戦線の結成を主張。

⬇

05 ＿＿＿＿ 事件：張学良（ちょうがくりょう）が，共産党との戦いにこだわる蔣介石（しょうかいせき）を説得した事件。

● 日本と中国は，06 ＿＿＿＿ 事件を機に日中戦争に突入した。
└ 北京郊外でおこった日中の軍事衝突。

⬇

第２次国共合作が成立

▲長征の進路と満洲国

THEME ファシズム国家の提携

ソ連の独裁体制

●スターリンの独裁体制

個人崇拝の強化：反対派を大量に投獄・処刑するなど 01 ＿＿＿＿ を行った。➡ スターリン体制

➡ 1936 年の 02 ＿＿＿＿ 憲法は，市民の権利や自由をうたったが，実際にはスターリン独裁のもとでほとんど守られなかった。

●世界恐慌の影響

計画経済を採用し，世界経済との結びつきも弱かったため，世界恐慌の影響を受けずに経済が発展。

➡ 1937 年にはアメリカについで世界第２位の工業生産高に。

ファシズム諸国家の提携

● 1930 年代に日本・ドイツ・イタリアは三国枢軸を結成した。

1936 年 03 ＿＿＿＿ 枢軸の結成：イタリアのエチオピア侵攻を機に，独・伊が接近。

⇩

04 ＿＿＿＿ 協定の結成：共産主義運動に対抗するため，日・独が接近。

⇩

1937 年 05 ＿＿＿＿ 協定の結成：日独防共協定にイタリアが加わって成立。

└ この年，国際連盟を脱退。

スペイン

06 ＿＿＿＿ 内戦：スペイン革命（1931）後，1936 年に成立した人民戦線政府と，07 ＿＿＿＿ を中心とする右派反乱軍との内戦。

人民戦線政府：首班はアサーニャ。社会主義寄り。⇦ ソ連・国際義勇軍が支援（反ファシズム）

└ アメリカの作家ヘミングウェーも参加。

⇕ 対立

07 ＿＿＿＿：スペインの右派軍人。⇦ ドイツ・イタリアが支援（ファシズム）

➡ 07 ＿＿＿＿ が勝利し，独裁政治体制を樹立。

ゲルニカ（ピカソ作）
スペインの小都市ゲルニカは，フランコを支援するドイツ軍による空爆を受け，廃墟となった。

(提供:Bridgeman Images/アフロ)

THEME 第二次世界大戦①

第二次世界大戦の流れ①

年代	第二次世界大戦のできごと①
□ 1938.3	ドイツ，オーストリアを併合
.9	イギリス・フランス・ドイツ・イタリア，01 ＿＿＿＿ 会談を開催
.10	ドイツ，ズデーテン地方を併合
□ 1939.3	ドイツ，02 ＿＿＿＿ を解体
.8	独ソ不可侵条約の成立
.9	ドイツ・ソ連，03 ＿＿＿＿ に侵攻➡第二次世界大戦開戦
.11	ソ連=フィンランド戦争（冬戦争）が始まる
□ 1940.4	ドイツ，デンマーク・ノルウェーへ侵攻
.5	ドイツ，オランダ・ベルギー・フランスへ侵攻
.6	イタリア，イギリス・フランスに宣戦布告
.7	フランスの南半分に，ペタンが04 ＿＿＿＿ 政府を樹立
.9	日本・ドイツ・イタリア，05 ＿＿＿＿ 同盟を結ぶ
□ 1941.4	日本とソ連の間に06 ＿＿＿＿ 条約が締結される
.6	ドイツ，ソ連を奇襲して独ソ戦が始まる
.8	アメリカ・イギリス，大西洋上会談を行い，戦後構想を発表

枢軸国と呼ばれたよ。

開戦までの経緯

1938年　ドイツ，オーストリアを併合。さらにズデーテン地方の割譲を要求。

└ チェコスロヴァキアとドイツの国境地帯。ドイツ人住人が多かった。

⬇

01 ＿＿＿＿ 会談：英・仏・独・伊が参加。ドイツのズデーテン地方領有を認めた。

…イギリス・フランスは07 ＿＿＿＿ 政策を方針とした。

└ ドイツに譲歩することで衝突を避けようとする政策。

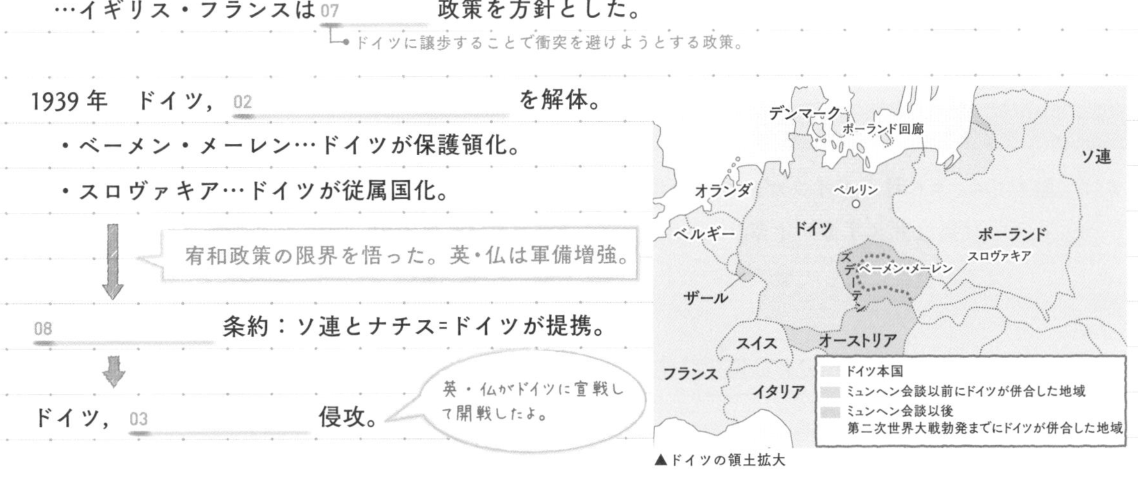

1939年　ドイツ，02 ＿＿＿＿ を解体。

・ベーメン・メーレン…ドイツが保護領化。

・スロヴァキア…ドイツが従属国化。

⬇ 宥和政策の限界を悟った。英・仏は軍備増強。

08 ＿＿＿＿ 条約：ソ連とナチス=ドイツが提携。

⬇

ドイツ，03 ＿＿＿＿ 侵攻。

英・仏がドイツに宣戦して開戦したよ。

▲ドイツの領土拡大

THEME **第二次世界大戦①**

ドイツとソ連の提携と侵攻

ドイツ軍の動き

1939.9　ポーランドに侵攻。08＿＿＿＿＿条約に従いソ連軍もポーランド東部へ侵攻。
（→秘密条項でポーランドとバルト3国での独ソそれぞれの勢力範囲を定めていた。）
➡ポーランドをドイツ・ソ連両国で分割。

1940.4　デンマーク・ノルウェーに侵攻。
.5　オランダ・ベルギー・フランスに侵攻。
.6　ドイツの優勢をみて，イタリア参戦。
パリを占領。
➡フランスがドイツに敗北。
.7　ロンドン空襲を開始。
.9　05＿＿＿＿＿同盟が成立。

1941.4　バルカン半島へ進出。➡ ソ連との関係悪化

> ドイツ占領後のフランス
> 北半分…ドイツが統治。
> 南半分…04＿＿＿＿＿政府が統治。
> 09＿＿＿＿＿を首班とするドイツの傀儡政府。
> ●ドイツへの抵抗
> ・イギリスで10＿＿＿＿＿が亡命政府を組織。
> ・フランス国内でレジスタンスがおこる。

> イギリス首相の11＿＿＿＿＿が，ドイツ軍の侵攻を阻止。

ソ連軍の動き

1939.9　ドイツとともにポーランドに侵攻。
.11　12＿＿＿＿＿に宣戦（冬戦争）。
（→ソ連，国際連盟を除名される。）

1940.8　バルト3国を併合。
（→エストニア・ラトヴィア・リトアニアの3国。）

1941.4　ドイツ，バルカン半島進出。
➡ ドイツとの関係悪化
日本と06＿＿＿＿＿条約を結ぶ。

（ドイツの侵攻に備えた条約だよ。）

1939年8月の枢軸圏
1941年までに枢軸軍に参加した国
1942年の枢軸軍の最大占領地
中立国

フィンランド　ノルウェー　エストニア　ラトヴィア　リトアニア　イギリス　デンマーク　オランダ　ベルギー　ロンドン　パリ　フランス　ドイツ　ポーランド　アウシュヴィッツ　チェコスロヴァキア　ソヴィエト連邦　ヴィシー　スペイン　イタリア　トルコ

▲第二次世界大戦中のヨーロッパ

独ソ戦

●独ソ戦：1941年6月，ドイツが独ソ不可侵条約を破ってソ連を奇襲。
➡ソ連はアメリカ・イギリスに接近。➡13＿＿＿＿＿憲章に参加。
（→大西洋上会談の結果，発表された共同宣言。（➡「第二次世界大戦②」））
ソ連の抵抗によって戦況は膠着状態に。

（反ファシズムの国々は，連合国と呼ばれるよ。）

ドイツは，占領地からの物資の徴発・強制労働への動員を強化。
➡アウシュヴィッツなどの14＿＿＿＿＿で，ユダヤ人の絶滅（ホロコースト）をはかる。
（→現ポーランドのオシフィエンチム。）

THEME 第二次世界大戦②

第二次世界大戦の流れ②

年代	第二次世界大戦のできごと②
□ 1941.12	日本，01 ＿＿＿＿＿＿を攻撃し，太平洋戦争が始まる（→アジア・太平洋戦争とも呼ばれる。）
□ 1942.1	連合国26カ国が，連合国共同宣言を発表
.6	日本，02 ＿＿＿＿＿＿海戦でアメリカ海軍に敗れる
.7	03 ＿＿＿＿＿＿の戦いがおこる（～1943）➡ドイツ敗北
□ 1943.9	イタリア，無条件降伏
.11	アメリカ・イギリス・中国，04 ＿＿＿＿会談を開く
	アメリカ・イギリス・ソ連，05 ＿＿＿＿会談を開く
□ 1944.6	連合軍，北フランスのノルマンディーに上陸
□ 1945.2	アメリカ・イギリス・ソ連，06 ＿＿＿＿会談を開く
.5	ドイツ，無条件降伏
.7	アメリカ・イギリス・ソ連，07 ＿＿＿＿会談を開く
.8	日本，ポツダム宣言を受諾して降伏➡第二次世界大戦が終戦

太平洋戦争の開始

● 日本の南方進出

日中戦争で国力が消耗。

➡戦略物資を求めて東南アジアへ侵攻。

アメリカ合衆国：日本への石油給油を停止。

➡「ＡＢＣＤ包囲陣」の形成。

08 ＿＿＿＿（A）　09 ＿＿＿＿（B）
日本
10 ＿＿＿＿（C）　11 ＿＿＿＿（D）

● 太平洋戦争の開始。アメリカ・イギリスに宣戦。

日本：01 ＿＿＿＿＿＿の米軍基地を攻撃。

同じ日に，マレー半島上陸。

開戦から約半年で東南アジアのほぼ全域占領。

「12 ＿＿＿＿＿＿」：欧米の支配打破と，

アジア民族の共存共栄をうたったスローガン。

➡中国や東南アジアの支配を正当化。

▲太平洋戦争

THEME 第二次世界大戦②

戦局の転換

ドイツ・イタリアもアメリカへ宣戦したよ。

太平洋戦争が始まったことで世界規模の戦争に拡大。

13 ＿＿＿＿ 国（ファシズム陣営）：日本・ドイツ・イタリアなど。

↕

14 ＿＿＿＿ 国（反ファシズム陣営）：アメリカ・イギリス・ソ連など。

戦局の転換点となった戦い

- 02 ＿＿＿＿ 海戦：日本海軍がアメリカ海軍に敗北。日本は太平洋での主導権を失う。
- 03 ＿＿＿＿ の戦い：ソ連がドイツに勝利。独ソ戦においてソ連が優位に。

主要な連合国首脳会談

連合国の首脳による会談が開かれた。おもに戦後処理などを決定。

15 ＿＿＿＿ 会談 （1941年8月）	ファシズムの打倒をめざし，大西洋憲章を発表。 米 フランクリン=ローズヴェルト，英 チャーチル
04 ＿＿＿＿ 会談 （1943年11月）	対日戦争方針の決定。日本の無条件降伏まで戦う方針など（カイロ宣言）を発表。 米 ローズヴェルト，英 チャーチル，中 蔣介石
05 ＿＿＿＿ 会談 （1943年11～12月）	対独戦争方針の決定。ノルマンディー上陸作戦の実行を約束。 米 ローズヴェルト，英 チャーチル，ソ スターリン
06 ＿＿＿＿ 会談 （1945年2月）	ドイツの戦後処理，ソ連の対日参戦などを決定（ヤルタ協定）。 米 ローズヴェルト，英 チャーチル，ソ スターリン
07 ＿＿＿＿ 会談 （1945年7～8月）	ドイツの戦後処理，日本の無条件降伏の勧告（ポツダム宣言）。 米 トルーマン，英 チャーチル➡アトリー，ソ スターリン

戦争の終結

- イタリアの降伏（1943年9月）
  7月：ムッソリーニの解任。➡9月：イタリア新政府（バドリオ政府）が無条件降伏。
- ドイツの降伏（1945年5月）
  4月：ヒトラーの自殺。➡5月：連合国軍がベルリンを占領し，無条件降伏。
- 日本の降伏（1945年8月）
  7月：連合国軍が日本の降伏を求めるポツダム宣言を発表。
  8月：アメリカ，16 ＿＿＿＿ を広島・長崎に投下。
  ソ連，ヤルタ協定に従って対日参戦。
  } 日本はポツダム宣言を受諾して降伏。

THEME

戦後世界秩序の形成

戦後世界秩序形成の流れ

年代	国際連合・ブレトン=ウッズ体制のできごと
□ 1941.8	大西洋上会談が開かれ，大西洋憲章が発表される
□ 1944.7	ブレトン=ウッズ会議が開かれる
.8	01 ＿＿＿＿＿＿＿＿ 会議が開かれる
□ 1945.4	02 ＿＿＿＿＿＿＿＿ 会議が開かれ，国際連合憲章が採択される
.10	国際連合が発足
.12	03 ＿＿＿＿＿＿ （ＩＭＦ）と 04 ＿＿＿＿＿＿ （ＩＢＲＤ）が発足
□ 1947.2	パリ講和条約が結ばれる
.10	「05 ＿＿＿＿＿＿＿＿」（ＧＡＴＴ）が成立
□ 1973	先進国，変動相場制へ移行

敗戦国の戦後処理

戦後，連合国は枢軸国を軍事占領し，戦後処理を行った。

➡旧枢軸国の植民地や占領地は解放され，一部は国連の信託統治下に置かれた。

└● 海外領土を放棄。

パリ講和条約：**イタリア**・ハンガリー・ルーマニア・ブルガリア・フィンランドとの講和条約。

➡ドイツ・オーストリア・日本では占領統治を継続。

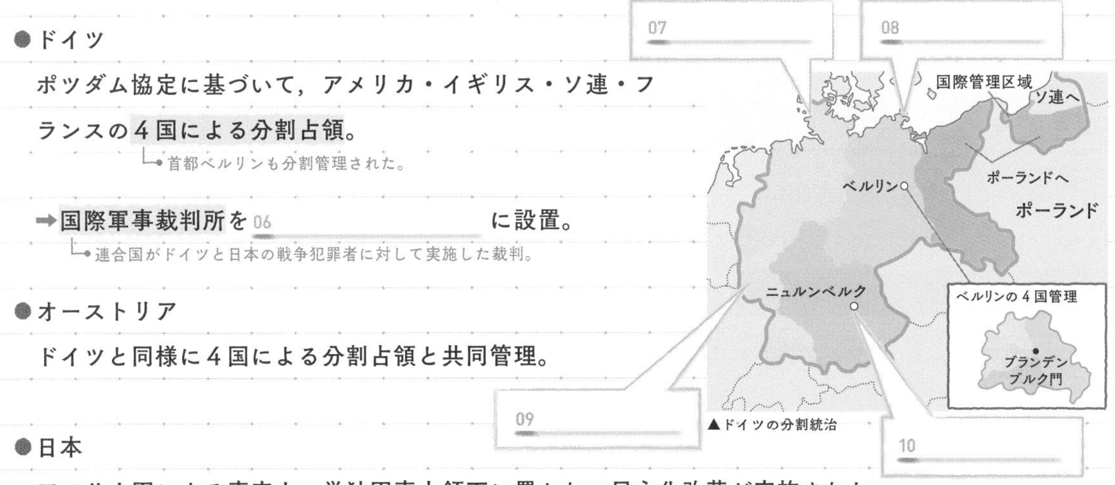

▲ドイツの分割統治

● ドイツ

ポツダム協定に基づいて，アメリカ・イギリス・ソ連・フランスの**４国による分割占領**。

└● 首都ベルリンも分割管理された。

➡**国際軍事裁判所**を 06 ＿＿＿＿＿＿ に設置。

└● 連合国がドイツと日本の戦争犯罪者に対して実施した裁判。

● オーストリア

ドイツと同様に４国による分割占領と共同管理。

● 日本

アメリカ軍による事実上の単独軍事占領下に置かれ，民主化改革が実施された。

➡極東国際軍事裁判所を 11 ＿＿＿＿ に設置。

日本国憲法を公布（1946）。

└● 主権在民・基本的人権の尊重・戦争の放棄・象徴天皇制を掲げた。

THEME 戦後世界秩序の形成

国際連合の設立

● 大西洋憲章：大西洋上会談でフランクリン=ローズヴェルトとチャーチルが発表。

⬇　➡ファシズムへの対応などとともに，戦後の国際平和機構の再建を提示。

● 01 ＿＿＿＿＿＿＿＿ 会議：米・英・ソ・中の４国が国際連合憲章の原案を作成。

国際連合の基本原則と基本組織を定めた条文。

⬇

● 02 ＿＿＿＿＿＿＿＿ 会議：連合国 50 カ国が参加。国際連合憲章を採択。

⬇

国際連合の発足

国際連合のしくみ

国際連合：原加盟国 51 カ国で発足した国際平和機構。

・12 ＿＿＿＿ ：全加盟国で構成される会議。

・13 ＿＿＿＿＿＿ ：国際紛争解決のための組織。

➡ 5 常任理事国が拒否権をもつ。

└● アメリカ・イギリス・フランス・ソ連・中国の５カ国。

信託統治理事会 ― 総会 ― 安全保障理事会

総会 ― 国際司法裁判所／経済社会理事会／事務局

・経済社会理事会：経済・社会・文化などの分野で，多数の専門機関と連携して施策を行う。

国際連盟との比較

国際連盟（本部：ジュネーヴ）		国際連合（本部：ニューヨーク）
原加盟国 42 カ国。	加盟国	原加盟国 51 カ国
イギリス・フランス・日本・イタリア（のちにドイツ・ソ連も加わった）	常任理事国	アメリカ・イギリス・フランス・中国・ソ連（ロシア）
加盟国の全会一致が原則。	表決	総会は多数決。安保理は常任理事国の一致。
勧告や経済制裁が中心。	制裁権	経済制裁・武力制裁

ブレトン=ウッズ体制

ドルを基軸通貨とした経済体制だよ。

● 1944 年のブレトン=ウッズ協定に基づく国際金融・経済面の協力体制。金・ドル本位制の導入。

➡ 1945 年 03 ＿＿＿＿＿＿＿＿（ＩＭＦ），04 ＿＿＿＿＿＿＿＿（ＩＢＲＤ，世界銀行）設立。

└● 国際通貨・為替の安定をはかるための国連の専門機関。

└● 戦後復興と発展途上国の開発をうながす国連の専門機関。

1947 年 「05 ＿＿＿＿＿＿＿＿」（ＧＡＴＴ）成立。

⬇

1973 年　先進国，変動相場制に移行。

1971 年のドル=ショック（アメリカが貿易赤字を理由にドルの金兌換停止を発表）がきっかけとなった。

THEME 冷戦の開始～激化

冷戦の流れ①

年代	冷戦のできごと
□ 1947.3	アメリカ，01 ＿＿＿＿＿＿＿＿ の発表
.6	ヨーロッパ経済復興援助計画（02 ＿＿＿＿＿＿＿＿）の発表
.9	03 ＿＿＿＿＿＿＿＿（共産党情報局）が結成される
□ 1948.3	西ヨーロッパ連合条約（ブリュッセル条約）が締結される
.6	ベルリン封鎖がおこる（～ 1949）
□ 1949.1	経済相互援助会議（04 ＿＿＿＿＿＿＿＿）が設立される
.4	05 ＿＿＿＿＿＿ 条約機構（ＮＡＴＯ）が結成される
.5	06 ＿＿＿＿＿＿ 共和国（西ドイツ）が成立
.10	07 ＿＿＿＿＿＿ 共和国（東ドイツ）が成立
□ 1955.5	08 ＿＿＿＿＿＿ 条約機構（東ヨーロッパ相互援助条約）が発足
□ 1956.2	09 ＿＿＿＿＿＿，スターリン批判を行う
□ 1961	東ドイツ政府，東西ベルリンの境界に壁を建設

冷戦の開始

● 第二次世界大戦後の，東西両陣営が対立した国際関係を「冷戦」という。
直接交戦しない米ソの対立関係をあらわしたことば。「冷たい戦争」とも。

資本主義陣営：西側陣営・自由主義陣営とも。10 ＿＿＿＿＿＿ が中心国。
➡イギリス・フランスなど西ヨーロッパに多い。

↕ 冷戦

社会主義陣営：東側陣営・共産主義陣営とも。11 ＿＿＿＿ が中心国。
➡ソ連軍によって解放された東ヨーロッパやバルカン諸国に多い。
ソ連型の 12 ＿＿＿＿＿＿ 主義に基づいた社会主義を実施。

東西両陣営の境界を象徴した表現だよ。

「鉄のカーテン」：イギリス前首相 13 ＿＿＿＿＿＿ の演説から。
➡ソ連がバルト海からアドリア海を結ぶラインに「鉄のカーテン」を降ろしていると批判。
（バルト海：シュテッティン。アドリア海：トリエステ。）

● 01 ＿＿＿＿＿＿＿＿：トルーマン大統領が提唱したソ連の「封じ込め」政策。
➡ギリシアとトルコに軍事支援を行う。

フランスやイタリアでの共産党の拡大，東欧諸国での親ソ政権の成立などから，ソ連への警戒を強めた。

THEME 冷戦の開始～激化

冷戦の激化

西側陣営のできごと

1947年ヨーロッパ復興のための財政支援計画（02　　　　）を発表
・共産主義化を防ぐためヨーロッパ諸国を援助。

↓

1948年西ヨーロッパ連合条約（ブリュッセル条約）
・イギリス，フランス，ベネルクス3国による集団的自衛条約。
└ベルギー・オランダ・ルクセンブルク。

↓

1949年 05　　　　条約機構（NATO）
・西側諸国の集団安全保障機構。
・西ヨーロッパ連合条約（ブリュッセル条約）に，アメリカやカナダが参加して成立。

東側陣営のできごと

1947年 03　　　　（共産党情報局）結成
・世界の共産党が情報交換するための機関。

↓

1948年 14　　　　のクーデタ
└ソ連の支援で共産党政権が成立。
ベルリン封鎖
└ソ連が西ベルリンへの交通を封鎖。

↓

1949年経済相互援助会議（04　　　　）
・ソ連と東欧諸国が設立した経済協力機構。

↓

1955年 08　　　　条約機構
（東ヨーロッパ相互援助条約）
・東側諸国の集団安全保障機構。

対抗
対抗
対抗

ドイツの分断

●米・英・仏・ソに分割占領されていたドイツでは，東西対立の影響から分断が進んだ。

1948 年　ソ連がベルリン封鎖を実施。
…西側地区の通貨改革に反対。

↓

1949 年　東西のドイツ成立。

西ドイツ：06　　　　共和国が成立。
➡アデナウアー首相の指導の下，1954 年のパリ協定で主権を回復。
首都 ボン

東ドイツ：07　　　　共和国が成立。
➡社会主義統一党が指導。
首都 ベルリン

▲冷戦下のヨーロッパ（1950 年代）

THEME 冷戦の安全保障体制～終結

冷戦の流れ②

年代	冷戦のできごと
□ 1950	中ソ間で 01 ＿＿＿＿ 条約が調印される
	朝鮮戦争がおこる（～ 1953）　米ソの代理戦争。
□ 1951	02 ＿＿＿＿ 条約（ＡＮＺＵＳ）が締結される
	日本，サンフランシスコ平和条約，03 ＿＿＿＿ 条約に調印
□ 1955	バグダード条約機構（中東条約機構〈ＭＥＴＯ〉）が結成される
□ 1962	04 ＿＿＿＿ 危機がおこる
□ 1963	米・英・ソ，05 ＿＿＿＿ 条約に調印
□ 1965	ベトナム戦争（～ 1973〔75〕）にアメリカが本格的に軍事介入　米ソの代理戦争。
□ 1972	第１次 06 ＿＿＿＿（ＳＡＬＴＩ）が調印される
□ 1979	ソ連，07 ＿＿＿＿ に侵攻➡「新冷戦」(「第２次冷戦」)
□ 1987	米ソ，中距離核戦力（ＩＮＦ）全廃条約に調印
□ 1989	08 ＿＿＿＿ 会談で冷戦の終結を宣言

日本はサンフランシスコ平和条約に調印して主権を回復したよ。

冷戦下の安全保障体制

資本主義陣営：アジア重視。➡朝鮮戦争やインドシナ戦争でアジアの緊張が高まったため。
└• 日米安全保障条約，太平洋安全保障条約（ＡＮＺＵＳ），東南アジア条約機構（ＳＥＡＴＯ）など。

社会主義陣営：中国との関係を構築。➡スターリン批判後，中ソ対立が始まり冷却化。
└• 中ソ友好同盟相互援助条約。

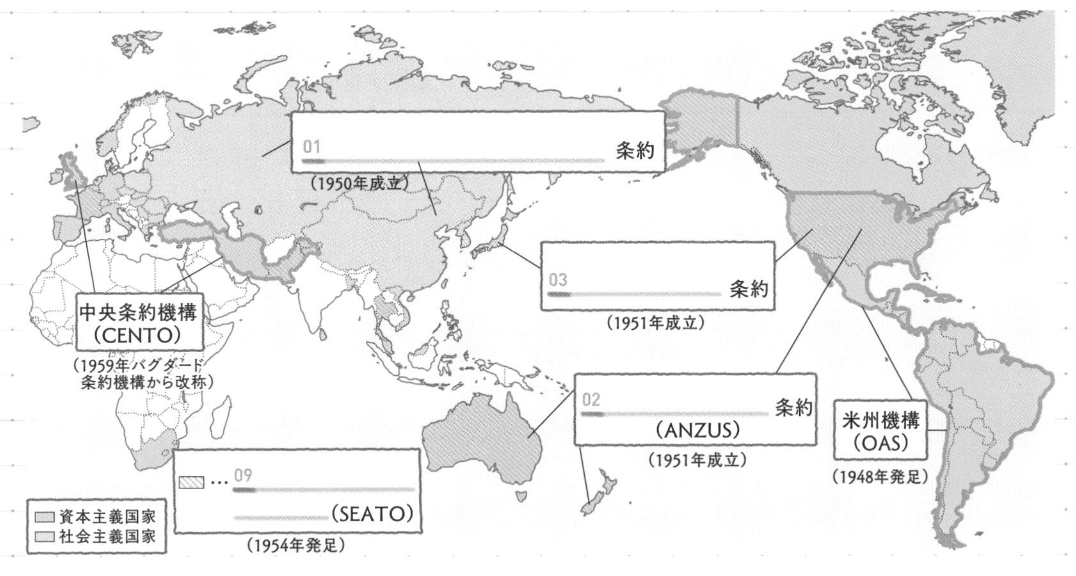

THEME 冷戦の安全保障体制～終結

「雪どけ」～緊張緩和（デタント）

● 「雪どけ」：1953 年，ソ連で冷戦政策を指導してきたスターリンの死をきっかけに，一時的に東西の緊張が緩和。

10 ＿＿＿＿＿＿ がスターリン批判を展開。
（ソ連共産党第 20 回大会で，スターリン時代の個人崇拝を批判した。）

資本主義国との平和共存を提唱。

↓

● 東ドイツ政府，東西 11 ＿＿＿＿＿＿ の境界に壁を建築。

● 04 ＿＿＿＿＿＿ 危機（1962）がおこり，核戦争の危機。
（ソ連がキューバにミサイル基地を建設しようとし，アメリカと一触即発の状態になった。）

↓

● 核軍縮を機に米ソは緊張緩和（デタント）へ。

年代	核軍縮のあゆみ	年代	核軍縮のあゆみ
1963	05 ＿＿＿＿＿＿ 条約 （米・英・ソによる核実験を禁止した条約（地下をのぞく）。）	1987	中距離核戦力（ＩＮＦ）全廃条約 （レーガンとゴルバチョフが合意。中距離核兵器を廃棄した。2019 年に失効。）
1968	12 ＿＿＿＿＿＿ 条約（ＮＰＴ） （米・ソ・英・仏・中以外の核保有を禁止。）	1991	戦略兵器削減条約（ＳＴＡＲＴⅠ）
1969	第 1 次 06 ＿＿＿＿＿＿（ＳＡＬＴⅠ） （1972 年に合意。戦略兵器の制限に関する米ソ間の交渉。）	1996	包括的核実験禁止条約（ＣＴＢＴ）

第 2 次冷戦～冷戦の終結

● 1979 年　ソ連の 07 ＿＿＿＿＿＿ 侵攻をきっかけに冷戦が再燃（「新冷戦」〈「第 2 次冷戦」〉）。

➡ アメリカのレーガン大統領，「強いアメリカ」をかかげて軍備を拡張。

↓

軍備拡張の影響などから，両国の赤字財政が深刻化。

● 1985 年　ソ連の 13 ＿＿＿＿＿＿ 書記長が「新思考外交」で対外関係の改善をめざす。
（本格的な軍縮を含めた協調路線の外交。）

↓

・中距離核戦力（ＩＮＦ）全廃条約を締結（1987）。
・ソ連，アフガニスタンから撤兵（1989）。

↓

● 1989 年　ブッシュ大統領とゴルバチョフ書記長，08 ＿＿＿＿＿＿ 島沖で会談し冷戦の終結を宣言。

THEME 戦後のアメリカ合衆国

戦後のアメリカ合衆国の流れ

大統領	年代	アメリカ合衆国のできごと
トルーマン	□ 1947	01 ＿＿＿＿を発表
アイゼンハワー	□ 1955	02 ＿＿＿＿ 4巨頭会談に参加
ケネディ	□ 1962	ソ連とのあいだで 03 ＿＿＿＿ 危機がおこる
	□ 1963	部分的核実験禁止条約を結ぶ
ジョンソン	□ 1964	公民権法を制定
	□ 1965	04 ＿＿＿＿を開始してベトナム戦争に介入
ニクソン	□ 1971	ドルの金兌換停止などを発表（05 ＿＿＿＿=ショック）
	□ 1974	06 ＿＿＿＿事件でニクソン大統領辞任
レーガン	□ 1987	中距離核戦力（ＩＮＦ）の全廃に合意
ブッシュ（父）	□ 1989	マルタ会談で冷戦の終結を宣言
	□ 1991	07 ＿＿＿＿戦争がおこる
クリントン	□ 1993	08 ＿＿＿＿協定（オスロ合意）を仲介
ブッシュ（子）	□ 2001	09 ＿＿＿＿事件がおこる
	□ 2003	10 ＿＿＿＿戦争がおこる

戦後のアメリカ合衆国

トルーマン 在任 1945～53 民主党

- 01 ＿＿＿＿発表：ソ連圏拡大阻止のための外交政策。「封じ込め」政策。
  - ギリシアとトルコの共産化を防ぐため軍事援助を行う。
- 朝鮮戦争への介入：アメリカ軍を中心とする国連軍を組織して，韓国を支援。

アイゼンハワー 在任 1953～61 共和党

- 朝鮮戦争の休戦協定を実現：朝鮮半島は北緯 11 ＿＿＿＿ 度線を境に南北に分断。
- 02 ＿＿＿＿ 4巨頭会談：緊張緩和の第一歩となる。
  - 米・英・仏・ソの指導者が集まった。

ケネディ 在任 1961～63 民主党

ニューフロンティア政策を掲げる。

- 03 ＿＿＿＿危機：キューバをめぐる米ソ間の対立。
  - ➡ソ連がミサイル基地撤去に合意し，危機を回避。
- 部分的核実験禁止条約：米・英・ソが調印。

(写真:AP/アフロ)

▲ソ連の貨物船を追跡する米軍機

THEME **戦後のアメリカ合衆国**

ジョンソン 在任 1963～69 民主党

「偉大な社会」を掲げて「貧困との戦い」を推進。

●公民権法：人種差別を禁止した法律。1960年代に 12 ________ 運動が拡大するなか成立。
└黒人解放運動の指導者キング牧師らが率いた。

●ベトナム軍事介入：北ベトナムへの爆撃（04 ________）。➡ベトナム反戦運動の高まり。

ニクソン 在任 1969～74 共和党

●ドルの金兌換停止（05 ________=ショック）➡ブレトン=ウッズ体制の崩壊。
└国際基軸通貨としてのドルは，1950年代後半以来価値が下落し，信用が低下していた（ドル危機）。

●中国を訪問（1972）：アメリカ大統領として初の訪中。共同宣言を発表。

●06 ________ 事件：民主党本部への盗聴事件。➡ニクソン大統領辞任。

カーター 在任 1977～81 民主党

「人権外交」を掲げる。

●中国との国交正常化（1979）：中国の華国鋒政権とのあいだに成立。

レーガン 在任 1981～89 共和党

「強いアメリカ」を掲げる。

●中距離核戦力（ＩＮＦ）全廃条約を結ぶ。

●「双子の赤字」解消をめざし，新自由主義的なレーガノミクスを展開。
└財政赤字と貿易赤字。
└財政支出の削減などをめざす経済政策。

ブッシュ〔父〕 在任 1989～93 共和党

●マルタ会談：ソ連のゴルバチョフ書記長と会談。➡冷戦の終結を宣言。

●07 ________ 戦争：イラクのクウェート侵攻に対し，多国籍軍を派遣。
└米・英・仏・アラブ諸国により構成された連合軍。国連安保理の決議に基づき派遣された。

⬇

イラク軍をクウェートから撤退させる。

クリントン 在任 1993～2001 民主党

●イスラエルとＰＬＯとの 08 ________ 協定（オスロ合意）を仲介。
└協定に基づきパレスチナ暫定自治政府が発足した。

ブッシュ〔子〕 在任 2001～09 共和党

●09 ________ 事件：イスラーム急進派組織アル=カーイダ所属のテロリストが引きおこした自爆テロ事件。

➡テロへの報復として，アフガニスタン攻撃（2001），10 ________ 戦争（2003）を実行。

THEME 戦後のソ連・東欧諸国

戦後のソ連の流れ

指導者	年代	ソ連のできごと
スターリン	□ 1947	01 （共産党情報局）を結成
	□ 1949	経済相互援助会議（02 ）を設立
フルシチョフ	□ 1955	03 条約機構（東ヨーロッパ相互援助条約）発足
	□ 1956	ソ連共産党第 20 回大会で 04 批判を展開
	□ 1959	訪米してアイゼンハワー大統領と会談
	□ 1962	05 危機がおこる
ブレジネフ	□ 1968	チェコスロヴァキアの民主化運動（「プラハの春」）を弾圧
	□ 1979	06 に侵攻
ゴルバチョフ	□ 1985	「ペレストロイカ（建て直し）」を開始
	□ 1986	07 原子力発電所事故が発生
	□ 1989	マルタ会談で冷戦の終結を宣言
	□ 1991	保守派のクーデタが失敗➡ソ連共産党が解散
エリツィン		08 （ＣＩＳ）を結成

戦後のソ連

スターリン（～ 1953）

- 01 （共産党情報局）を結成。
  - └スターリン批判ののちに解散。
- 経済相互援助会議（02 ）を組織。

西側諸国のマーシャル=プランに対抗

- 原子爆弾の製造に成功（1949）➡水素爆弾の実験に成功（1953）

フルシチョフ 在任 1953 ～ 64

- 03 条約機構（東ヨーロッパ相互援助条約）を結成。
- 09 4 巨頭会談に参加。
- ソ連共産党第 20 回大会：04 批判と平和共存政策を発表。

➡東欧諸国や中国の動揺を引きおこした。

自立化の動き（ポーランド・ハンガリー）。　中ソ対立。

- 05 危機：ソ連がキューバにミサイル基地を建設。核戦争の危機。

➡ソ連が譲歩し，戦争を回避。➡部分的核実験禁止条約を調印。

THEME 戦後のソ連・東欧諸国

ブレジネフ 在任 1964 ～ 82

●「プラハの春」に軍事介入：チェコスロヴァキアで民主化の動きがおきる（「プラハの春」）。
➡ソ連は，ワルシャワ条約機構軍を率いて軍事介入。

● 06＿＿＿＿＿＿侵攻：アフガニスタンに親ソ政権を樹立。➡「新冷戦」（「第２次冷戦」）。

ゴルバチョフ 在任 1985 ～ 91

●「新思考外交」を推進して，西側諸国との協調路線をめざす。
➡軍縮：中距離核戦力（ＩＮＦ）の全廃（1987），戦略兵器削減条約（ＳＴＡＲＴⅠ）(1991)。
マルタ会談（1989）：アメリカのブッシュ大統領と会談し，冷戦の終結を宣言。

●「ペレストロイカ（建て直し）」：国内の民主化をはじめとする，政治社会全般にわたる改革。
➡「10＿＿＿＿＿＿（情報公開）」：言論の自由化。ペレストロイカの柱のひとつ。
⬇ 国内の民主化が進む。ソ連下の共和国が連邦から離脱する。

ソ連共産党の解散

エリツィン 在任 1991 ～ 99

●ロシア連邦（旧ソ連内のロシア共和国が改称した）の大統領となる。
● 08＿＿＿＿＿＿（ＣＩＳ）を結成。…ソ連の消滅

プーチン 在任 2000 ～ 08，12 ～

●「強いロシア」の再建をめざす。
● 2014 年にクリミア半島に侵攻し，一方的にロシアへの併合を宣言。

戦後の東欧諸国

● 1989 年に東欧社会主義圏は消滅し（東欧革命），1991 年にはコメコン，ワルシャワ条約機構も解体された。

東ドイツ	1961	東西ベルリンの境界に壁を構築➡人々の西側への脱出を防ぐ。
	1989	ベルリンの壁開放➡翌 90 年，東西ドイツの統一が実現。
ポーランド	1956	ポーランド反政府反ソ暴動（ポズナニ暴動）➡ゴムウカが収拾。
	1980	11＿＿＿＿＿＿を指導者とする自主管理労組「連帯」を結成。
ハンガリー	1956	ハンガリー反ソ暴動（ハンガリー事件） ➡ 12＿＿＿＿＿＿が首相となるが，ソ連が軍事介入。
チェコスロヴァキア	1968	「プラハの春」➡ワルシャワ条約機構軍が軍事介入。
ルーマニア		13＿＿＿＿＿＿による独裁体制（1989 年に処刑）。
ユーゴスラヴィア		14＿＿＿＿＿＿による独自の社会主義路線（1945 ～ 1980）。

THEME 戦後の中国

戦後の中国の流れ

共産党指導者	年代	中国のできごと
毛沢東	□ 1949	中華人民共和国が成立
	□ 1950	中ソ友好同盟相互援助条約が成立
		01 戦争に人民義勇軍を派遣
	□ 1953	第1次五カ年計画（～1957）
	□ 1954	ネルー=周恩来会談が開催される
	□ 1958	「大躍進」運動（～1962）
	□ 1963	中ソ対立が深まる
	□ 1966	プロレタリア文化大革命がはじまる（～1977）
	□ 1972	日中共同声明（日中の国交正常化）
華国鋒	□ 1978	鄧小平，「02 」などの改革・開放路線を推進
趙紫陽	□ 1989	03 事件がおこる
江沢民	□ 1997	イギリスより 04 返還
	□ 1999	ポルトガルより 05 返還

平和五原則が発表され，第1回アジア=アフリカ会議の基礎となった。

日本の田中角栄首相の訪中によって実現した。

社会主義体制の確立と「大躍進」運動の失敗

中華人民共和国の成立

国共内戦の終結
- 国民党（蔣介石）➡敗北。台湾に逃れて中華民国政府を継続。
- 共産党（毛沢東）➡勝利。中華人民共和国を建国。

● 中華人民共和国（1949年10月1日成立。国家主席：06 ，首相：07 ）
└ 首都は北京に置かれた。

● 社会主義圏としての政策

中ソ友好同盟相互援助条約：中ソ間で結ばれた軍事条約。➡のちの中ソ対立で有名無実化。

01 戦争への参戦：北朝鮮側を支援。人民義勇軍を派遣。

「大躍進」運動

「大躍進」運動：急激な社会主義建設をめざした毛沢東による諸政策・スローガン。

➡ 08 を設立し，急速な農工業の発展をめざしたが，失敗。
└ 農村で組織された，「大躍進」運動を推進するための組織。

プロレタリア文化大革命

1950年代後半，ソ連でスターリン批判がおこり，共産主義圏で動揺が広がる。

中国共産党は，ソ連の平和共存路線を批判して，中ソの対立が深まった。

中ソ対立：社会主義思想や外交政策などをめぐる，両国共産党の対立。

➡09　　　　紛争：1969年，東北地方の国境地帯でおこった軍事衝突など。

毛沢東の方針をめぐり，中国共産党内部で対立がおこる。

└「大躍進」運動の失敗で国家主席は退いたが，党主席としてとどまっていた。

06　　　　・軍部
・実権の奪取をめざす

「実権派」「走資派」と呼び批判 ➡

劉少奇・鄧小平ら（国家主席。）
・急進的な社会主義の緩和

（写真:Gamma Rapho/アフロ）

▲紅衛兵のデモ

●プロレタリア文化大革命（1966～77）

06　　　　が実権奪取のために主導した政治運動。

➡党幹部や知識人は追放され，劉少奇・鄧小平は失脚。

10　　　　：毛沢東に忠誠を誓い，大衆運動に動員された学生や青年たちの組織。

「11　　　　」：江青ら4名からなる文化大革命推進グループ。

毛沢東の死後逮捕され，文化大革命は終息に向かった。

改革・開放政策への転換

文化大革命後，復権した鄧小平を中心に，「02　　　　」を推進。

└農業・工業・国防・科学技術の近代化をめざすスローガン。

改革・開放政策：鄧小平の指導による，経済改革（人民公社の解体・農産物価格の自由化など。）と対外経済開放（経済特区の設置。）のための政策。

➡社会主義市場経済への移行をめざした。

●03　　　　事件：民主化を求める学生や市民を人民解放軍が鎮圧し，多数の死者が出た事件。

➡趙紫陽総書記が失脚し，江沢民が就任。

民主化運動が高まったことの責任を問われたよ。

●一国二制度：イギリスから04　　　　（1997），ポルトガルから05　　　　（1999）返還。

└香港・マカオを特別行政区とし，中国本国の社会主義制度と資本主義制度とを併存させた。

THEME

戦後の東南アジア

戦後の東南アジアの流れ

ベトナム

終戦直後の1945年，01＿＿＿＿＿＿が，
ベトナム民主共和国の独立を宣言。
⬇ フランスが認めず
インドシナ戦争（1946～54）
➡フランスは，1954年に民主共和国と
02＿＿＿＿＿＿休戦協定を結び，撤退。

年代	ベトナムのできごと
□ 1945	ベトナム民主共和国成立
□ 1946	インドシナ戦争が始まる
□ 1955	ベトナム共和国成立
□ 1960年代	ベトナム戦争が始まる
□ 1976	ベトナム社会主義共和国成立
□ 1986	ドイモイ（刷新）政策

北緯03＿＿＿度線を境界として，
北ベトナム：ベトナム民主共和国（ホー=チ=ミン大統領）
南ベトナム：ベトナム共和国（ゴ=ディン=ジエム大統領）

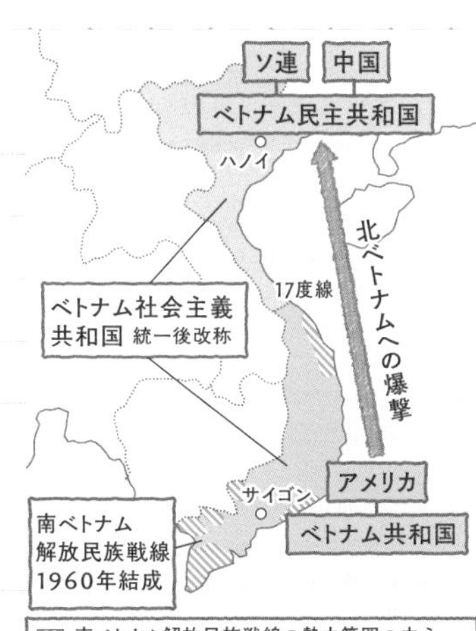

●ベトナム戦争
➡南北ベトナム間の内戦にアメリカが介入しておこった戦争。
1965年，ジョンソン政権が北ベトナムを爆撃（北爆）し，本格的に参戦した。

北側：ベトナム民主共和国
南ベトナム解放民族戦線 ― ソ連・中国が支援
↕
南側：ベトナム共和国 ― アメリカ合衆国が支援

04＿＿＿＿＿＿協定：停戦とアメリカの撤退を決めた和平協定。
ニクソン大統領のときに撤退したよ。
⬇
北ベトナム軍と解放戦線がサイゴンを占領し，1976年にベトナム社会主義共和国が成立。

マレーシア

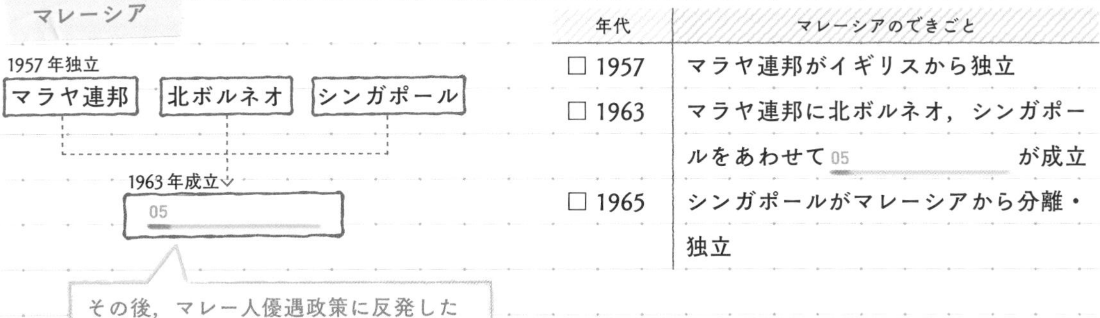

年代	マレーシアのできごと
□ 1957	マラヤ連邦がイギリスから独立
□ 1963	マラヤ連邦に北ボルネオ，シンガポールをあわせて05＿＿＿＿＿＿が成立
□ 1965	シンガポールがマレーシアから分離・独立

THEME **戦後の東南アジア**

カンボジア

1953 年，フランスから完全独立。
└●国王シハヌーク。

↓

1970 年，ロン=ノルが親米政権を樹立。

↓

1975 年，ポル=ポトが指導する赤色クメールが勝利し，06 ＿＿＿＿＿＿ を樹立。

➡ポル=ポト政権は，反対者を大量殺戮（さつりく）し，恐怖政治による統治をはかった。

↓

1979 年，ベトナムの支援を受けたヘン=サムリン政権が，カンボジア人民共和国を樹立。

↓ 内戦の激化（ベトナムは 1989 年に撤退）

1993 年，07 ＿＿＿＿＿＿ を国王とするカンボジア王国を樹立。

年代	カンボジアのできごと
□ 1953	カンボジア王国が独立
□ 1970	親米派のロン=ノル政権成立
□ 1975	親中派のポル=ポト政権成立
□ 1979	カンボジア人民共和国に改称
□ 1993	カンボジア王国成立

インドネシア

● 08 ＿＿＿＿＿＿ 政権（1949 ～ 67）

1949 年，08 ＿＿＿＿＿＿ を指導者として，オランダからの独立を達成。

（のちに彼は中国との関係を強化していったよ。）

年代	インドネシアのできごと
□ 1945	インドネシア共和国の独立を宣言
□ 1949	オランダからの独立を達成
□ 1965	09 ＿＿＿＿＿＿ 事件がおこる
□ 1976	東ティモールを併合➡独立（2002）

09 ＿＿＿＿＿＿ 事件：

クーデタ未遂をきっかけに，軍部が主導権を握った事件。➡08 ＿＿＿＿＿＿ 失脚。

● 10 ＿＿＿＿＿＿ 政権（1968 ～ 98）

九・三〇事件で実権を握る。長期の開発独裁体制をしく。
└●政府主導の経済発展政策を強権的に実行していく政治のこと。

東南アジアの地域協力

● 11 ＿＿＿＿＿＿ 連合（ＡＳＥＡＮ）（1967 年結成）

➡反共同盟として設立。ベトナム戦争後は地域紛争の解決や経済協力が目的に。

原加盟国：インドネシア・マレーシア・フィリピン・シンガポール・タイ

↓

のちにブルネイ（1984）・ベトナム（1995）などが参加して，ＡＳＥＡＮ 10 に。

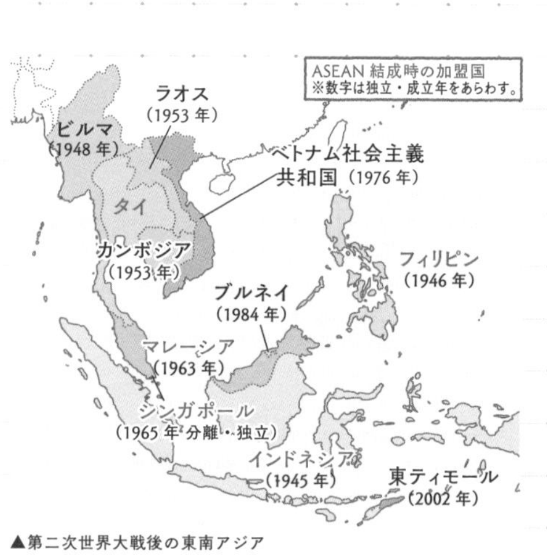

▲第二次世界大戦後の東南アジア

THEME 戦後の朝鮮半島・インド

戦後の朝鮮半島の流れ

戦後，北緯 04 ＿＿＿ 度線を境界に，ソ連（北半分。）とアメリカ合衆国（南半分。）に統治された。

北半分：朝鮮民主主義人民共和国（北朝鮮）成立。
首相：05 ＿＿＿。首都：平壌（ピョンヤン）

南半分：大韓民国（韓国）成立。
大統領：06 ＿＿＿。首都：ソウル

年代	朝鮮半島のできごと
□ 1948	大韓民国が成立
	朝鮮民主主義人民共和国が成立
□ 1950	朝鮮戦争が始まる
□ 1953	01 ＿＿＿ で休戦協定に調印
□ 1961	02 ＿＿＿ によるクーデタ
□ 1980	光州事件がおこる
□ 1991	南北朝鮮，国連同時加盟
□ 2000	03 ＿＿＿ 会談が開かれる

●朝鮮戦争（1950 ～ 53）

①北朝鮮軍が韓国に侵攻。

↓

②国連軍（アメリカ軍が中心。）の支援を受けた韓国軍が，中国国境近くまで反撃。

↓

③中国の人民義勇軍が，北朝鮮軍を支援し，北緯 38 度線で膠着。

↓

④ 01 ＿＿＿ で休戦協定成立。

●軍部クーデタ（1961）：クーデタをおこした 02 ＿＿＿ が実権を握り，開発独裁を行う。

● 03 ＿＿＿ 会談（2000）：北朝鮮の金正日（キムジョンイル）と韓国の金大中（キムデジュン）が平壌で行った会談。

戦後のインドの分離独立

●インドの独立をめぐる対立

07 ＿＿＿：統一インドを主張。（1948 年に暗殺された。）

⇕

09 ＿＿＿：パキスタンの分離・独立を主張。

1947 年のインド独立法制定後，分離して独立。

インド連邦：10 ＿＿＿ 教徒主体。08 ＿＿＿ の指導で憲法制定をめざす。
（初代首相。1954 年に周恩来と平和五原則を発表し，翌年のアジア=アフリカ会議を主導した。）

パキスタン：11 ＿＿＿ 教徒主体。

年代	インドのできごと
□ 1947	インド独立法が制定され，インドとパキスタンが独立
□ 1948	07 ＿＿＿ 暗殺
□ 1950	インド共和国が成立
□ 1954	08 ＿＿＿，周恩来と会談

THEME パレスチナ問題

パレスチナ問題の流れ

年代	パレスチナ問題のできごと
□ 1945	アラブ連盟の結成
□ 1947	国連，01 ＿＿＿＿ 案を可決
□ 1948	イスラエル建国が宣言される
	パレスチナ戦争（第１次中東戦争）がおこる（～ 1949）
□ 1952	ナギブ，02 ＿＿＿＿ らの指導によりエジプト革命がおこる
□ 1956	02 ＿＿＿＿，スエズ運河の国有化を宣言
	スエズ戦争（第２次中東戦争）がおこる（～ 1957）
□ 1964	パレスチナ解放機構（ＰＬＯ）の結成
□ 1967	第３次中東戦争がおこる
□ 1973	第４次中東戦争がおこる
□ 1979	03 ＿＿＿＿ 平和条約が結ばれる
□ 1993	パレスチナ暫定自治協定（オスロ合意）が結ばれる

エジプト・シリア・レバノン・イラク・トランスヨルダン・イエメン・サウジアラビアの７カ国。

パレスチナ解放機構（ＰＬＯ）の指導者は04 ＿＿＿＿。パレスチナ人を公的に代表する機関となった。

パレスチナ戦争（第1次中東戦争）

国連の01 ＿＿＿＿ 案に基づいて建国したイスラエルと，建国を認めないアラブ諸国が衝突。

➡イスラエルが勝利。多数の**パレスチナ難民**が生まれる。
└•イスラエルによってパレスチナの地を追われた人々。

スエズ戦争（第2次中東戦争）

エジプト大統領02 ＿＿＿＿ が，**スエズ運河**の国有化を宣言。
エジプト革命の中心人物。
1875年にイギリスが買収して以来，英仏の利権となっていた。

国有化に反対した英・仏・イスラエルが出兵。

➡国際世論の非難を受け，英・仏・イスラエルは撤退。

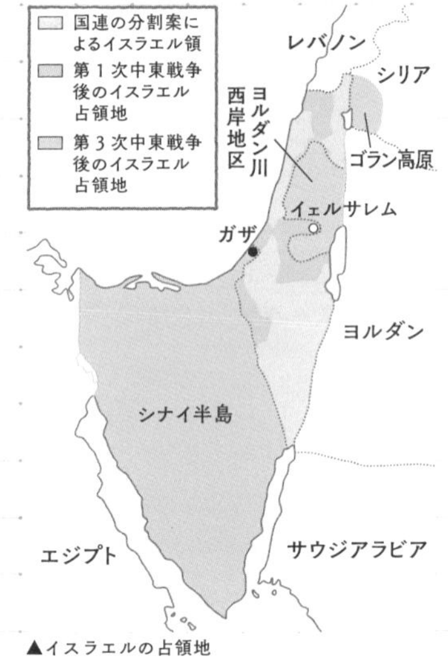

▲イスラエルの占領地

石油危機

第４次中東戦争：**第３次中東戦争**による失地を回復しようとしたエジプト・シリア対イスラエルの戦い。
└•イスラエルがシナイ半島・ガザ地区・ヨルダン川西岸・ゴラン高原を占領した。

アラブ石油輸出国機構（05 ＿＿＿＿）
石油輸出国機構（06 ＿＿＿＿）
→ イスラエルを支援する諸国への原油輸出の制限・価格の引き上げ。

→ **先進工業国へ深刻な打撃**
＝第１次石油危機（オイル＝ショック）

先進国首脳会議（サミット）が開催されるきっかけとなったよ。

THEME 第三世界の台頭

第三世界の流れ

年代	第三世界のできごと
□ 1954	ネルー=周恩来会談が開かれる
□ 1955	アジア=アフリカ会議（バンドン会議）が開かれる
□ 1960	01 ＿＿＿＿ 機構（ＯＰＥＣ）が結成される
□ 1961	02 ＿＿＿＿ 会議が開かれる
□ 1963	アフリカ統一機構（ＯＡＵ）が結成される
□ 1967	東南アジア諸国連合（ＡＳＥＡＮ）が結成される
□ 1968	03 ＿＿＿＿ 機構（ＯＡＰＥＣ）が結成される

第三世界の台頭

西側諸国が第一世界，東側諸国が第二世界と呼ばれたよ。

第三世界：冷戦期に，東西のどちらの陣営にも属さず，中立を掲げた勢力（第三勢力）のまとまり。

➡植民地支配を脱した，アジア・アフリカ・ラテンアメリカ諸国のこと。

先進工業国との格差（04 ＿＿＿＿ 問題）や第三世界内の格差（05 ＿＿＿＿ 問題）などが課題。

└ 南半球に多い発展途上国と北半球に多い先進工業国との経済格差。

● ネルー=周恩来会談（1954）

インドのネルーと中国の周恩来の会談。06 ＿＿＿＿ を発表した。

└ ①領土保全・主権の尊重，②不侵略，③内政不干渉，④平等と互恵，⑤平和共存の５つの原則。

● アジア=アフリカ会議（バンドン会議）（1955）

29 カ国のアジア・アフリカ諸国が集まり，07 ＿＿＿＿ が採択された。

● 02 ＿＿＿＿ 会議（1961）

└ 旧ユーゴスラヴィアの首都。

第三世界のリーダーがベオグラードに集まり，帝国主義と植民地支配に反対。

➡ユーゴスラヴィアのティトー，エジプトのナセルらが提唱。

第三世界で結成された組織

● 01 ＿＿＿＿ 機構（ＯＰＥＣ）：産油国の協力組織。13 カ国が加盟。

└ 第４次中東戦争では，石油価格を引き上げた。

● 03 ＿＿＿＿ 機構（ＯＡＰＥＣ）：アラブ系産油国の協力組織。11 カ国が加盟。

└ 第４次中東戦争では，イスラエルの友好国に輸出の停止や制限を実施。

● アフリカ統一機構（ＯＡＵ）：アフリカ諸国の連帯をはかる地域機構。

➡ 2002 年にアフリカ連合（ＡＵ）に改組。

THEME 第三世界の台頭

アフリカの独立

▲アフリカ諸国の独立

1950年代　北アフリカのモロッコ・チュニジア，
サハラ以南のガーナなどが独立。
└エンクルマ（ンクルマ）が指導。

1960年　「08＿＿＿＿の年」
➡17の新興独立国が生まれる。

1963年　アフリカ統一機構（OAU）結成。
➡アフリカ諸国の団結と協力を推進。

● 09＿＿＿＿動乱（1960～65）
独立直後におきた内乱に，旧宗主国ベルギーやアメリカなどが介入し，国際化した。

● 10＿＿＿＿政策：支配権をもつ白人が黒人らに対してとった人種隔離政策。
南アフリカで独立後も行われ，国際的な批判が高まった。
➡ 11＿＿＿＿（ANC）の抵抗や国連の経済制裁を受け，1991年に全廃。
└指導者のマンデラは，南アフリカで黒人初の大統領となった。

ラテンアメリカの動向

ラテンアメリカ諸国は，戦後もアメリカ合衆国の影響下に置かれた。
➡アメリカ合衆国の主導で12＿＿＿＿（OAS）を結成。
└南北アメリカ21カ国による反共組織。

キューバ

キューバ革命（1959）：カストロやゲバラが親米的なバティスタ独裁政権を打倒。
➡キューバは13＿＿＿＿宣言（1961）を発表し，ソ連寄りの姿勢を明らかにした。
└ソ連によるミサイル基地建設が発覚し，キューバ危機がおこった。

アルゼンチン

14＿＿＿＿政権（1946～55，73～74）による独裁政治。➡軍部クーデタにより1955年に失脚。

チリ

15＿＿＿＿政権（1970～73）による社会主義への移行。➡軍部クーデタにより失敗。

THEME 地域統合

地域統合の流れ

年代	ヨーロッパの地域統合についてのできごと
□ 1952	01 ＿＿＿＿（ＥＣＳＣ）が発足
□ 1958	02 ＿＿＿＿（ＥＥＣ）が発足
	03 ＿＿＿＿（ＥＵＲＡＴＯＭ）が発足
□ 1967	ヨーロッパの３共同体が合併して 04 ＿＿＿＿（ＥＣ）が発足
□ 1986	単一欧州議定書に調印
□ 1993	05 ＿＿＿＿条約が発効し，ヨーロッパ連合（ＥＵ）が発足
□ 2002	域内通貨としてユーロの使用を開始

ヨーロッパの地域統合

● 01 ＿＿＿＿（ＥＣＳＣ）
➡参加国による石炭・鉄鋼資源の共同利用。

● 02 ＿＿＿＿（ＥＥＣ）
➡ヨーロッパの共同市場化をめざす。

● 03 ＿＿＿＿（ＥＵＲＡＴＯＭ）
➡原子力を平和利用するための研究組織。

1967 年　上記３共同体が発展的に統合し，
04 ＿＿＿＿（ＥＣ）発足。

↓

1993 年　05 ＿＿＿＿条約が発効し，
ヨーロッパ連合（ＥＵ）が発足。

その他の地域統合の動き

● 06 ＿＿＿＿（ＮＡＦＴＡ）（1992）
➡アメリカ合衆国・カナダ・メキシコによる北米地域の自由貿易協定。
└• 2020 年に，より保護主義色の強いアメリカ=メキシコ=カナダ協定（ＵＳＭＣＡ）が発効した。

● 07 ＿＿＿＿（ＡＰＥＣ）（1989）
➡アジア・太平洋地域の 12 カ国が参加する経済協力の枠組み。

● 08 ＿＿＿＿（ＡＵ）（2002）➡アフリカ大陸の政治・経済統合の促進などをめざす。

地域紛争の流れ

年代	世界の地域紛争についてのできごと
□ 1988	ソマリア内戦がおこる
□ 1990	ルワンダ内戦がおこる（～ 1994）
	イラクがクウェートに侵攻➡湾岸戦争（1991）
□ 1991	ユーゴスラヴィア内戦がおこる（～ 1995）
□ 1994	ロシアからの独立をめぐり，チェチェン紛争がおこる（～ 2009）
□ 1996	コソヴォ問題がおこる（1999 年に，ＮＡＴＯ軍がセルビアを空爆）
□ 2001	アメリカ合衆国で同時多発テロ事件がおこる
□ 2002	東ティモール，インドネシアから独立
□ 2003	アメリカ，イラクを攻撃（イラク戦争）
□ 2010 末	チュニジアで民主化運動がおこる➡「アラブの春」に発展

冷戦が終わると，世界各地で地域統合が進む一方，異なる民族・宗教間の対立などを原因とする地域紛争が激化した。

●難民：人種・宗教・政治的意見などを理由に，迫害を受けるおそれがあるため，国外に逃れ自国の保護を受けられていない人々のこと。（「難民の地位に関する条約」より）
近年，中東やアフリカを中心に難民の数は増加している。

冷戦終結後のおもな地域紛争

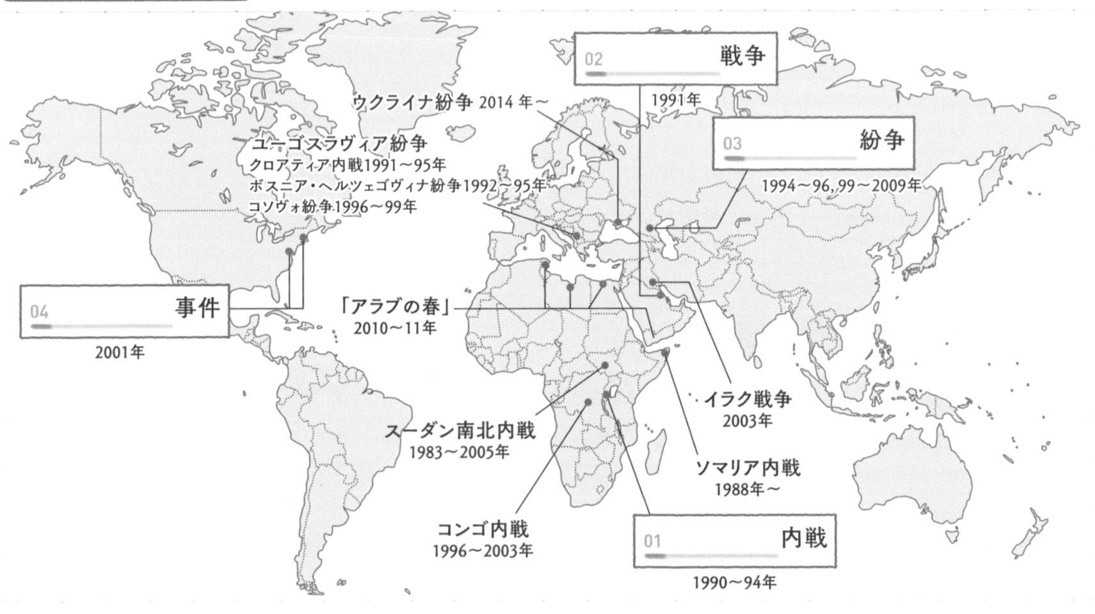

解答

P.019-020 人類の誕生

01 礫石器　02 骨角器　03 磨製石器　04 灌漑　05 先史時代　06 猿人　07 原人
08 ハンドアックス（握斧）　09 旧人　10 新人　11 ラスコー　12 獲得　13 生産

P.021-022 オリエントの文明

01 シュメール人　02 アッカド人　03 ハンムラビ王　04 ヒッタイト人　05 楔形文字
06 太陰暦　07 メンフィス　08 テーベ　09 テル=エル=アマルナ　10 死者の書　11 神聖文字
12 民用文字　13 太陽暦

P.023 東地中海の諸民族

01 モーセ　02 ユダ　03 アラム　04 フェニキア　05 イスラエル　06 選民思想
07 メシア

P.024 エーゲ文明

01 クレタ　02 ミケーネ　03 エヴァンズ　04 シュリーマン

P.025 オリエントの再統一とアフリカの文明

01 アッシリア　02 リディア　03 新バビロニア（カルデア）　04 メロエ

P.026 南アジアの文明

01 インダス　02 モエンジョ=ダーロ　03 バラモン　04 クシャトリヤ　05 ヴァイシャ
06 シュードラ　07 カースト

P.027-028 中国の文明

01 仰韶　02 竜山　03 洛邑　04 殷墟　05 甲骨文字　06 鎬京　07 封土　08 鉄製農具
09 春秋の五覇　10 戦国の七雄　11 性善説　12 性悪説　13 無為自然　14 兼愛

P.029 南北アメリカの文明

01 マヤ　02 コルテス　03 ピサロ　04 テノチティトラン　05 クスコ　06 キープ

P.030 中央ユーラシアの遊牧民社会

01 スキタイ　02 匈奴　03 冒頓単于　04 草原　05 オアシス　06 絹の道（シルク=ロード）

P.031-032 秦・漢の帝国

01 始皇帝　02 陳勝・呉広の乱　03 呉楚七国の乱　04 王莽　05 黄巾の乱　06 郡県制
07 焚書・坑儒　08 半両銭　09 長安　10 郡国制　11 張騫　12 郷挙里選　13 赤眉の乱
14 洛陽　15 訓詁学　16 司馬遷　17 班固

P.033-034 魏晋南北朝時代・隋

01 曹丕　02 劉備　03 孫権　04 楊堅　05 陳　06 八王の乱　07 孝文帝　08 斉
09 九品中正　10 屯田制　11 均田制　12 敦煌　13 寇謙之　14 陶淵明（陶潜）　15 顧愷之
16 王羲之　17 煬帝

P.035-036 唐・五代十国

01 李淵（高祖）　02 武則天（則天武后）　03 安史の乱　04 黄巣の乱　05 三省　06 六部
07 御史台　08 都護府　09 募兵制　10 節度使　11 李白　12 杜甫　13 顔真卿　14 唐三彩

解答

P.037-038 古代インドの統一国家

01 ラージプート　02 ヴァルダマーナ（マハーヴィーラ）　03 ガウタマ=シッダールタ
04 アショーカ　05 カニシカ　06 チャンドラグプタ２世　07 カーリダーサ　08 玄奘

P.039-040 東南アジアの文明

01 扶南　02 ボロブドゥール　03 李　04 パガン　05 アンコール=ワット　06 陳　07 銅鼓
08 チュノム　09 義浄

P.041 イランの諸国家

01 アッシリア　02 アケメネス　03 ササン　04 ダレイオス１世　05 ホスロー１世
06 ゾロアスター　07 マニ

P.042 ポリスの成立

01 ポリス　02 ヘレネス　03 バルバロイ　04 ペリオイコイ　05 ヘイロータイ
06 ソロン　07 ペイシストラトス　08 クレイステネス

P.043-044 アテネ民主政とポリスの衰退

01 サラミス　02 デロス　03 ペリクレス　04 ペロポネソス　05 テーベ
06 カイロネイア　07 コリントス（ヘラス）　08 テミストクレス　09 民会　10 ペロポネソス
11 フィリッポス２世

P.045-046 ギリシアの文化とヘレニズム時代

01 ホメロス　02 ヘシオドス　03 アリストファネス　04 水　05 数　06 火　07 原子
08 プロタゴラス　09 ソクラテス　10 イデア　11 ドーリア　12 イオニア　13 コリント
14 セレウコス　15 プトレマイオス　16 アンティゴノス　17 エピクロス　18 ストア
19 世界市民主義（コスモポリタニズム）　20 エウクレイデス

P.047-048 共和政時代のローマ

01 リキニウス・セクスティウス法　02 ホルテンシウス法　03 カエサル　04 ラテン
05 十二表法　06 スキピオ　07 ハンニバル　08 スラ　09 マリウス　10 ポンペイウス
11 クラッスス　※10・11は順不同　12 オクタウィアヌス　13 アントニウス
14 レピドゥス　※12・13・14は順不同

P.049-050 帝政時代のローマ

01 トラヤヌス　02 マルクス=アウレリウス=アントニヌス　03 ローマ市民権
04 ディオクレティアヌス　05 ミラノ　06 アウグストゥス　07 ハドリアヌス
08 軍人皇帝　09 コロナトゥス　10 コンスタンティヌス　11 コンスタンティノープル
12 テオドシウス　13 オドアケル

P.051 ローマ文化

01 ラテン語　02 アッピア街道　03 コロッセウム　04 ユスティニアヌス
05 アエネイス　06 ガリア戦記　07 ゲルマニア　08 対比列伝（英雄伝）　09 自省録

解答

P.052 キリスト教の成立

01 ミラノ　02 ニケーア　03 エフェソス　04 パリサイ派　05 三位一体説　06 景教
07 アウグスティヌス

P.053-054 イスラーム世界の成立

01 ムハンマド　02 ムアーウィヤ　03 ブワイフ　04 メディナ　05 ダマスクス
06 コーラン（クルアーン）　07 バグダード　08 ハールーン=アッラシード　09 スンナ　10 シーア
11 コルドバ　12 カイロ

P.055-056 イスラーム文化

01 モスク　02 マドラサ　03 スーフィー　04 タラス河畔の戦い　05 イブン=ハルドゥーン
06 ラシード=アッディーン　07 イブン=ルシュド　08 イブン=シーナー　09 イブン=バットゥータ
10 千夜一夜物語（アラビアン=ナイト）　11 四行詩集（ルバイヤート）　12 ミナレット（光塔）
13 アラベスク　14 細密画（ミニアチュール）

P.057 ゲルマン人の大移動

01 フン　02 オドアケル　03 アッティラ王　04 民会

P.058 ビザンツ帝国

01 コンスタンティノープル　02 ユスティニアヌス大帝　03 ローマ法大全　04 ハギア=ソフィア
05 絹織物

P.059-060 フランク王国の台頭と分裂

01 アタナシウス　02 トゥール・ポワティエ間の戦い　03 アリウス　04 カール=マルテル
05 ラヴェンナ　06 レオ３世　07 アルクイン　08 オットー１世　09 ユーグ=カペー
10 ヴェルダン　11 メルセン　12 ベネディクトゥス　13 グレゴリウス１世　14 レオン３世

P.061-062 ヨーロッパ封建社会の成立

01 ノヴゴロド　02 クヌート（カヌート）　03 両シチリア（ノルマン=シチリア）
04 ノルマンディー公ウィリアム　05 荘園　06 恩貸地制度　07 従士制　08 賦役　09 貢納
10 領主裁判権　11 不輸不入権（インムニテート）

P.063-064 イスラーム世界の拡大

01 ガズナ　02 ゴール　03 マジャパヒト　04 マラッカ　05 ガーナ　06 マリ
07 アイバク　08 ジャンク船　09 トンブクトゥ　10 スワヒリ

P.065-066 イスラーム世界の発展

01 セルジューク　02 サラーフ=アッディーン（サラディン）　03 イル=ハン　04 グラナダ
05 スルタン　06 マムルーク　07 ガザン=ハン　08 カイロ　09 ベルベル　10 アルハンブラ
11 アター　12 イクター

P.067 教会の権威の拡大

01 カノッサの屈辱　02 インノケンティウス３世　03 十分の一税　04 クリュニー
05 聖職叙任権

解答

P.068-069 十字軍・商業・中世都市

01 ウルバヌス２世　02 ドイツ騎士団　03 イェルサレム　04 アイユーブ　05 ラテン
06 地中海　07 北ヨーロッパ　08 ロンバルディア　09 ハンザ　10 商人　11 同職

P.070-071 ビザンツ帝国とスラヴ人の自立

01 軍管区（テマ）　02 聖像禁止令　03 ラテン　04 オスマン　05 プロノイア
06 モザイク壁画　07 チェック　08 ウラディミル１世　09 マジャール　10 イヴァン３世
11 ギリシア正教　12 ローマ=カトリック

P.072-074 ヨーロッパ封建社会の動揺

01 貨幣　02 ボニファティウス８世　03 フィリップ４世　04 ウィクリフ　05 フス
06 大憲章（マグナ=カルタ）　07 シモン=ド=モンフォール　08 模範議会　09 バラ
10 全国三部会　11 ジャンヌ=ダルク　12 イサベル　13 フェルナンド　14 イタリア
15 金印勅書　16 ハプスブルク　17 教皇党　18 皇帝党　19 カルマル

P.075-076 中世ヨーロッパ文化

01 神学　02 ラテン語　03 実在　04 唯名　05 トマス=アクィナス
06 ロジャー=ベーコン　07 法学　08 神学　09 医学　10 ピサ　11 ケルン
12 ローランの歌　13 アーサー王物語　14 ニーベルンゲンの歌

P.077-078 中国北方諸民族と宋

01 趙匡胤（太祖）　02 澶淵の盟　03 完顔阿骨打　04 靖康の変　05 開城　06 燕雲十六州
07 契丹　08 西夏　09 女真　10 殿試　11 秦檜　12 岳飛　13 行　14 作
15 資治通鑑　16 院体画（北宗画）　17 文人画（南宗画）

P.079-080 モンゴル帝国・元

01 チンギス=カン（ハン）　02 バトゥ　03 フレグ　04 大都　05 マルコ=ポーロ
06 モンテ=コルヴィノ　07 千戸制　08 キプチャク=ハン　09 イル=ハン　10 チャガタイ=ハン
11 色目人　12 漢人　13 南人　14 駅伝制（ジャムチ）　15 交鈔　16 パクパ文字　17 授時暦

P.081-082 明

01 鄭和　02 張居正　03 一条鞭法　04 南京　05 六部　06 賦役黄冊　07 魚鱗図冊
08 北京　09 北虜南倭　10 景徳鎮　11 知行合一　12 本草綱目　13 天工開物
14 農政全書　15 坤輿万国全図

P.083-084 大航海時代

01 喜望峰　02 トルデシリャス　03 カリカット　04 ブラジル　05 パナマ地峡　06 コルテス
07 ピサロ　08 イサベル　09 商業　10 価格

P.085-086 ティムール朝・オスマン帝国・サファヴィー朝

01 アンカラ　02 イスファハーン　03 イスタンブル　04 ウィーン包囲　05 プレヴェザ
06 サマルカンド　07 シャー　08 アッバース1世　09 イェニチェリ　10 ミッレト

P.087-088 ムガル帝国の興隆

01 バーブル 02 ナーナク 03 アクバル 04 タージ=マハル 05 アウラングゼーブ
06 アグラ 07 廃止 08 復活 09 ペルシア 10 ムガル絵画 11 ポルトガル

P.089-090 清

01 三藩の乱 02 ネルチンスク 03 地丁銀制 04 キャフタ 05 広州 06 八旗
07 理藩院 08 軍機処 09 両班 10 典礼問題 11 康熙字典 12 古今図書集成
13 四庫全書 14 紅楼夢 15 カスティリオーネ（郎世寧）

P.091-092 ルネサンス

01 ルネサンス 02 人文主義 03 メディチ 04 トスカナ語 05 ボッカチオ
06 エラスムス 07 チョーサー 08 シェークスピア 09 レオナルド=ダ=ヴィンチ
10 モナ=リザ 11 ラファエロ 12 ダヴィデ像 13 サン=ピエトロ 14 コペルニクス
15 ガリレイ（ガリレオ=ガリレイ） 16 グーテンベルク

P.093-094 宗教改革

01 レオ10世 02 贖宥状（免罪符） 03 九十五カ条の論題 04 ツヴィングリ
05 キリスト教綱要 06 アウクスブルク 07 キリスト者の自由 08 カール5世
09 ミュンツァー 10 予定説 11 ユグノー 12 ゴイセン 13 プレスビテリアン（長老派）
14 ピューリタン（清教徒）

P.095 イギリス国教会・カトリック改革

01 イグナティウス=ロヨラ 02 首長法 03 トリエント 04 メアリ1世 05 統一法
06 （フランシスコ=）ザビエル

P.096 主権国家体制の成立

01 イタリア 02 フランソワ1世 03 カール5世 04 レパント 05 絶対王政
06 王権神授説

P.097-098 宗教戦争（オランダ・フランス・ドイツ）

01 ユトレヒト 02 ユグノー 03 サンバルテルミの虐殺 04 ナントの王令
05 ベーメン（ボヘミア） 06 グスタフ=アドルフ 07 ウェストファリア 08 フェリペ2世
09 オラニエ公ウィレム 10 アムステルダム 11 アンリ4世 12 ヴァレンシュタイン

P.099-101 オランダ・イギリス・フランスの繁栄

01 東インド会社 02 アンボイナ 03 ニューアムステルダム 04 ステュアート
05 チャールズ1世 06 航海法 07 チャールズ2世 08 審査法
09 権利の章典 10 責任内閣制 11 ジェームズ1世 12 長老 13 独立 14 水平
15 護国卿 16 人身保護法 17 ジェームズ2世 18 ハノーヴァー 19 ルイ14世
20 コルベール 21 ユトレヒト 22 ヴェルサイユ宮殿

P.102-103 北欧と東欧の国家体制

01 ヤゲウォ（ヤゲロー） 02 ピョートル1世（大帝） 03 北方戦争

04 マリア=テレジア　05 ポーランド分割　06 プガチョフの農民反乱　07 イヴァン4世
08 フリードリヒ=ヴィルヘルム（大選帝侯）　09 外交革命
10 啓蒙専制君主　11 農奴解放令　12 宗教寛容令　13 ラクスマン　14 ヴォルテール

P.104-105 17～18世紀のヨーロッパ文化
01 ニュートン　02 リンネ　03 フランシス=ベーコン　04 デカルト　05 カント
06 グロティウス　07 ホッブズ　08 ロック　09 モンテスキュー　10 百科全書
11 アダム=スミス　12 バロック　13 レンブラント　14 ロココ　15 バッハ　16 ミルトン
17 ロビンソン=クルーソー　18 ガリヴァー旅行記

P.106-107 産業革命
01 ジョン=ケイ　02 ハーグリーヴズ　03 アークライト　04 ワット　05 クロンプトン
06 カートライト　07 スティーヴンソン　08 三角　09 農業　10 綿　11 動力　12 交通
13 資本家　14 賃金労働者

P.108-109 アメリカ独立革命
01 印紙　02 茶　03 ボストン茶会　04 コモン=センス　05 独立宣言
06 エカチェリーナ2世　07 ヨークタウン　08 パリ　09 ワシントン　10 人民主権
11 三権分立　12 連邦主義

P.110-111 フランス革命
01 全国三部会　02 人権宣言（人間および市民の権利の宣言）　03 ヴェルサイユ行進
04 ヴァレンヌ逃亡　05 対仏大同盟　06 ジャコバン　07 テルミドール
08 旧体制（アンシャン=レジーム）　09 フイヤン　10 ジロンド　11 オーストリア　12 恐怖政治
13 封建地代　14 1791年　15 1793年　16 1795年

P.112-113 ナポレオン帝国
01 エジプト　02 ブリュメール18日　03 アミアン　04 アウステルリッツ　05 大陸封鎖令
06 ティルジット　07 解放　08 ワーテルロー　09 イタリア　10 ナポレオン
11 ネルソン　12 ライン　13 プロイセン

P.114 ラテンアメリカ諸国の独立
01 ボリバル　02 モンロー　03 クリオーリョ　04 トゥサン=ルヴェルチュール
05 サン=マルティン　06 イダルゴ

P.115-116 ウィーン体制
01 神聖　02 アレクサンドル1世　03 四国　04 ブルシェンシャフト　05 カルボナリ
06 スペイン立憲　07 デカブリスト（十二月党員）　08 メッテルニヒ　09 正統　10 ブルボン
11 ポーランド　12 ナショナリズム

P.117-118 19世紀のイギリス・フランス
01 穀物法　02 航海法　03 ナポレオン3世　04 ドイツ=フランス（独仏，プロイセン=フランス）
05 パリ=コミューン　06 カトリック教徒解放　07 チャーティスト　08 ヴィクトリア　09 保守

10 自由　11 グラッドストン　12 オーウェン　13 ルイ=フィリップ　14 二月　15 ルイ=ブラン

P.119-120 19世紀のロシアと東方問題

01 神聖　02 ギリシア独立　03 エジプト=トルコ　04 クリミア　05 農奴解放
06 インテリゲンツィア　07 ロシア=トルコ（露土）　08 ベルリン　09 東方　10 南下
11 パリ　12 ポーランド

P.121-122 19世紀のイタリア・ドイツ

01 カルボナリ　02 ガリバルディ　03 ローマ教皇領　04 ドイツ関税　05 マッツィーニ
06 ヴィットーリオ=エマヌエーレ２世　07 大ドイツ　08 小ドイツ　09 ヴィルヘルム１世
10 鉄血　11 北ドイツ　12 社会主義者鎮圧　13 三帝　14 三国

P.123-124 19世紀のアメリカ合衆国

01 ジャクソン　02 アメリカ=メキシコ　03 アメリカ連合国（南部連合）　04 奴隷解放
05 大陸横断　06 ジェファソン　07 スペイン　08 プランテーション（大農園）　09 共和
10 民主　11 ミズーリ　12 ゲティスバーグ　13 シェアクロッパー　14 移民

P.125-127 19世紀の欧米文化

01 ロマン　02 写実　03 自然　04 ゲーテ　05 ハイネ　06 スタンダール　07 ドストエフスキー
08 ゾラ　09 ドラクロワ　10 ミレー　11 ルノワール　12 ゴッホ　13 ロダン
14 ベートーヴェン　15 ショパン　16 ヘーゲル　17 マルクス　18 功利　19 マルサス
20 キュリー　21 ダーウィン　22 モース（モールス）　23 ベル　24 ピアリ　25 アムンゼン

P.128 西アジアの動揺

01 ムハンマド=アリー　02 トルコマンチャーイ　03 エジプト=トルコ　04 タンジマート
05 オスマン帝国（ミドハト）　06 サウード

P.129-130 南アジアの植民地化

01 カーナティック　02 プラッシー　03 マイソール　04 マラーター　05 シク　06 シパーヒー
07 ヴィクトリア女王　08 マドラス　09 ボンベイ　10 ザミンダーリー　11 ライヤットワーリー

P.131 東南アジアの植民地化

01 阮福暎　02 強制栽培　03 清仏　04 マレー連合　05 チュラロンコン（ラーマ５世）

P.132-133 東アジアの動揺

01 天津　02 北京　03 アイグン　04 イリ　05 下関　06 林則徐　07 香港　08 天朝田畝
09 辮髪　10 纏足　11 曽国藩　12 李鴻章　13 中体西用　14 日米和親　15 日米修好通商
16 日朝修好　17 東学の乱

P.134-135 欧米列強の帝国主義

01 スエズ運河　02 シン=フェイン　03 ブーランジェ　04 ドレフュス　05 ヴィルヘルム２世
06 パン=ゲルマン　07 血の日曜日　08 ストルイピン　09 ボリシェヴィキ　10 メンシェヴィキ
11 アメリカ=スペイン（米西）　12 門戸開放　13 カリブ海

解答

P.136-137 欧米列強による世界分割

01 ベルリン=コンゴ(ベルリン)　02 ファショダ　03 縦断　04 横断　05 フランス
06 アボリジニー　07 マオリ　08 アメリカ=スペイン(米西)　09 サパタ　10 ビリャ
11 三国同盟　12 三国協商　13 3B　14 3C

P.138-140 アジアの民族運動①

01 ポーツマス　02 中国同盟会　03 朝鮮総督府　04 三国干渉　05 イギリス　06 日本
07 フランス　08 ロシア　09 ドイツ　10 康有為　11 西太后　12 扶清滅洋　13 遼東
14 統監府　15 民族　16 民権　17 民生　18 四川暴動　19 宣統帝

P.141-142 アジアの民族運動②

01 インド国民　02 タバコ=ボイコット　03 ベンガル分割　04 全インド=ムスリム
05 青年トルコ　06 イスラーム　07 スワデーシ　08 スワラージ　09 タイ　10 アギナルド
11 ファン=ボイ=チャウ　12 アフガーニー

P.143-144 第一次世界大戦

01 ボスニア・ヘルツェゴヴィナ　02 サライェヴォ　03 タンネンベルク　04 マルヌ
05 無制限潜水艦　06 キール軍港　07 ヨーロッパの火薬庫　08 バルカン　09 同盟
10 協商(連合)

P.145-146 ロシア革命

01 ニコライ2世　02 レーニン　03 ブレスト=リトフスク
04 コミンテルン(共産主義インターナショナル，第3インターナショナル)　05 新経済政策(ネップ)
06 ソヴィエト　07 平和　08 土地　09 モスクワ　10 赤軍　11 戦時共産

P.147-148 ヴェルサイユ体制とワシントン体制

01 サン=ジェルマン　02 セーヴル　03 ロカルノ　04 不戦条約(ブリアン・ケロッグ)
05 十四カ条　06 民族自決　07 アルザス・ロレーヌ　08 ラインラント　09 ジュネーヴ
10 国際労働機関(ＩＬＯ)　11 常設国際司法裁判所　12 (ワシントン)海軍軍備制限　13 九カ国
14 四カ国

P.149-150 大戦後のヨーロッパとアメリカ

01 第4回　02 第5回　03 労働党　04 エール　05 ルール　06 エーベルト　07 ドーズ
08 シュトレーゼマン　09 ファシスト　10 ユーゴスラヴィア
11 ソヴィエト社会主義共和国連邦(ソ連邦，ソ連)　12 コルホーズ　13 ソフホーズ
14 禁酒法　15 移民法

P.151-152 アジア・アフリカの民族運動①

01 三・一独立　02 五・四　03 陳独秀　04 五・三〇　05 南京　06 胡適　07 魯迅
08 李大釗　09 孫文　10 広州　11 蔣介石　12 上海クーデタ　13 張学良　14 毛沢東

P.153-154 アジア・アフリカの民族運動②

01 ローラット　02 ガンディー　03 ネルー　04 スカルノ　05 ホー=チ=ミン　06 タキン

07 フセイン・マクマホン　08 サイクス・ピコ　09 バルフォア　10 ローザンヌ
11 ムスタファ=ケマル　12 スルタン　13 カリフ　14 ローマ　15 レザー=ハーン
16 イブン=サウード

P.155-156 世界恐慌とファシズムの台頭

01 ニューヨーク　02 スターリング（ポンド）　03 フランクリン=ローズヴェルト
04 農業調整法（ＡＡＡ）　05 テネシー川流域開発公社（ＴＶＡ）　06 全国産業復興法（ＮＩＲＡ）
07 ワグナー法　08 善隣　09 ドル　10 フラン　11 ミュンヘン　12 全権委任　13 ザール
14 ラインラント　15 ユダヤ　16 突撃隊　17 親衛隊

P.157 日中戦争

01 満洲事変　02 リットン調査団　03 長征　04 八・一　05 西安　06 盧溝橋　07 溥儀

P.158 ファシズム国家の提携

01 粛清　02 スターリン　03 ベルリン=ローマ　04 日独防共　05 三国防共　06 スペイン
07 フランコ

P.159-160 第二次世界大戦①

01 ミュンヘン　02 チェコスロヴァキア　03 ポーランド　04 ヴィシー　05 日独伊三国
06 日ソ中立　07 宥和　08 独ソ不可侵　09 ペタン　10 ド=ゴール　11 チャーチル
12 フィンランド　13 大西洋　14 強制収容所

P.161-162 第二次世界大戦②

01 パールハーバー（真珠湾）　02 ミッドウェー　03 スターリングラード　04 カイロ
05 テヘラン　06 ヤルタ　07 ポツダム　08 アメリカ　09 イギリス　10 中国
11 オランダ　12 大東亜共栄圏　13 枢軸　14 連合　15 大西洋上　16 原子爆弾

P.163-164 戦後世界秩序の形成

01 ダンバートン=オークス　02 サンフランシスコ　03 国際通貨基金　04 国際復興開発銀行
05 関税と貿易に関する一般協定　06 ニュルンベルク　07 イギリス　08 ソ連　09 フランス
10 アメリカ　11 東京　12 総会　13 安全保障理事会

P.165-166 冷戦の開始～激化

01 トルーマン=ドクトリン　02 マーシャル=プラン　03 コミンフォルム
04 コメコン（ＣＯＭＥＣＯＮ）　05 北大西洋　06 ドイツ連邦　07 ドイツ民主　08 ワルシャワ
09 フルシチョフ　10 アメリカ合衆国　11 ソ連　12 人民民主　13 チャーチル
14 チェコスロヴァキア

P.167-168 冷戦の安全保障体制～終結

01 中ソ友好同盟相互援助　02 太平洋安全保障　03 日米安全保障　04 キューバ
05 部分的核実験禁止　06 戦略兵器制限交渉　07 アフガニスタン　08 マルタ
09 東南アジア条約機構　10 フルシチョフ　11 ベルリン　12 核拡散防止　13 ゴルバチョフ

解答

P.169-170 戦後のアメリカ合衆国

01 トルーマン=ドクトリン　02 ジュネーヴ　03 キューバ　04 北爆　05 ドル
06 ウォーターゲート　07 湾岸　08 パレスチナ暫定自治　09 同時多発テロ　10 イラク
11 38　12 公民権

P.171-172 戦後のソ連・東欧諸国

01 コミンフォルム　02 コメコン（COMECON）　03 ワルシャワ　04 スターリン
05 キューバ　06 アフガニスタン　07 チェルノブイリ（チョルノービリ）　08 独立国家共同体
09 ジュネーヴ　10 グラスノスチ　11 ワレサ　12 ナジ　13 チャウシェスク　14 ティトー

P.173-174 戦後の中国

01 朝鮮　02 四つの現代化　03 天安門　04 香港　05 マカオ　06 毛沢東　07 周恩来
08 人民公社　09 中ソ国境　10 紅衛兵　11 四人組

P.175-176 戦後の東南アジア

01 ホー=チ=ミン　02 ジュネーヴ　03 17　04 ベトナム（パリ）和平　05 マレーシア
06 民主カンプチア　07 シハヌーク　08 スカルノ　09 九・三〇　10 スハルト
11 東南アジア諸国

P.177 戦後の朝鮮半島・インド

01 板門店　02 朴正熙　03 南北首脳　04 38　05 金日成　06 李承晩
07 ガンディー　08 ネルー　09 ジンナー　10 ヒンドゥー　11 イスラーム

P.178 パレスチナ問題

01 パレスチナ分割　02 ナセル　03 エジプト=イスラエル　04 アラファト　05 OAPEC
06 OPEC

P.179-180 第三世界の台頭

01 石油輸出国　02 非同盟諸国首脳　03 アラブ石油輸出国　04 南北　05 南南
06 平和五原則　07 平和十原則　08 アフリカ　09 コンゴ　10 アパルトヘイト
11 アフリカ民族会議　12 米州機構　13 社会主義　14 ペロン　15 アジェンデ

P.181 地域統合

01 ヨーロッパ石炭鉄鋼共同体　02 ヨーロッパ経済共同体　03 ヨーロッパ原子力共同体
04 ヨーロッパ共同体　05 マーストリヒト　06 北米自由貿易協定　07 アジア太平洋経済協力
08 アフリカ連合

P.182 地域紛争

01 ルワンダ　02 湾岸　03 チェチェン　04 同時多発テロ